王寅文集　第一卷

WANGYIN WENJI DI YI JUAN

论语言符号像似性

对索绪尔任意说的挑战与补充

LUN YUYAN FUHAO XIANGSIXING

DUI SUOXUER RENYISHUO DE TIAOZHAN YU BUCHONG

王　寅◎著

全 国 百 佳 图 书 出 版 单 位

ARGTIME 时代出版

时代出版传媒股份有限公司

黄　山　书　社

图书在版编目（CIP）数据

论语言符号像似性：对索绪尔任意说的挑战与补充 /
王寅著. — 合肥：黄山书社，2023.12
（王寅文集；第一卷）
ISBN 978-7-5737-0218-0

Ⅰ. ①论… Ⅱ. ①王… Ⅲ. ①符号语言（语言学）—研究
Ⅳ. ① H087

中国版本图书馆 CIP 数据核字（2022）第 120148 号

王寅文集 · 第一卷
论语言符号像似性：对索绪尔任意说的挑战与补充　　王　寅　著

出 品 人　葛永波
责任编辑　张月阳
装帧设计　三仓学术
出版发行　黄山书社
地　　址　安徽省合肥市蜀山区翡翠路 1118 号出版传媒广场 7 层　邮编：230071
印　　刷　武汉鑫佳捷印务有限公司
版　　次　2023 年 12 月第 1 版
印　　次　2023 年 12 月第 1 次印刷
开　　本　787mm × 1092mm 1/16
字　　数　400 千字
印　　张　30
书　　号　ISBN 978-7-5737-0218-0
定　　价　198.00 元

服务热线　0551-63533706
销售热线　0551-63533761
官方直营书店（https://hsss.tmall.com）

《王寅文集》总序

——兼贺王寅先生七十大寿

欣闻我的好友，四川外国语大学资深教授王寅先生倾其毕生心血的语言学研究文集即将出版，又悉在2019年即将迎来他的七十大寿，双喜临门，谨在此表示衷心祝贺。

我闻王寅先生大名在先，相识在后。1993年我在书店买到他编著的《简明语义学词典》，翻阅后思想上顿时产生了震动。作为改革开放后外语界第一代语言学教师，我一直满足于理论语言学、词汇学、句法学、语音学的教学，唯独对语义学总感到力不从心，敬而远之。不仅是我们这些半路出家的语言学教师有如此想法，国际上一些著名的语言学权威也以不同形式公开表态，如著名的生成语言学家乔姆斯基宣称他的转换生成语言学只研究结构形式，即句法，不考虑语义学；我的老师，系统功能语言学家韩礼德在 *An Introduction to Functional Grammar*（《功能语法导论》）第二版的序言中承认把该书定名为“功能语法”，而不是“功能语义学”，因为他的理论在语义学方面的研究还不够充实。其次，有关语义学的专业词汇一般都收入语言学词典，只是作为其中的一个范畴。如今我从未见过面的王寅先生居然能把语言学中的一个范畴扩编成一部词典，说明他阅读语义学书籍较多，研究颇为深入。买这部辞典，成了推动和引导自己进一步学习语义学的动力。那个时期语义研究尚属空白，王先生这部词典算是第一步，本身就具有意义，“为国人迎接语义功能的转向做出了基础性铺垫”（参见我为王先生《认知语言学探索》所作的序言）。

1995年第一届全国系统功能语法会议在北京大学召开，我曾期待王寅先生亲临指导，最后他因有事没有出现。我从来自山东的与会者了解到他从政做外事工作了，正在惋惜一位研究语言学的优秀人才从此要转行之时，又听说他被引进到了他的母校——苏州大学，我才在那里得以与王寅先生初次见面。此后，我对他产生了亦喜亦忧的复杂心情：喜的是他能回到母校从事教学和学术研究，忧的是他担任了外国语学院院长。做行政工作，必然会耽误学术研究，占掉不少时间，我深有体会。但可喜的是，他竟然能一手做好行政工作，带领他的团队为苏大外国语学院争取到了博士点；另一手还未耽搁科研，于2001年在上海外语教育出版社出版了《语义理论与语言教学》，并写出了在我国外语界产生重大影响的专著《认知语言学》的初稿。这部书稿先作为研究生教材试用于多所院校，后在此基础上不断修改，并于2002年申请到了国家社科基金项目，2007年在上海外语教育出版社正式出版。其出版后，每年重印一次，直至2018年已是第11次印刷了，成为学界的一本专业畅销书，实在难得，对我国语言学界的研究生教育发挥了十分重要的作用。他于2004年被四川外国语大学引进，在那里勤奋读书，笔耕不辍，又出版了十多本在国内叫好的语言学专著。到目前为止，王先生已出版专著和教材50多部，发表论文300多篇，总字数有1800多万，这样的科研成果在国内语言学界稳居前列。

我有幸应邀为他的四部著作写过序：《语义理论与语言教学》（上海外语教育出版社，2001），《认知语言学探索》（重庆出版社，2005），《认知语言学》（上海外语教育出版社，2007），《构式语法研究》（上海外语教育出版社，2011）。就我个人的认识来说，我认为王寅先生治学很有特色，值得自己学习，主要表现在六个方面。

（1）领域逐步拓宽，一步一个脚印，步步深入。如他能从最初对语义学的研究，进入认知语言学、语言哲学、语篇分析、隐喻理论、符号学、传播学等学科，在创新的道路上不断取得重要成果。他在认知语言学理论框架中所论述的像似性理论引起国内外很多学者的深切关注，曾一度有不同声音，但随着认知语言学的普及和推广，学界已接受了这一观点。他的汉语功底还较为扎实，这与他的家学渊源有密切关系，听说他父亲是研究训诂学的。王寅先生率先在外语界进行了一项前无古人（但愿后有来者）的研究，将西方的语义理论与中国的训诂学进行了对比研究，于2007年在高等教育出版社出版了《中西语义理论对比研究初探——基于体验哲学和认知语言学的思考》一书，在学界引起很大的反响。我们知道，汉语界鲜有学者熟悉西方的语义理论，外语界更无研究训诂学的人，王先生依靠自己的优势将这两者进行对比，且运用体验哲学和认知语言学的有关理论来加以论述，确实填补了学界的一项空白。

（2）掌握信息全面、清晰，不拘泥于一派之见。他于2011年在上海外语教育出版社出版了《构式语法研究》（上下卷），有100多万字，正如我在为这本书作序时说："这是一部呕心沥血之作，阅后惊叹不已！……没有为事业献身的钻研精神和废寝忘食的巨大毅力，是难以完成的。他为我们树立了治学的榜样，这样的学者在我国高校为数不多。"他在书中先后讨论了Langacker（蓝纳格）、Fillmore（菲尔莫尔）、Goldberg（戈德伯格）、Croft（克劳夫特）等学者的观点，并进行了系统的综观比较。这种不拘一派之见、博采众家之长的立场，使得我们获得巴赫金所倡导的多声部的经验感受。特别是在下卷，他将上卷所阐发的理论较好地运用于英语和汉语具体语料的对比分析之中，为广大学者（包括研究生）如何运用构式语法理论进行英汉对比研究提供了可资参考的极好样板。

（3）对所研究的专题进行评论，指出存在问题，并提出自己的想法和观点，这就是他反复强调的“既有继承，更有发展，重在创新，意在应用”的科研思路。如对双宾动词的语义分类，能在Pinker（平克）、Goldberg和徐盛桓等学者的分类基础上提出“五分类法”，很有见地（详见王寅2011：下卷98）。又如，他对狭义认知语言学能提出自己的定义，即“坚持体验哲学观，以身体经验和认知为出发点，以概念结构和意义研究为中心，着力寻求语言事实背后的认知方式，并通过认知方式和知识结构等对语言做出统一解释的、新兴的、跨领域的学科”。值得注意的是，定义中的“统一”二字令人印象深刻。有些人写文章（包括写书），常常堆砌理论，未能将它们贯穿成线，而王先生能基于上述定义，统一地解释各种认知策略和分析语言各个层面，这才是研究之正道。

（4）理论与实践相结合，中西结合，洋为中用，这是他著作的又一明显特点。如在构式语法研究中，他对比研究了汉语的双宾构式、动结构式、动名构式、明喻成语等，这无疑对于英汉语对比研究和语言教学具有较大的指导意义。他还运用构式语法理论论述了汉语中的副名构式、动结构式（特别是BD组词方式）[①]、拷贝构式等，擅长用国外的理论来分析汉语的具体情况。从《语义理论与语言教学》这本书的书名可知，他不仅较

① 参见王寅．构式语法研究［M］．上海：上海外语教育出版社，2011：217．

好地梳理了国外有关语义学的理论，而且将其较好地运用到语言教学中来。他在《构式语法研究》一书中提出的“构式程序分析图”不愧为语法教学的一个极好方案。在他的其他著作中，这种理论结合应用的研究可谓比比皆是。

（5）他基于“哲学是语言学的摇篮（罗宾斯）”，与钱冠连先生一道大力推动语言学界的同仁学好哲学和语言哲学，努力发展他所倡导的“中国后语言哲学”，将其作为中国的一个语言学理论来打造和建设，在国际上也产生了一定的影响。他是国内外较好地打通哲学和语言学之间关系的著名学者，十分清晰地梳理了西方哲学和语言哲学的简史、主要内容和研究方法。近来王先生还提出了“哲学与语言学互为摇篮”的观点，认为不仅哲学为语言研究提供了很多理论基础，语言学（特别是认知语言学和体认语言学）也帮助哲学家解决了很多未解或难解的命题，这一全新观点得到了学界的高度赞许。

（6）以马克思主义的历史唯物论和辩证唯物论来分析语言问题，如在论述形式 VS 意义、理论 VS 应用、任意性 VS 像似性、点性意义 VS 线性意义等之间关系时，强调其间的对立统一关系。特别是近年来他尝试将国外的“认知语言学”本土化为“体认语言学”，亦已引起国内外学者的重视。“认知”二字所含内容较多，凡经过心智加工的都可用此术语，就连乔姆斯基本人也称自己为认知语言学家，为能有所区分，王先生力主用汉语已有的词组“体认”来揭示语言之成因，解释语言各层面的诸多现象，且可贯穿到语言的教学实践之中。“体”指对现实世界的互动体验，“认”指在感觉经验基础上的认知加工，这既强调了马克思主义的唯物论立场，也突显了“人有主观能动性”的观点。用王先生本人的话来说，唯物论重新回到了语言学研究的殿堂，而语言学界的两位国际大师都是基于唯心主义哲学来建构语言理论的，索绪尔持语言先验观，乔姆斯基持语言天赋观。他的这一研究在我国语言学界，乃至全世界的语言学领域，都具有领先的地位和重大的意义。

王寅先生在学术上的成就已得到国内外学术界的充分肯定，他不仅在国内多所高校兼职和讲学，还多次应邀去境外讲学，是一位名副其实的著名语言学家、一位勇攀学术高峰的奇才。他的学术生涯可谓绚丽多彩。王先生从语言教学到语义学，又到认知语言学和像似性，接着是构式语法和对话句法，还在研究语言哲学的基础上提出了具有我国特色的“体认语言学”新理论，真可谓一步一个脚印，步步深入，一直行走在学术前沿，发挥了学界的“引领性”作用，为我国语言学事业做出了重要贡献。2008 年在由中国科学技术信息研究所信息资源中心与万方数据股份有限公司推出的《中国期刊高被引指数》的“学科高被引作者榜”语言文字类中，王寅先生名列前三，在 2009 年名列第二。在学术团体中，他被选为中西语言哲学研究会第二任会长，曾当选全国语言符号学研究会副会长、中国英汉语比较研究会副会长、中国认知语言学研究会副会长，在我国语言学界产生了较大的影响。

王先生还具有乐于助人的优良品质，我深有感触。我本人在写《英语语法及其发展史》（《北京第二外国语学院学报》2017 年第 5 期）一文时，就英语语法与不同时期哲学思想的关系方面向他请教。他不但帮助我进行了梳理，而且提供了较多新信息。听人说他有一句名言：谁愿意学习他就帮助谁。他是一个有名的热心人，一接触到国内外的新理论、新观点，不仅会马上搬进研究生课堂，还适时转告给各位同仁，将这些新文章发给他们，带动大家一起做科研，这就是他常说的一句话：“做科研一定要有团队。”他在四川外国语大学带出了一个认知团队，将认知语言学和体认语言学的基本理论扩展到了翻译学、语篇学、英汉对比研究、地名学、传播学、政治学、诗学等领域。

时光荏苒，当年的壮汉王寅先生居然亦将步入70岁的高龄。令人喜悦的是他给我们留下了多达1800万字的作品，这都是他多年来埋头伏案、努力奋斗、不断探索、志在追求的成果，再次表示祝贺，同时也愿他在安度晚年时还能为我国语言学的发展继续发挥引领作用。我也想利用这个机会，感谢四川外国语大学的领导和同事对王寅先生教学科研的关心和支持！也感谢苏州大学能培养出像王寅先生那样的优秀人才！如今《王寅文集》（20卷）的出版不仅是他个人的成就，也是他对学术界和社会的重要贡献和积极回报。当然，这也是语言学界在庆祝改革开放40周年时应给予充分肯定的一项杰出成果。

胡壮麟

北京大学外国语学院

2018年10月

再论王寅现象：序《王寅文集》

以强烈的哲学意识自觉地研究语言学，是王寅教授早期所走之路；后期的他又提出了“哲学与语言学互为摇篮”的观点，自觉地去推动语言哲学和语言学的跨学科研究，运用认知语言学和体认语言学的最新成果来解决哲学中的老问题，这是他近年来所探索的创新道路。他的学术生涯的前期与后期相得益彰，走出了一条令学界赞叹不已的“王寅之路”。

在他 2014 年于北京大学出版社出版的《语言哲学研究——21 世纪中国后语言哲学沉思录（上下卷）》（国家社科基金后期资助项目）中，创新性和跨学科的研究特点表现得尤为显著。他能在每一个语言学流派之后找出相应的哲学基础，深入阐述两者之间的呼应与联系，这是一项很艰难的工作，王寅教授做好了，而且真的做得很出色，这表现出他所下的横扫和竖梳的功夫，也展示了他将“史论”与“我论”相结合的眼光，更包含了他的传承与发展的智慧。我在为这本书所作的序言中指出，这本书堪称绕不过的基础教科书，不可不读，必将在学界产生深远而又重要的影响。当你读过之后，估计你再也坐不住了，会发现自己的差距，就有学哲学的紧迫感和冲动感。

王寅教授所做的研究主要有下列特点：

一、创造亮点多多

时刻不忘学术研究的着力点在于“创新”。考查一下王寅教授的全部专著和论文，不难发现其中的新观点俯拾即是，到处闪烁着新思想及独特见解。他将在国外业已成为主流的“认知语言学”本土化为“体认语言学”，强调了语言学研究中的唯物观和人本性，这就与索绪尔和乔姆斯基两位大师基于唯心论和抛弃人本性的语言学理论形成鲜明的对比。他还逐渐将体认语言学建成了一个体系相对完整的学科，实属国内外语言学界之首创，难能可贵！王寅教授以及他所带领的体认语言学团队所做出的 26 点创造性工作，充分体现出创新性和跨学科的研究特色，值得我们每位从事语言研究的人员关注、学习，现列述如下（L 代表“语言学”，CL 代表“认知语言学”，ECL 代表“体认语言学”，AS 代表“as 认知方式”[①]，ICM 代表“理想化认知模型”）：

（1）率先提出了西方哲学的第四个转向；

（2）明确指出当前世界人文社科之前沿；

（3）提出并充实中国后语言哲学的理论；

（4）分析言语行为理论在后现代的发展；

（5）将 CL/ECL 视为西方的语哲之延续；

（6）尝试提出体验人本观和体认普遍性；

（7）确立了主客主多重互动的理解模型；

① As 就是 as，“as 认知方式”即“像－认知方式”。

（8）尝试建“体认”及 AS 认知机制；
（9）较为深入地剖析了人类的认知过程；
（10）据上解释和细析物质如何决定精神；
（11）基于经典 / 原型范畴提出图式范畴论；
（12）在学界提出哲学与语言学互为摇篮；
（13）尝试给认知 / 体认语言学下权宜定义；
（14）首先用 ECL 建立我国的体认翻译学；
（15）基于 ECL 提出了我国的体认传播学；
（16）运用 ECL 和后现代理论阐释修辞学；
（17）拟构社会认知 L 和历史认知语言学；
（18）用体认语言学原理进行英汉语对比；
（19）将国外 ICM 发展为事件域认知模型；
（20）依“部代整”原则提出命名转喻观；
（21）系统地对比论述中西学者的隐喻观；
（22）基于体认语言学对比中西语义理论；
（23）对比论述了音训法与西方的音义学；
（24）首倡构式本位观、构式程序分析法；
（25）数年前论述的像似性已被学界接受；
（26）尝试健全 ECL 及各分支学科的体系。

令人惊讶！令学界惊叹！也令我们振奋！如此成就确实需要惊人的努力和惊世的智慧。

二、合拢两个两张皮

由于当今学科分得较细，文科培养出的人知识面较窄，很多有远见的学者早已发现这一问题。语言学界也是如此，虽早有学者提出“尽早走出纯语言研究之路”，但真正付诸实施的人并不多见，取得较好成绩的人更不多见。

长期以来，语言学与哲学被视为两个不同的学科，作为学科分类倒也并无大碍，但我们在学习和研究中若将它们视为老死不相往来，那就错了。王寅教授自觉地合拢了这两者，他的语言学知识得心应手地获得了哲学理论的支撑，且能自觉地从哲学层面来论述语言学中的众多观点，合拢了哲学和语言学这两张皮，从而使得他的研究成果量大而质高。

语言学界还有一种奇特的两张皮，很长时间以来汉语研究与外语研究常是泾渭分明，各顾各，对此吕叔湘先生生前多有批评。汉语界的学者多不能直接阅览国外文献；外语界的大多学者也是两不挨：一不敢挨着古代汉语，二不敢深谈汉语语法。但在王寅教授这里，汉、外两界合二而一。例如，他发表了《易经与认知语言学：语言体验观比较》《荀子论语言的认知辩证观——语言哲学再思考》等论文，2007 年高等教育出版社编撰的“中国外语知名学者文库”系列丛书中收录了他的《中西语义理论对比研究初探——基于体验哲学和认知语言学的思考》，在学界产生了十分深远的影响。对待本土资源的态度，从来都是考验外语学者是否有智慧的重要指标。王寅教授不仅有此信念，而且身体力行，充分利用本土资源。他反复强调，外语界语言学者的眼光不能仅盯住西方，而忘却宝贵的本土文化。这一教诲很有见地。

他打通了语言学与哲学、汉语与外语的两张皮，时刻不忘创新，这三个特点构建了“王寅之路”，将它们同时集于一人之身实属罕见，这才成就了王寅式的了不起成就。这些对于青年学者来说具有重要的借鉴意义。

三、深刻有趣，量大而质高

人们常哀叹语言理论抽象、枯燥、乏味，而王寅教授能将它说得深入浅出，还有机地将其与外语教学紧密结合起来，实在难得。他既能在若干语言现象中找到一个认识论上的元点，并以此为出发点，讲出一些深奥的哲学道理来，而且能用图表梳理出简史，将许多观点一目了然地呈现在读者面前，既具有科学性，也很深刻有趣！

他共出版了50多部专著和教材，发表了300多篇论文，共1800多万字，还获奖10多次，这在学界实属罕见，令人赞叹！

从“平均值”转向“大方差”，是杰出人才的必由之路。我们不缺勤奋者，也不缺优秀者，缺的是卓越人才，正是这一特质成就了他。

王寅教授是当代著名的语言学家、语言哲学家，卓越拔萃且悟性非凡！

钱冠连

戊戌深冬

文集自序

一

日月如梭，时光荏苒，转眼我已步入古稀之年，回想我这一辈子，除插队劳动之外仅从事一门职业——教师。尽管那时“文化大革命”的遗风犹存，“臭老九”很不受社会待见，但我深受家庭的影响（父亲就是一位教师），十分喜爱读书，就与父亲的职业结下了不解之缘。因此我这一生可用“读书、教书、写书”来概述，上海外语教育出版社为庆祝我国改革开放40周年时向我约稿，我就以此为题写出一文，收录在《往事历历，40年回眸——知名外语学者与改革开放》文集之中。

人生始自读书，弄懂来自教书，升华乃靠写书，经过这三阶段的不断重复和循环，才有可能将一门学科吃透，也才能谈得上继承和超越。我的前二十几年主要以“读书”为主，大学毕业后开始“教书”，此时便萌发了练笔的冲动。由于教学需要不断收集和整理资料，我与夫人李弘前后花了5年多的时间写了长达57万字的《英语词形词义辨析》一书，于1983

年在山东科学技术出版社正式出版，这算是我们较为满意的处女作。我现在依旧还能记得那时的生活场景：住在筒子楼里，走廊上每家门口放着一个煤球炉，旁边堆满了蜂窝煤，每家在分得的 15 平方米斗室里过日子。我们在房间里除了放置一张床、一个衣橱和两把椅子外，还别出心裁地用擀面板将写字台和圆饭桌搭连起来，上面放了一台老式打字机。我们一边写，一边抄，还要上滚筒打字，打完字后再往空行里填写汉字，时常因行间距不能对好还要重来一遍。更为恼火的是空间狭小，诸如吃、喝、睡的日常生活，再加上我们两人的学习、备课、写书都挤在一间小屋子里。小书桌上堆满了书和资料，从手写到打字再填字的流程凑合着辗转行进；一到吃饭时，就要将放着打字机的擀面板挪开；若是有客人或学生来访，只好临时挪出个空间来谈谈话。那时，我们多么盼望能有一间自己的书房啊！回想起杜甫的那句“安得广厦千万间，大庇天下寒士俱欢颜”还是颇有感触的！我们是在 10 年之后才分得了带有书房的居所，才算满足了读书人的简单要求。

当这本书的草稿完成后，用方格备课纸誊写了 1000 多页，送出版社时装订成了 8 大本。为能写成这本书，我们将 1 岁大的爱子送到老家请爷爷奶奶带了一年，心中一直为未能尽好父母之职而感到内疚。有鉴于那个年代外语资料极少，正值我国改革开放初期，学习英语之风在全国盛行，这本书还是产生了一定的影响，听说很快售罄，我们的内疚之感才得到点滴补偿。

二

为了满足教学的需要，同时为了自我提高，我们还尝试写了几本有关词汇、语法、听力、写作、阅读等方面的教材。就这样，边读书，边教书，边写书，倒也相得益彰，以书为伴，日子过得很充实。同时这也让我悟出了一个道理，汉语成语“厚积薄发”只是一个理想模式而已，勉励人们要多读书、多积蓄，慢慢地少量放出，这是有道理的！但它在当今的社会现实中不太具有可操作性。其实有些道理和体会不是读出来的，而是写出来的，不是想好了再写。有人将其理解为“先厚后发”，这是不妥的，谁敢说某人在发文章时已经“厚”了，若是按此逻辑，在高校恐怕连讲师也评不上，更不用说当教授了。回想起来，我也算是读了不少东西，但总觉得离“厚”还有很大的距离，或许我们这辈子谁都不能说自己“厚”了，但不可不写！可行之道只能是：

边积边发，积中有发，发中有积，有积有发，
以积促发，以发促积，积发相济，伴我一生。

我以此为基础订了一个学习计划，每天争取读50页专业书，或写个千把字心得，算是“以勤补拙、以恒克难”吧！我每天不看点书、不写点什么，心里总会有点“空落落”的感觉。这也应了民间的一句俗语——“好记性不如一个烂笔头”，意在勉励人要多写。我正是平时靠着这支五寸不烂之笔，让很多思想中的一闪念永久地留在了纸上，白纸黑字可让我们的思想出场，这正体现了语言哲学家的一个基本理念：“语言使人出场，使思想永恒。”这使我想起了莎士比亚18号十四行诗中的最后两句：

So long as men can breathe or eyes can see,
So long lives this，and this gives life to thee.

细细诵来，体会更深，没想到莎翁会早于语言哲学家 300 多年就提出了“语言使人永恒，使思想出场”的思想。这也成了我平时不断叮嘱弟子们的一句话，有了想法赶快写下来，切切别让一闪念过夜，虽不一定马上成章，但可写成一块 “豆腐干”，以备后用。有了想法若不及时记下来，过一阵子就会跑得无踪无影；特别是晚间躺在床上失眠时总会涌出些奇思妙想，不立即用纸和笔把它记下来，等一觉醒来再写会发现此时它已经 gone 了，正如美国著名作家玛格丽特 – 米切尔（Margaret Mitchell）所用书名那样：Gone with the wind。

三

胡壮麟教授在本文集序言中说：

王先生从语言教学到语义学，又到认知语言学和像似性，接着是构式语法和对话句法，还在研究语言哲学的基础上提出了具有我国特色的“体认语言学”新理论。

这一句话已经清楚地将我的学术之路和盘托出，现简要梳理成 6 个阶段。

（1）出国留学前主要写些有关词汇学习、语言教学的心得文章，1983 年出版的《英语词形词义辨析》基本总结了那个时期的成果。1985 年去英国留学主要学习语义学，回国后编纂了《简明语义学词典》（山东人民出版社，1993），写出《语义理论与语言教学》（上海外语教育出版社，2001）。

（2）此后我接触到认知语言学，20 世纪末还分别到美国和新西兰拜会了这一领域的著名学者 Lakoff（雷科夫）、Langacker（蓝纳格）、Taylor（泰勒）等。特别是像似性[1]理论对我的吸引力很大，因为它对于语言教学具有较大的指导意义，而它所批判的任意性对于语言教学可以说没有什么价值。我在研读国外这些新理论的过程中写出了《论语言符号象似性——对索绪尔任意说的挑战与补充》（新华出版社，1999），之后又写出《认知语言学》初稿，于 2002 年申请到国家社科基金项目，经数所高等院校试用，修改后于 2007 年在上海外语教育出版社正式出版。此时还出版了《认知语法概论》一书。

（3）当国外的认知语言学进入认知构式语法研究阶段时，我又适时地跟进，出版了《构式语法研究（上下卷）》（上海外语教育出版社，2011）。

（4）2014 年在认知语言学领域中又应运而生了“对话句法”这一研究新动向，认为句法现象不仅出现于词语横组合之时，而且在邻近语对的纵聚合层面上也可进行句法分析，特别是对话，在上下文两个语对的结构和词语中会不可避免地存在全部或部分的“对应”或“对称”现象。我与博士生曾国才于 2012 年就着手这项研究，他的博士论文讨论了以 WH-开始的疑问句及其答话之间的对话句法问题。我们于 2016 年合作发表了 3 篇有关该论题的论文。

（5）钱冠连教授于 21 世纪初就联络我，谈到了语言哲学的重要性，此后我们就携手合作召集国内志同道合者成立了中西语言哲学研究会。他原专业为语用学，我原来学过语义学，这样我们两人分别从两个角度切入并汇合，较为完整地体现出了西方语言哲学中的两大板块：理想语哲学派

① “像似性”即 iconicity。这个术语曾有多种译法，在体认语言学的理论框架中更强调语言的人本性，因此本书一般译为“像似性”。本书引用的相关文献，保留原作者的译法。

（语义学）和日常语哲学派（语用学）。于2010年完成《构式语法研究》写作之后，我就在前十几年语义学、语言哲学探索的基础上开始着手写适合外语界使用的语言哲学书，于2013年申请到国家社科后期资助项目，2014年在北京大学出版社出版了《语言哲学研究（上下卷）》。

（6）我近10年来基于语言哲学和认知语言学的相关观点提出了语言的“体验人本观”，较为详细地论述了语言的体验性和人本性，后将其完善为语言的“体认观”，并在此基础上提出了建构“体认语言学”的构想，得到了一大批响应者的支持，这使我深感欣慰。

上述6个阶段基本上概括了我的学术之路，一步一步地发展而来，循序渐进，既很自然，也很充实。

四

我们于20世纪90年代初终于分得了带有书房的二居室，圆了多年的梦想。此后，生活得到较大改善，房子也越住越大，书房也变得越发宽敞。每次搬家我总会精心设计书房，以方便和实用为准。终于几年前在四川外国语大学安居小苑分得一套160多平方米的房子，我拆掉了一堵墙，将书房与一个房间连通起来，变成一个大书房兼会客室，在其四壁固定上一直通到屋顶的书架，根据书的实际大小分成恰当的隔层以便尽量多地放书，将收藏的几千册书尽收其中，又根据自己的习惯划分出不同的区域，使用起来十分方便。我在书房里还安置了一个乒乓球台，方便召集研究生前来会课，所需资料顺手可从书架上取下来。时下，我感到最舒畅的事情就是静静地坐在书房里，看自己喜欢看的书，写自己想写的东西，其乐无穷，过着“以书为伴，以教为生，以写为乐”的安逸的晚年生活。

一路走来，只觉得人生短暂，时间不够用，需要读的书很多，需要写的想法也不少。因此我一直不喜欢说“人生苦短”，我们的人生无所谓“苦”，若将读书看成一件苦差事，何以能在读书中找到欢乐，又何以能写出令人读来欣喜的书呢？以“苦”来描写人生更多地含有消极意义。所谓“苦读”中的这个“苦”字已转作隐喻用法了，意为“有耐心、尽力”，而不是那个“黄连味道”了，也无“难受与痛苦”之义了。我常以“书中自有EVERYTHING”来勉励同学们要好好读书，不要为外界的诱惑而分心，“外面的世界很精彩，书中的世界更精彩”，既然是精彩，何苦之有呢！

我在与书为伴的旅途中虽谈不上“风尘仆仆”，也没有什么“豪情万丈”之感，但始终心怀一种乐观的人生观。尝遍读书之乐，享尽教书之乐，倍感写书之乐。若要享得其乐，理应做到：读书时要读进去，教书时要教明白，写书时要写深刻，这样才能真正体会到一种快乐。说实话，有些理论书不是读一遍就能读懂的，它有时需要读几遍才能有点感觉。有学者说“《红楼梦》不读五遍就没有发言权”正是这个道理，读一遍就有一遍的感觉。如Lakoff & Johnson（雷科夫和约翰逊，1980）所著的*Metaphors We Live By*（《我们赖以生存的隐喻》），不读几遍很难理解透彻。虽说他们行文时主要用的是简单句型，表达得也很流畅，但其中所涉及的理论问题是较为深奥的，特别是一些哲学命题，若无这方面的功底，就不可能很好地理解这本书所论述的哲学道理，因为约翰逊是美国著名的哲学家，他主要从哲学角度论述了隐喻的特性、功能和意义。因此，认知语言学家认为隐喻不仅是语言层面的表达问题，更重要的是它反映出人们心智中认知世界的基本方式，而且是当今哲学家所关心的命题。既然隐喻所表达的意义都与事实不相符合，属于“假话”类的言说，而哲学是以“追求真理”为旨趣的，语言中有2/3以上的表达都具有隐喻性，用这样的表达又何以能获得“真理”？

这就涉及哲学问题。倘若没有这方面的修养，何以能理解这本书的理论价值和历史意义之所在？这就是钱冠连先生反复强调的：从事语言教学和研究的人必须学好（语言）哲学，从哲学层次来思考语言现象必定会有另一番感受。一旦打通了语言学与（语言）哲学之间的通道，真的想通了，定能获得一种高层次的“一览众山小”的感受，这是一种前所未有的享受，正是“尽早走出纯语言研究”魅力之所在。

五

作为一个学者，自当“以恒治学，以诚从教，以心著书”。自古道，“鸟贵有翼，人贵有志”，我们自幼就接受了“要有远大志向”的教育，旨在鼓励人们要树立一个人生目标，并为其奋斗终生。作为一名教师的“志”在于：读书要贵以勤奋，教书要贵以忠诚，写书要贵以专心。

这40年来，我一直工作在教学和科研的第一线，必然要天天读书、备课、批改作业，还要写文章。说我“以恒治学”倒也谈不上，这是由教师的工作性质所决定的。若想教好书，就要忠诚于教育事业，还须读好书、读进去；若能将读书和教书的体会与心得通过写作这一环节加以提炼和升华，便会有效地反哺教学，不断改进课堂效果。

因此，作为一名教师必须不断和深入地思考“如何教好书”这一根本性课题，我在这方面还是较为认真的。如在给学生授课过程中经常使用“以纲抓线、用表小结”的方法，利用图表来归纳总结相关知识点，在语法教学中提出了“构式程序分析图”的理念，也十分实用。20世纪80年代初我就将“英语非谓语动词”这部分的众多规则，用旧挂历的反面画成了一个总表，将“不定式、动名词、分词”置于表格中间，然后向右分别标出它们作不同句法成分时的特征，向左分别标出它们所具有的动词特征，通过上下左右的对比，一目了然，基本就能宏观把握这部分内容了；还可在相应部位分别写上典型例句，这样年复一年地教下去，老师自己可牢记这部分内容，学生也能拎得清楚、说得明白、记得长久、用得正确。这张表一直用了很多年，效果甚佳。

我认为，高等教育还是要分出层次：对于英语本科生而言，主要学习诸如听、说、读、写、译等语言技能及相关知识，该背的要背，该记的要记，以吸收知识为主，为未来的工作或研究打下坚实的基础。对于研究生来说，主要应解决理论提升和联系实践的问题。所谓研究生，绝不是大学教育的纯粹延续，不是"大五""大六"的继续教育。研究生应是"研究理论"的学生，包括理论创新和联系实践，这样才能符合研究生培养大纲上所述及的"培养创新人才"的要求。为此，在研究生阶段导师一定要将有关理论讲清楚，弄懂观点尤为重要。

如何学好一个理论、讲好一个观点，必须要有条理，一定要说明白其来龙去脉，它是针对何种观点提出的，解决了什么问题，留下什么遗憾，各路学者的观点是如何发展的。在研究生教学阶段也可用表格来作系统梳理，以实现"好学、便记、易查"的教学目标。课堂上能讲得明白，写书时就能写得清楚，我在很多作品中用了不少表格来论述多种流派、观点之间的传承与发展关系，如在《语言哲学研究（上下卷）》中画出了85个表格，尽量梳理出各种哲学观之间的传承关系（既可依据时间、人物为基线来梳理，也可依据观点、流派来梳理）。另外，我在写作时注意使用平白晓畅的语句将相关理论说清楚，尽量做到层次分明，便于读者理解。即使是艰深的哲学观点，也尝试用简单易懂的语言将其说清楚，而不必故作高深。（参见陈嘉映2014年为笔者《语言哲学研究》所撰写的序言）

六

回顾这40年的历程，谈不上辉煌，离赞誉之语“著作等身”真的还有很大差距（倘若要“等身”得有百十本再说），但也过得十分充实，在“读书、教书、写书”中度过了人生中播种与收获的季节，现将昔日所写的东西整理成一套由20卷构成的文集，汇聚出版，这个工作量还是比较大的。回头看看自己所写的东西，倒也不担心有些表述已过时或不妥，这次集中出版基本保持原貌，可真实反映作者那时的想法，不妥之处也可供同仁们批评之用；有些增添的内容就以附录的形式刊于书后，可使某一专题更为丰满，也可看出我后期的研究方向。最担心的是有部分内容难免会重复，于是在这次汇编中尽量去掉重复的段落。虽然出版社认可只要一本书与其他有30%的不同，就可作为新书出版，但我想同在一部文集里尽量还是不重复为好，若有些观点和语句不可不提及时，就在一处详细论述，而在另一处稍微带过或作略述处理，标注上详见处，便于读者互参阅读、整体把握。

此文集的出版得到许多领导、同行、学生和家人的大力支持，四川外国语大学将其作为一项标志性科研成果来认真对待，始终给予热忱关怀和全力支持，且在资金上给予慷慨赞助。学校为庆祝我70岁生日还将组织一次专题研讨会，这使我十分感激。黄山书社与我也有多年的友好合作关系，这次也给予了全力配合，编辑老师们为本文集的出版付出了很多的精力；其他几个出版社就版权问题也给予了充分的理解。胡壮麟教授、钱冠连教授一直给予我很多关照和支持，堪称我的良师益友，两位都已是耄耋老人，还欣然执笔为本文集作序，实在令我难以忘怀。刘玉梅教授、赵永峰教授以及我的部分研究生也帮我认真校阅稿件，我的妻子李弘和儿子王天翼也抽时间帮我校看清样，在此一并致谢！

今年重庆的夏季特别炎热，笔者在横山上的避暑山舍居住月余。背靠浓密的原生态松林，闻着那阵阵松涛送来的清新空气；面对一池不大不小的荷塘，鹅鸭戏水，涟漪不断；不远处还有一个水库，时而听得潺潺流水声；还有那一片片绿油油的庄稼地，时常使我想起 50 年前插队劳动时的场景。时而闲庭信步，时而放足田间，我享得了一份炎夏中难得的凉爽，喜获一种远离尘嚣的幽静，蛮有几分读书人的乡野情趣。手捧几本书，守着笔记本，边看边写，还有 1 岁多的小孙子游玩于膝下，咿呀学语，得享天伦之乐，大有“含饴弄孙”之感，令我深感欣慰和安逸，生活如此祥和，真可谓称心遂愿，读书人能有此晚年真的感到无比幸福。

读书之余偶有小感，现录如下，以抒情怀：

朝霞楼栏勤补拙，
夕阳庭院守华硕。
与文为友恒克难，
留世文稿似传说。

游学四方为解惑，
俯瞰荷塘心地阔。
荟萃众纭润心扉，
跨界探求试新拓。

王　寅

2018 年 8 月

本卷序1

杨自俭

王寅教授送来新著《论语言符号像似性——对索绪尔任意说的挑战与补充》的书稿，要我读后作序。我对语言符号像似性研究不深，可行之道只有一条：认真学习，写些读后的感想。

我认识王寅教授是在1980年夏天，那时我们同在烟台山宾馆参加教育部举办的语言测试讲习班。他是班上最年轻的学员之一，最老的可能是王宗炎和杨小石两位先生。他给我的印象是勤奋好学，喜欢独立思考，而且勤于动笔。后来因为都忙，来往较少，但他的学术研究我还是十分关注的。他涉及的学术领域比较广，在我关注的英汉对比研究和语义学两个领域也颇有建树。这两年在学术讨论会上见面多了，我对他的了解也更多了。他现在还要负责学校行政与外事管理工作，可他的学术研究不但没受什么影响，反而硕果累累，这在我国高校中是不多见的。秘诀何在？据我观察，原因有三：崇高的学术追求所给予的高度热情；多年坚持研究的毅力和惯性；科学地支配时间。

语言符号的任意性与像似性（也叫理据性、可论证性）两种观点的争论不是一个新问题，而是从古希腊时期以来就有的老问题，且是任意说一直占上风。我们知道，从柏拉图到洪堡特再到叶斯柏森都讲过语音的象征作用，用基本相同的语音指示有相似印象的客体。但洪堡特与叶斯柏森等都认为这种现象没有普遍性，随时可发现相反的例子。毕达考夫在《语言学纲要》一书中提出词的“内部形式”问题，即词的声音与词的意义之间最初的联系普遍存在，语言中充满了可论证性。实际上，这种内部形式的像似性只是新的音义结合体跟原有的音义结合体之间历史联系的像似性，而不是语音与语义之间自然联系的像似性。索绪尔强调语言符号的任意性，他认为能指与所指之间的联系是任意的，但语言符号一旦在语言共同体中确定之后，任何个人都不能改变，也就具有了“强制性”。语言是从前代继承下来的遗产，任何一个社会都必须接受，无法拒绝。但是索绪尔把能指与所指都看成心理现象，这是不对的。纵然语言的产生跟人的心理密切相关，但心理活动本身并不就是语言。他忘了语言是具有物质外壳和客观地存在于人类社会之中的一种实在物。

雅可布逊把任意性叫 contiguity，称像似性为 similarity。他认为像似性原则在语义引申领域、词族领域以及语形学结构研究中有重大意义。德里达主张把能指、所指和意义三者分开，认为能指是一个符号，没有固定不变的意义，意义要在上下文中才能确定。德里达的这个观点很值得我们重视。

语言与客观世界的关系问题是语言哲学的根本问题，而意义问题是语言哲学的核心问题。实际上，这两个问题讨论的是客观世界、人、语言和意义这四者之间的关系。四者中最先存在的是客观世界，由于客观世界的发展变化，后来有了人，随着人的发展，又产生了语言。人创造语言干什么？认识和改造客观世界，认识和改造自己，以便生活得更好。显然，意义就是人在认识与改造客观世界及自己的一切活动中赋予语言符号以自己认识的成果，意义是人赋予语言符号的。意义这个人所认识的成果十分丰富而复杂，它包括人所认识对象的名称、产生、形状、结构、性质、功能、变化规律、跟其他对象的关系，以及人认知这些内容的方法和对这些内容的价值判断，还包括人主观想象与虚构的成果（这种成果有语言形式，但没有所指对象）。可见，意义是一个非常复杂的综合体。美国的 Dell Hymes 提出了“言说的种族学”理论，把言语活动包含的 17 个语义因素分为 8 种，用 S–P–E–A–K–I–N–G 来表示，他称这些因素为 paralanguage，因为它们都表达语义。客观世界在发展变化，人在发展变化，所以语言和意义也必定随着发展变化，这是不以个人的意志为转移的。那么，怎么来研究意义这个复杂而多变的集合体呢？依我看，首先研究意义不能脱离对客观世界和人的认知的研究，在方法上应是多元互补的，要用形式化的方法，也要用思辨的方法，还应创建更好的方法。

语言符号音与义之间的联系存在任意性，也存在像似性，但两种形式哪种占的比例高，没看到谁做过统计，凭感觉好像是前者高后者低，这两种方式之外还有没有另外的方式？现在我还没听人说。当前，国内外关于像似性的研究已经突破语音层面，扩展到句法结构，原来的语义一方的内容也更丰富了。国内外越来越多的语言学家认识到语符中广泛地存在着像似性现象。当然，像似性是相对的，它常与一定程度的任意性交织在一起。王寅教授对这一辩证关系的论述较为妥当：语言符号既有任意性，又有像似性。当今，语言学家更多地重视像似性，这是对索绪尔强调语言任意性做法的一个挑战，同时作者也认为像似性是对任意说的一个补充，而且是一个有力的补充，这也是很正确的。

另外从一个人认识事物的过程来说，都是先模仿后创造，整个人类发展的过程也是如此。作者以此来说明像似性具有本源性特征也是很有说服力的。

关于像似性问题的研究，国内外都有很多新的进展。但就近期国内的研究情况来说，王寅教授发表文章最多，已有十几篇论文散见于国内外语界重要期刊上，最近又写了这本书稿。据我所知，这是我国第一本比较深入系统地研究像似性问题的专著。在书中，作者首先论述了国内外像似性研究的发展动态，重点介绍了研究的理论和方法。这是学术研究的一项基本功，当然要做好这项前期工程是很不容易的，既要尽可能多地占有资料，又要抓住关键性问题；既要恰当评价前人与时贤的研究成果，又要看清其缺点或错误。这本书的最大价值在于理论上有重要创新和开拓，作者先从语言与哲学方面多角度地论证了语言符号像似性，其次从自然性、本源性、主流性、层面性、程度性五个方面论证了像似性的性质，还补充了句法像似性中的标记像似性、话题像似性、句式像似性等理论原则，另外还提出了语言世界观多元论的观点。最后一章用像似性理论研究文体也让人颇感耳目一新，值得思索，值得探讨。当然，书中有的说法尚须进一步研究，另外论述像似性时要是能充分顾及任意性，那会更好一些。据我所知，王寅教授正在用像似性理论开拓英汉对比研究的新途径，希望此项研究早日成书，早日问世。

以上感想一是要推荐王教授的新著，二是想提出些问题，以便讨论，从而引起关心像似性问题者的进一步思考。

敬识于青岛海洋大学冷热斋

1999 年 6 月 6 日

本卷序 2

朱永生

语言是符号系统这一观点早已为学术界广泛接受，然而，与这种符号系统本身性质直接相关的一些问题，至今仍然没有统一的答案，能指与所指之间的关系便是其中根本性的一个问题。从古希腊时代起，人们对这个问题就一直持两种对立的观点。唯名论者认为词与它所表示的具体事物或抽象思想之间，没有任何内在的联系。自然主义者则坚持认为两者之间有着必然的联系。自索绪尔强调语言具有“任意性（arbitrariness）”这一特征以来，唯名论始终占据明显的优势，在不少人看来，语言符号是任意的，而不是自然的，这似乎已成定论。

然而，并非所有人都对唯名论表示认同。在过去的一百多年中，柏斯、雅可布逊、罗兰·巴特和乌尔曼等许多著名学者对语言符号的性质进行了深刻的思考，发现语言符号并不都是任意的，能指和所指之间具有可论证性，存在许多像似性现象（iconicity）。

语言是否具有像似性这一前沿性课题也引起国内学术界的广泛关注。许国璋、沈家煊、胡壮麟等著名学者先后对此发表过肯定的看法，山东财政学院王寅教授就此专题也发表了十几篇论文，同时还即将出版《论语言符号像似性——对索绪尔任意说的挑战与补充》一书，这是我国学者对语言符号像似性进行系统研究的第一本专著。

我有幸成为该书的第一个读者。读完书稿，我很受启发，受益匪浅，为国内即将有一本这样较为系统地论述“语言符号像似性”的力作而感到由衷的高兴。我现仅发表自己的读后感充作序言，满怀热情地向广大读者推荐王寅教授的这部新著。

该书较为深入和系统地介绍和分析了当前国外有关语言符号像似性的理论，并在此基础上，重点论述了作者自己的研究心得和观点。

当前，国外在句法像似性方面得出的原则主要有三条：距离像似性、顺序像似性、数量像似性。作者以像似性理论和语言理论为基础，收集了大量的语言事实，对像似性在英语和汉语中的表现方式及其制约因素作了仔细分析，归纳和总结出了另外三条像似性原则：标记像似性、话题像似性、句式像似性。作者还从语言世界观的角度探讨语言符号像似性的哲学基础，提出了语言世界观多元论的观点，并以此来解释语言符号像似性的理据，使得符号像似性研究更加深入了。

王寅教授对语言符号所作的深入研究是很有价值的，许多观点很有说服力，大有令人耳目一新之感。作者在本书中所表现出的创新精神以及所发表的独特见解，必将引起学术界同仁的深思，对推动语言符号性质的深入研究具有积极的作用。虽然书中个别观点尚有待作者本人和语言学家作出进一步的论证，但这些观点对促进英汉语对比研究，促进语言教学和英汉对译，具有不可忽视的实践意义。

我真诚地希望，国内学术界在语言符号性质研究方面不断取得新的成就，也衷心地希望已经在语言学领域尤其是语义学领域取得显著成就的王寅教授，对我国语言学研究做出新的贡献。

1999 年 3 月 1 日

于复旦大学

再版前言

一

本书写于 20 世纪末，于 1999 年由新华出版社正式出版，弹指之间已有 20 个年头。自本书出版以来，像似性理论受到学界的密切关注，既有支持者，也有争论者。但随着认知语言学（Cognitive Linguistics，简称 CL）和体认语言学（Embodied-Cognitive Linguistics，简称 ECL）逐步普及，它亦已成为当今国内外语言学理论的前沿之一，像似性也就逐步为人们所接受。

ECL 的核心原则见下图：

图 1　ECL 的核心原则

它可直观清晰地解释语言之成因，从左向右可解读为：人们在对现实世界进行“互动体验”和“认知加工”（这八个字可概括为“体认”）的基础上形成了语言。语言绝非先天所有，也非空中来物，而是人之“体认”的结果，其中既有“体”的感性体会，多含经验性和客观性，也有“认”的人之加工，多含主观性和想象性。人类是具有理性的动物，语言表达时非这么说而不那样讲，背后必定有其理据，它受制于人之理性（参见许国璋，1988）。因此，ECL 的核心原则可进一步解读为：

语言像似于人们的认知方式，且在其作用下一定程度地像似于我们的现实生活和经验世界。

这就是我们所说的“像似性”，而绝非某些人所误解的“语言符号简单地模拟描画了外界事物”，这种观点是客观主义哲学理论的产物，忽视了核心原则的中间环节——“认知”，抛弃了语言的人本观。这也是我们要将许国璋先生的“象似性”修补为“像似性”的原因，在“象”左边加上一个“亻”旁，以示语言符号和认知方式与现实世界之间的关系完全取决于“人”，详见下文。

是否坚持社会科学研究中的“人本精神”，这是“客观主义哲学 VS 非客观主义哲学”之间的重大分野，也是“后现代哲学 VS 传统哲学”之间的根本差异。索绪尔持语言结构先验论，乔姆斯基持语言能力先天观，他们的理论都是站在客观主义理论、唯心主义哲学的立场上建立起来的，其要旨是抛弃人本精神，否定体认性，这正是雷科夫和约翰逊（Lakoff and Johnson，1980，1987，1999）所创立的“体验哲学（Embodied Philosophy）”和 CL 所批判的靶子。我们在此基础上进一步将其本土化为 ECL，因此，接受 CL 和 ECL 就意味着要接受像似性，这是一个基本学理，毋庸置疑。我们不能站在索氏的结构主义和乔氏的转换生成语言学的理论框架中来理解 CL 和 ECL 中的像似性，任意性和像似性是两大哲学流派和不同语言学阵营中既有联系又相互对立的理论。

二

笔者在 2016 年根据 ECL 的基本原理，主张将 iconicity 译为“像似性”，而不再用原来的“象似性”，意正在此。“象”常指客观外界之“形状、样子”，如“景象、天象、气象”等；而加上一个“亻”旁，强调两事物之间在形状上相同或有某些共同点，如“画像、肖像、小孔成像、好像”等，这里的“像”突出的是“人看出来的像”，更能彰显出“人本精神”。“语言符号 VS 外部世界”是否具有像似性关系，不是由客观事实决定的，而完全取决于人本因素。这正好与 ECL 的核心原则相一致，现实世界必须经由“人之加工”才能形成语言。

自 20 世纪末，我国学者开始关注像似性，学界一直存在争论，此为学界之大幸。学术的魅力就在于不同观点之间的争论，很多理论就是在辩论中越辩越清楚、越争越明晰的。自许国璋先生于 1988 年在《外语教学与研究》上发表《语言符号的任意性问题》率先批判任意性以来，转眼间已过了 30 个年头。其间，我国的语言学界可谓发生了翻天覆地的变化。很多学者，如胡壮麟、沈家煊、李葆嘉、严辰松、杜文礼、文旭、赵彦春等教授纷纷撰文论述像似性，使得人们对其有了更深刻的理解。特别是 CL 传入我国之后，逐步发展为语言学理论的主流之一，人们已基本接受这一观点，不仅在理论上形成了观念转变，而且在语言教学之中也尝到了甜头。

国内外研究语言理论的学者，无一不以索绪尔（Saussure，1916）的《普通语言学教程》为敲门砖，深受其“任意第一说”的影响，更有难以自拔者。

乔姆斯基（Chomsky，1957，1965）也基本接受了索氏的任意说。因此“语言具有任意性”似乎成了学界的一条定律，难怪有不少人十分相信，从来没有怀疑过这两位语言学界泰斗级人物的判断。形成于20世纪末、壮大于21世纪初的CL，突破了语言学界两位大师的束缚，形成了对结构主义和转换生成两场革命的又一场革命，彻底摆脱了唯心主义哲学立场，大力倡导唯物主义、辩证观和人本精神，认为语言具有体认性，是人们自身在对外部世界进行互动体验的基础上，通过认知加工而形成的，基于此便可顺利地推导出语言符号像似性的观点。

我们从来没有彻底否定任意性，因为在结构主义理论框架中，任意性不是一点道理没有的。甚至不少学者认为，正是符号的任意性，使得符号具有较大的灵活性，人们可用一个符号来“随心所欲、约定俗成”地命名事物。而与其相对的CL和ECL则认为，人们用什么符号来命名什么事物，是人之所为，而人又是理性的动物，其间必然具有一定的甚至较大的理据性，不可能随意而为。以我们常举的“地瓜”为例，它在我国不同地区有不同的名称，诸如山芋、番薯、甜薯、甘薯、豆薯、红薯、红苕、白薯、白苕等，虽然这些名称都是有理据可循的（参见王寅，2007：300），但各地区的人们究竟选用哪一个名称，则具有一定的任意性。“地瓜”的这些同义名称都是基于“命名转喻机制”形成的，即它们都是根据“地瓜”的某一特性而起的名字（以部分代表整体的机制）：

地瓜：地下的瓜；

山芋：山上的芋头；

番薯：外来的薯；

豆薯：形状像豆子；

甜薯、甘薯：有甜味；

红薯、红苕：其外表呈红色；

白薯、白苕：其外表呈白色。

各地的人们究竟选用哪一种隐喻方式，与他们的生活环境和认识事物的方式有关，其中确实存在一定的选择性，但这不能作为支持任意性的理据，更不能作为语言的第一原则。正如上文所述，我们接受像似性，并不代表我们完全否定任意性，我们批评的是将任意性无限夸大，将其视为“第一原则”是不妥的，参见上文。

“像似性 VS 任意性”之争，有点类似于“半杯水之争”。同样的“半杯水”这一事实，有人站在乐观主义者的立场看到的是“半杯满”，有人站在悲观主义者的立场看到的是“半杯空”。我们主张持乐观主义者的立场，因为它从理论上为我们提供了分析语言背后认知理据和经验成因的基础，据此在语言教学中就应当向学生讲解词语如此表达的原因，这显然对于学习语言具有重要意义，而这一主张正是 CL 和 ECL 的基本原理，若不坚持这一立场，我们的研究就失去了根本方向和依据。若持悲观主义者的任意观，上述研究就会显得苍白无力，失去理论支撑。

更何况，根据 ECL 的体认核心原则可知，语言主要具有像似性，符号要么在认知方式上与意义像似，要么在感觉体验上与意义像似，正如威尔兹别希卡（Wierzbicka，1988）的那句名言：

语言中的像似性原则可发挥到最大的作用，某些任意性仅是解释上的残存现象，仅仅暴露出语言学家们研究的不足之处，还没有能力提出合适的语义解释。

因此，在 CL 和 ECL 的视野下，语言中的像似性和任意性就不再是简单的“半杯水”现象了，而是“大半杯水”了，此时若再坚持流行了百年之久的任意性，就真的显得苍白无力了。根据威尔兹别希卡的观点，若将不能解释的语言现象归结为任意性，暴露出的正是语言学家的无能。胡壮麟先生在为笔者拙著《认知语言学》（2007）一书所作序言中指出：

我认为王寅先生这种辩证的分析方法是正确的，也是可取的，倘若过于强调任意性的支配地位，把像似性看作零星的个案，只能遮掩人们的视线，而不能经由认知的角度去探索语言是如何产生的，人类是如何创造、使用和发展语言的。不同的文化、不同的社团，可以产生不同的语言，但当他们面对世界，认识世界和表达世界都离不开像似性的过程。

三

像似性原则与我们在 2012 年提出的“AS—认知方式”完全吻合。我们有两种看世界的方式：

SEE

SEE AS

所谓 SEE，是指看到的世界如实反映在我们的视网膜和心智之中，而 SEE AS 是我们获得“看上去像”的认识。按照 CL 和 ECL 的观点，站在人本主义的角度来讲，一切外界事物都要经过人的认知加工才能进入我们的心智系统和知识结构，而纯粹的 SEE 是不存在的，这是机械唯物论的反映。

近来，笔者在网站上读到中国科学院朱清时的文章，标题为《客观世界很有可能并不存在》。其实这也不是什么新命题，康德早在 1781 年就指出：

We see things not as they are，but as we are.

马克思（1844）在《经济学哲学手稿》中也强调说：自然界是 humanized nature。既然是“人化的自然界”，都是从人眼中看出的现实，那么说外物是什么它就是什么，客观世界是否存在当然也就值得怀疑了。这就是后现代哲学家所强调的“体验人本观”。如此说来，“像似性”或“AS—认知方式”应为人类的“元认知机制”，是我们赖以生存的基本手段，须臾不可或缺，当今所讨论的“意向图式、范畴化、隐喻、转喻、概念整合、识解、网络结构”等，都可通过“像似性”和“AS—认知方式”推导而出。若基于这个观点，“任意说”不就显得微不足道了吗！

四

可以毫不夸张地说，“任意性”对于教学毫无裨益，语言表达若可以任意而为，也就无甚规律可循，我们又是怎么编出语法书来的，又该如何教授语言呢？还要我们这些语言工作者干吗？此时，语言学习唯一可行的办法是“死记硬背”。这一观点倒也给一些教师留下了不少便利，既然语言是任意的，就不用挖空心思去解释它，难怪李葆嘉教授（1985）将索氏理论冠为“懒汉语言学”。而 CL 和 ECL 强调的是语言背后所隐藏的理据性，重在解释语言表达所依据的认知方式，若能将其运用于教学实践，将语言事实背后的成因讲清楚，必能取得事半功倍的效果，为语言课堂教学带来新面貌。本书尝试用“距离像似性、数量像似性、顺序像似性、标记像似性、话题像似性、句式像似性”解释英汉两种语言中的若干现象，其中绝大部分倚仗传统语法都不能做出合理的解释，因此像似性理论无疑对21世纪的语言教学提供了一种新思路。

因此我们认为，21世纪语言教师之道当苦己筋骨、劳己心智，让学生明白语言如此表达的理据，这必将会大大提高教学效果。一言以蔽之：教师当以“解放学生为己任”。CL和ECL的出场正好可满足这一需求，通过英语教学，看不同民族的思维方法。这体现的正是我国教育的方针——素质教育。

这次再版时，笔者增加了自本书出版之后所写的一些有关像似性的文章，作为附录收入书后。

本书在附录六里还收录了清朝训诂学家程瑶田（1725—1814）所撰写的《果蠃转语记》，并对照附有笔者的现代汉语译文。我们曾在2009年主编出版的《中国语言像似性研究论文精选》中将原著作为附录收录，终使我国外语界（包括汉语界）同行能有机会读到此文。那时是依据苏州大学图书馆所收藏的民国二十二年（1933）安徽丛书编印处所印行的版本，将古汉语的繁体字（包括生僻字、现已废而不用的字等）转换成现代汉语电子版，所遇到的问题比想象中要大得多。为保证原文的正确性，我们花了大量时间反复校对。但遗憾的是全文没有标点，使得很多读者在学习和理解时遇到不少困难。为弥补这一缺陷，此次收录了伍巍所校点的版本[①]，添加标点后学习起来就方便多了。另外，为便于阅读流畅，笔者将原文中

① 参见陈冠明等校点的《程瑶田全集（叁）》，合肥：黄山书社，2008。

所带小号字体的随文注释省去，将其译为现代汉语。此间得到周文德和杨怀源两位教授的校正，以及蔡琴、杨玉顺和其他研究生的帮助，钱静、罗兰等同学还帮笔者反复校对本书；黄山书社为本书的出版付出了大量精力，在此一并致谢！

王　寅

2018 年 8 月

前　言

“音、形”与“义”之间是否存在理据性关系，哲学家和语言学家一直存在两种不同的观点。自古希腊时代起到中世纪，在传统哲学中就存在关于“唯名论 VS 唯实论”的争论，实际上也是围绕语言符号是否具有像似性展开的。自索绪尔于 1916 年发表《普通语言学教程》以来，唯名论暂时占上风，任意说逐步一统天下。索绪尔指出“语言符号是任意的”，并将这条原则视为“头等重要的，支配着整个语言的语言学（1996：102—103）”。因此在语言学界，大部分人一直认为语言符号的能指（或曰“符号的形式”）与所指（或曰“符号的意义”）之间无对应关系，语言具有任意性的特点。正因为这个论点出自现代语言学鼻祖、世界著名语言学家索绪尔之口，所以这个原则支配整个语言学界长达一个世纪之久。

从古希腊时期的斯多葛学派哲学家，到公元 8—9 世纪拜占庭时期的哲学家，再到中世纪的唯实论者，他们都认为词和所表示的事物之间存在着一种根本的联系。德国伟大的语言理论家、普通语言学的奠基者洪堡特（Humboldt）在 1836 年出版的《论人类语言结构的差异及其对人类精神发展的影响》（1997：72）一书中就对语言像似性作出了精辟的阐述，他指出：

语言结构的规律与自然界的规律相似，语言通过其结构激发人的最高级、最合乎人性的力量投入活动，从而帮助人深入认识自然界的形式特征。

美国实用主义和符号学的创始人、著名哲学家柏斯（Peirce，旧译：皮尔斯或皮尔士[①]，1839—1914）从能指和所指的关系上，把符号（Sign）分成三类：

Icon （像似符）
Index （标记符）
Symbol （代码符）

并将像似符所表示的能指与所指之间的关系称为 iconicity（像似性）。他（1902）认为：

每种语言的句法借助约定俗成的规则，都具有合乎逻辑的像似性。

柏斯的三分法认为能指和所指之间存在三种联系方法，即符号的三重指称的观点，国内有的学者将之称为“三元符号模式”。气象万千的世界，经过人的丰富想象力的加工，必然会产生丰富多彩的符号，在各类符号与

① 美国哲学家 Peirce 在英语国家的发音为［pɜ:s］，而我国学界有人根据发音规则想当然地念成［pɪəs］，因而有了“皮尔斯”这一译法，而这一译法外国人根本听不懂，笔者在此更正。

现实世界之间也必然会存在各种各样的关系，而不能用索绪尔的“能指和所指之间具有任意性”来概全定论，因而柏斯的“三元符号模式”比起索绪尔的“二元符号模式”显得更为全面，为我们分析当代社会生活中的各类符号提供了一个较为有效的分析手段。

任意说与像似说的争论，由于索绪尔的巨大影响而暂得平息。但近来，认知语言学派、功能语言学派、符号学以及语言哲学等所做的深入研究，使得越来越多的语言学家认识到，语言符号任意说已难以一统天下。他们通过观察、总结、归纳、研究，发现语音与意义、词形与意义，乃至句法结构与意义和概念结构之间存在很多这样那样的有机联系，有很多理据可寻。语言符号的能指与所指之间确实存在很多像似性现象，这种像似说是对索绪尔任意说的一次最大的挑战。

美籍俄国语言学家雅可布逊（Jakobson，1896—1982）于 1965 年在《语言本质的探源》一书中，强调了柏斯有关 diagrammatic icons（拟像像似）的观点，并认为这是一种语言普遍现象，第一次对语言符号任意说提出了实质性的挑战。乌尔曼（Ullmann，1962）按构词特点将语言分为“理据型”和“非理据型”，认为世界上的语言确实具有不同程度的理据性。布朗和莱文森（Brown & Levinson）在 1978 年指出：

礼貌会话中的语符长度的增加，像似于社会距离的增加。（参见 Haiman，1985：290）

美国语言学家吉旺（Givón）在 1989 年出版的《思维、语码和语境：语用学论文集》以及分别于 1984 年和 1990 年出版的《句法：功能类型学导论》第一卷和第二卷中，都对像似性作出了较为详细的论述。吉旺指出：

人类语言有一定程度的非任意性，即像似性（iconicity）。像似性理论能对普遍意义或功能作出不同程度的解释。（胡壮麟，1996：1）

海曼（Haiman）分别于1980年和1983年发表了两篇论文，于1985年又出版了两本书——《自然句法》和《句法像似性》，系统地对语言句法中所存在的像似性进行了较为详尽的分析和研究，将语言像似性的研究带入了一个新时期，成为当代语言符号像似性研究最有影响的学者。海曼（1985a：3）指出：

There are respects in which linguistic representations are exactly what they seem to be, and there are respects in which human languages are like diagram of our perceptions of the world, corresponding with them as well (or as poorly) as other diagrams do in general.（语言所陈述的内容在很多方面与语言看上去的形式精确地像似，人类语言在很多方面就像我们对世界所认知的图式。人类语言一般说来就与其他图表一样，精确地或不很全面地与所认知世界的图式相对应。）

1983年6月24日至26日在美国加州斯坦福大学召开了“Iconicity in Syntax”的专题大会，世界著名语言学家云集一堂，各表高见，后由海曼主编，将大会论文出版成书，书名为《句法像似性》，其中主要收集了14位著名学者的论文，包括Bybee，Bolinger，Givón，Langacker，Slobin，Kirsner，Greenberg，Delancy，Dubois等，他们从不同侧面和各个角度论述了语言句法中普遍存在的像似性现象。正因为"句法结构"与"经验结构和认知方式"之间的像似性是一种自然的关系，所以海曼在1985年出版的另一本有关句法像似性的书取名为*Natural Syntax*（《自然句法》）①。

我国也有许多语言学家十分敏感地注意到国外关于像似性理论的发展，在他们的著作和论文中，对语言符号的理据性和像似性都有较为详尽的论说。

陆国强在1983年出版的《现代英语词汇学》第三章中专门论述了构词的三大理据：拟声理据、语义理据、逻辑理据。汪榕培在1983年出版的《实用英语词汇学》中则从语音、构词、词源三个方面分析了构词理据。张韵裴在1986年出版的《现代英语词汇学概论》中列出了以下三种构词理据：phonetic motivation，morphological motivation，semantic motivation。从这些构词理据中可见，英语单词在形成过程中确实并非纯属任意所为。戴浩一（1991：31）在《以认知为基础的汉语功能语法刍议》一文中指出：

> 语法象征着人类在身体构造和动作的约束下所体验和感知的现实……语言共性就是人类的感知机制和物质世界相互作用的自然结果。

他还提倡建立以认知为基础的汉语功能语法。这就明确地说出了语言构词造句的规则与现实之间存在像似性。

许国璋在《外语教学与研究》1988年第3期发表了题为《语言符号的任意性问题》的论文，对语言符号的任意性作出了尖锐的批评。沈家煊于

---

① 我们对此处用"自然"二字持保留态度，用什么样的语言符号（包括句法结构）来表示什么样的内容，这完全取决于人，不存在所谓的自然问题，只能是"惟人参之"（刘勰语），参见再版前言。

1992 年 10 月在北京举行的“第四届国外语言学研讨会”上作了题为“句法的像似性问题”的发言，后该发言稿正式发表在 1993 年第 1 期的《外语教学与研究》上。此论文对国外该领域的研究情况作了比较全面的介绍和评论。杜文礼在 1996 年第 1 期的《四川外语学院学报》上发表了题为《语言的像似性探微》的论文，主要论述了英语在词汇和句法层面上存在的像似性问题。严辰松在 1997 年第 3 期的《国外语言学》上发表了题为《语言临摹性概说》的论文。胡壮麟在《国外语言学》1996 年第 4 期发表了题为《美国功能语言学家 Givón 的研究现状》的论文，文中既介绍了 Givón 有关像似性的观点，也论述了自己的看法：

像似性的总趋势是不可否认的，但不是绝对的，它受到历史变化的调节。（胡壮麟，1996：5）

丁金国于 1996 年第 3 期《外语教学与研究》上发表了题为《汉英对比研究中的理论原则》的论文，在 2.1.2 这一节中提及表达的描摹性，谈到汉语线性序列的语义流向中存在的先整体后部分的原则，这是汉文化的镜像直射。根据“宇宙全息论”理论（王存臻、严春友，1985），世间一切事物乃至宇宙都具有四维立体全息性，宇宙是一个普遍联系体，一切事物都处在全方位的相互联系、相互制约中。事物的部分与部分、部分与整体之间包含相同的信息，或部分包含整体的全部信息。宇宙是一个全息感应的网络体系，这张网上的任一组成部分都能感应到来自其他一切部分乃至宇宙整体效应的所有信息。思维、语言、文化都处在整个网络的位点上，它们都是宇宙的一个信息缩影，这三个全息元作为部分都与宇宙这一整体之间相互包含、相互感应。据此，语言符号在人类理性思维的作用下也就必然要与其所指对象之间存在像似性。季国清在《外语学刊》1998 年第 3 期发表的《语言的本质在“遥远的目光”中澄明——语言哲学的新视野》一文中指出：

“索绪尔任意性”把能指的作用降为零，制造了语言纯粹透明的神话，这实实在在地遮蔽了语言的本质。

笔者于 1998 年在《语言与文化研究》一书中发表了题为《论像似性和语言世界观》的论文，通过对国内外论著的研究，并结合自己的理解，将语言符号像似性暂时定义为：语言符号在音、形或结构上与其所指之间存在映照性相似的现象。

笔者于 1998 年在《四川外语学院学报》第 3 期发表了《现实—认知—语言三因素间的反映与对应滤减现象》一文，运用唯物主义反映论的观点，结合认知语言学的模式，提出滤减像似性的假设，并以此对“思维没有民族性”和“语言决定论”提出了不同的看法。

笔者于 1998 年在《外语学刊》第 3 期发表了《标记像似性》，文中指出：标记性从无到有的顺序像似于认知的自然顺序及组词的一般顺序；有标记性像似于额外意义，无标记性像似于可预测的信息。

笔者于 1999 年在《外语学刊》第 2 期发表了《滤减像似性与语言符号像似性》，论述了语言符号像似性的哲学基础。

笔者于 1998 年在《山东工业大学学报》第 3 期发表了《从话题像似性的角度谈英汉句型对比》，文中指出：句子的起始话题像似于思维的出发点，并以此为理论基础，将英汉两种语言的核心句型归纳为“话题 + 主语 + 谓语 + 宾语（ISVO）”，易于理解，便于操作，更利于对比。

笔者在《跨文化交流理论》一书中用3篇文章的篇幅论述了语言符号与社会文化之间的像似性。

这些著作和论文使得人们进一步认识到：语言符号任意说再也无法一统天下了，在能指与所指之间，在物质外壳与其所代表的意义之间确实存在着各种各样的理据性，两者之间的结合确实是可以论证的。

其实，索绪尔本人在他的《普通语言学教程》中也说道：

语言不是完全任意的，而是里面有相对的道理。（1996：110）

因此，当今所研究的语言符号像似性也是对索绪尔“相对任意性”的一个极好的补充。语言符号像似性理论既是对传统任意说的一次最大的挑战，同时也是对任意说的一个有力的补充。

本书在编写过程中得到胡壮麟教授、赵世开教授、沈家煊教授、钱冠连教授等著名学者的大力支持，在此谨表诚挚的谢意！

杨自俭教授和朱永生教授仔细审阅了本书的初稿，提出了十分宝贵的意见，并抽出时间欣然为该书作序，笔者在此向他们表示诚挚的感谢。

衷心感谢本书的责任编辑吕庆东同志为本书的顺利出版所做出的努力。

语言符号像似性理论既是当今语言学界所讨论的前沿课题，也是一个仍有争议的问题，本书若能引起各位学者对像似性理论的关注，对之加以思考，并能进一步发表高见，笔者亦感心满意足。

书中错误和不妥之处，敬请各位专家、同仁批评指正。

笔者于济南

1999年6月

目　录

第一章　像似性是对索绪尔任意说的挑战与补充

第一节　序言

近年来国内外出版的很多论文和专著，运用大量的语言事实，系统地论述和证明了语言符号能指和所指之间存在大量的像似性现象。语言符号像似性理论已被越来越多的语言学家所接受，它为语言学研究开辟了一个崭新的研究领域，为语言符号的理据性提供了更为系统、完整的理论依据和实例资料，对语言的理论研究和教学实践具有不可低估的深远意义。

语言符号像似说是对流行了近一个世纪之久的索绪尔（Saussure）任意说最大的挑战，同时也是一个有力的补充。

语言的意义是借助于语言的物质外壳，即语音或词句来加以表达的；离开物质外壳，语言的意义就无法表达，也就无法实现语言的交际功能。因此语言的物质外壳（包括语音或词句）与语言的意义，犹如一张纸的正反两面，是不可分割的一个事物的两个方面。但用什么样的形式来表达意义，各民族都有自己的方法。

第二节　索绪尔的任意说

21 世纪最有影响的世界著名语言学家、现代语言学的奠基人索绪尔创立了结构主义语言学，彻底摆脱了英美传统中根深蒂固的经验论和实体论，实现了语言研究内指论的转向。但索绪尔过分强调语言符号系统的内部关系，夸大了语言符号的任意性，而忽视了语言形式和客观外界、思维规律之间的种种理据，力主唯名论观点：符号的形式与所指之间并没有什么联系。

索绪尔在《普通语言学教程》全书很多地方都提到了“任意性”（1996：102—105，109，111，113，116，159），所用同义语有“不可论证性”“自由选择”“约定俗成”“契约的”等。他过分强调符号的内指性，忽视语言要到外部去找所指对象才有意义，认为语符是与概念，而不是与事物相联系的，因而就不存在与客观外界事物像似的问题，难怪他要把“任意性”视为语言最主要的和最基本的原则。他认为，“语言符号是任意的”，并将这条原则视为“头等重要的”“第一个原则”，“支配着整个语言的语言学”，并自认为是“没人反对的”，是“整个语言系统的基础”。

他甚至还不同意把拟声词和感叹词视为有理据的造词，否认其与所指对象间的有机联系。正因为这个论点是出自现代语言学鼻祖、世界著名语言学家索绪尔之口，所以这个原则支配整个语言学界达一个世纪之久。

著名语言学家萨丕尔（Sapir，1884—1939）、霍凯特（Hockett，1916—2000）、乔姆斯基（Chomsky，1928—）等都持同样看法。萨丕

尔（1921：1—23）在其 *Language: An Introduction to the Study of Speech*（《语言论：言语研究导论》，陆卓元译，1964 年）一书的引论中也论述了语言符号的任意性。霍凯特在 1958 年出版的 *A Course in Modern Linguistics*（《现代语言学教程》下册，索振羽、叶蜚声译，1987 年，第 309 页）中指出（底线为笔者所加）：

人类语言在其语义的约定方面几乎是完全任意的。例外是拟声或局部拟声形式的模糊的拟像痕迹。我们知道，即使在这些形式里也有不小的任意成分。

他（1960：88—96）在《论语言起源》的论文中，列举出人类信息传递的 16 个特征，其中第 8 个就是“任意性”，并把它解释成“non-iconicity（非像似性）”。

乔姆斯基所代表的形式语言学派将索绪尔的“任意性”大加发挥，认为自然语言是独立于人类其他认知系统之外的一种任意的、天赋的、自主的形式系统，语言的能指和所指毫无直接关系。他（1981：3）指出：

我们对世界的解释部分是基于对心智结构的描写，一点也不能反映出外部世界事物的形状。

从索绪尔到乔姆斯基，他们都认为语言是一个自治的系统，因而他们所坚守的“任意性原则”是与“自治性原则”密切相关的。语言自治了，与外部世界无甚关系，也与人的其他认知能力相分离，当然也就谈不上什么像似性了。但 TG 学派内部也不是铁板一块，如纽梅尔（Newmeyer,

1992）也开始注意像似性问题（参见张敏，1998）。

里奇（Leech，1983：25）认为，语言符号的任意性是现代语言学的基石（cornerstone）之一，语言范畴和语言规则是任意的，它们不能从外部世界被预测或演绎出来。

我国近现代语言学界一般也普遍持任意说的观点，这反映在很多语言学著作、论文和教材中，“语言符号任意性”似乎已成为语言学界的一句口头禅，一个不可辩驳的真理。

第三节　语言符号像似说

事物总是一分为二的，与任意说相对立的像似说一直存在。公元前300多年，古希腊斯多葛学派哲学家就提出：

语言的外部形式是人类本质内在普遍性的反映。

公元8—9世纪的拜占庭时期的哲学家认为：

像似符是早已存在的原始典型的一种直接体现，创造像似符的人们只是通过他们的技巧将这种原始典型变成书面形式记录下来，使人可见。

他们还作了一个很好的比喻：

语言的形式与意义之间的关系，就像印章会留下印记，身体要投下身影一样，不可避免地具有像似性（Slobin，1985：221）。

唯实论者认为：词和所表示的事物之间存在着根本的联系，词只不过是人们给现实或外部世界的事物所起的自然名称。还有很多学者认为，语言是人们用来反映社会现实的，在语言和现实之间必然存在种种理据性。很多哲学家试图通过语言的结构来理解现实的结构，用西方哲学第三转向（即语言论转向）时期学者的话来说，语言与世界同构（isomorphism）。这一观点虽未能被广泛接受，但对语言性质的研究还是具有较大影响的。

20 世纪末，美国实用主义和符号学的创始人、著名哲学家柏斯（Peirce，1839—1914）将符号分为三类[①]：

（1）icon（像似符）：与其所指对象在某种方式上相似于它本身形式的符号。像似符所表示出的在符号与所指之间的图式关系就叫“iconicity（像似性）”。

（2）index（标记符）：与其所指对象之间在因果关系上相联系的符号，如表示火的烟，表示危险的骷髅骨符号。标记符所表示出的在符号和所指对象之间存在的因果关系就叫“indexicality（标记性）”。

（3）symbol（代码符）：与其所指对象之间存在任意和规约关系的符号，没有理据可循的语言符号就属于这一类符号。代码符所表示出的在符号和所指对象之间存在的任意性关系就叫“symbolicity（代码性）”。

---

① 许多学者对符号有不同的分类方法，如艾科（Eco）、莫里斯（Morris）、西比奥克（Sebeok）、巴特（Barthes）等。就连柏斯本人也曾基于三分法对符号做出了 10 种分法（参见李幼蒸，1999：477—490）。

柏斯认为“能指 VS 所指”之间在意指方式上有三种联系方法，即符号的三重分法，有的学者将之称为“三元符号模式”，比起索绪尔的“二元符号模式”则显得更为全面。

柏斯所用的 icon（像似符）就是指那些符号本身在某种方式上相似于所指对象，并把它分为（参见第二章图 2.1）：

（1）映像符（imagic icon）；

（2）拟像符（diagrammatic icon）；

（3）隐喻符（metaphor）。

映像符指在某种方式上与其所指称对象像似度较高的单个符号，如照片、雕塑以及语言中的拟声词等；拟像符指代表复杂事物、概念或关系的符号，如地图、线路图、工程图纸以及象形文字等；隐喻符指符号与对象之间存在一般的类似性。语言符号经过系统安排后，其间的关系就可映照（mirror）所指对象之间的关系，他（1940）在论述“句法像似性（syntactical iconicity）”时指出：

In the syntax of every language there are logical icons of the kind that are aided by conventional rules.（每种语言的句法中，借助约定俗成的规则，都有一些合乎逻辑的像似符。）

语言中的“拟像像似性（diagrammatic iconicity）”现象主要表现在句法像似性（syntactic iconicity）上。在随后的几十年中，许多语言学家、哲学家也都用上了这一术语，以表示语言符号的“能指 VS 所指”之间存在映照性像似的现象。

霍斯豪德（Householder，1946）在 *On the Problem of Sound and Meaning: An English Phonetheme*（《论英语语音象征的音义问题》）一文中指出：

英语中只有 9% 的词汇才是完全任意的。（转引自杜文礼，1996：61）

美国（原籍俄国）语言学家雅可布逊（Jakobson，1896—1982）于 1965 年在《语言本质的探源》一书中强调了柏斯有关 diagrammatic icons（拟像符）的观点，认为这是一种语言普遍现象，第一次对语言符号任意观提出了实质性的挑战。他在书中着重指出：

语言结构在组合关系上存在像似现象：复句中两个分句的排列顺序映照它们表达的两个事件实际发生的先后顺序。

法国法兰西公学院的海然热（Hagège）也认为：

语言的创制并不总是完全无意识的，语言的词汇、语音和句法都有人对语言自发参与的明显烙印，因为人们不断探索着适合交际需要的最佳方式。（转引自李秀琴，1992：36）

美国语言学家吉旺（Givón）于 1989 年在《思维、语码和语境：语用学论文集》中，以及分别于 1984 年和 1990 年出版的《句法：功能类型学导论》第一卷和第二卷中，都对像似性作出了较为详细的论述。他（1989）指出：

人类语言有一定程度的非任意性，即像似性（iconicity）。

胡壮麟（1996：1）指出：

像似性理论能对普遍意义或功能作出一定程度的解释。

美国语言学家海曼（Haiman）走在像似性研究的前列，他于1980年和1983年在《语言》上发表了两篇很有影响的论文，较详细地论述了语言中普遍存在的像似性现象。他于1985年又出版了两本书：《自然句法》和《句法像似性》，系统地对语言句法像似性进行了分析和论述，将语言像似性的研究带入了一个新时期，成为当代语言像似性研究最有影响的学者。

他认为，虽然每一种语言的语法结构不是由功能要素以机械的方式决定的，但是它们绝不是任意的。他（1985a：8—9；1985b：1）指出：

Linguistic structures are often similar to non-linguistic diagrams of our thoughts. Languages are like diagrams.（语言结构常常与我们非语言性的思维图式相似。语言就像图式。）

Linguistic forms are frequently the way they are because, like diagrams, they resemble the conceptual structures they are used to convey; or, that linguistic structures resemble each other because the different conceptual domains they represent are thought of in the same way.（语言形式常常是这样的方式，是因为它们像图表一样，与它们被用来传达的概念结构像似；或者，语言结构彼此相似，是因为它们所代表的不同概念域是以相同的方式思考。）

他还认为：

当某一语言表达式在形式、长度、复杂性以及构成元素之间的相互关系上平行于这一表达式所编码的概念、经验和交际策略时，这一语言表达式就具有像似性。

他总结出“意义相近，形式相似”的原则。该原则反之也成立：形式相似，则所表达的意义也相近。

海曼（1980：515）将像似符分为两类：映像像似符和拟像像似符，他指出：

An imagic icon is a single sign which resembles its referent with respect to some（not necessarily visual）characteristic: commonly cited examples are photographs, statues and program music – and in language, onomatopoeic words.［一个映像像似符指在某一特征方面（不一定看得见）与其所指对象相似的单一符号，常见的例子有照片、雕塑、编程音乐，语言中的例子有拟声词。］

An iconic diagram is a systematic arrangement of signs, none of which necessarily resembles referent, but whose relationships to each other mirror the relationships of their referents. Any technical diagram, whether of a football line-up or of a radio circuit, may serve as a non-linguistic example.（拟像像似符是对多个符号（Sign）的一种系统性布置，虽不一定与所指相似，但诸符号（signs）的相互关系反映着所指对象之间的关系。任何技术图纸，不管是足球布阵图还是无线电电路图，都可视为非语言的例子。）

拟像像似的特征在语言中主要表现在句法像似性上，海曼又将其分为两种：

（1）成分像似（isomorphism）：能指和所指之间建立起来双向唯一对应关系（bi-unique correspondence）。句法成分与现实或概念结构的成分之间一一对应。

（2）关系像似（motivation）：句法结构在某一方面可以直接反映现实结构，句法成分之间与经验结构成分之间存在关系对应性。

正如海曼（1980：515—516）指出的：

Diagrammatic iconicity is of two types: the iconicity of isomorphism and the iconicity of motivation. The first type, whose existence is universally (though often only implicitly) recognized in practice, is that of a one-to-one correspondence between the signans and the signatum, whether this be a single word or a grammatical construction. [拟像像似性分两种：成分像似性和关系像似性。第一种像似性实际上被认为是普遍存在的（尽管常常仅是隐含的）现象，是能指和所指之间一一对应的像似（不管是单个词还是语法构式）。]

The second type whose existence was most eloquently urged by Jakobson 1966, 1971, is that in which a grammatical structure, like an onomatopoeic word, reflects its meaning directly. The clearest example of such iconicity is that of sequence. Other things being equal, the order of statements in a narrative description corresponds to the order of the events they describe. [对于第二种像似性，雅可布逊（1966，1971）曾最雄辩地论述过，语法结构可以像拟

声词一样直接反映意义。顺序像似性就是最明显的例子，在其他条件相同的情况下，叙事描写中的陈述顺序对应于它们所描写事件的顺序。］

从海曼的表述可见：成分像似强调的是一形对一义，语符与意义之间存在一对一现象。不同形式必然有不同的意义，绝对的同义词是不存在的［布卢姆菲尔德（Bloomfield），1933：145］。成分像似具有语言普遍性，但成分像似在各语言中有不同情况。关系像似指语言结构在某一方面反映了现实或概念结构的现象，强调的是关系，研究在组合认知符号时的推理过程。

1983 年 6 月 24 至 26 日，“Iconicity in Syntax”专题大会在美国加州斯坦福大学召开，世界著名语言学家云集一堂，各表高见，后由海曼主编，将大会论文出版成书，书名为《句法像似性》，其中主要收集了 14 位著名学者的论文，他们从不同侧面和角度论述了语言句法中普遍存在的像似性现象。例如：拜比（Bybee）论述了动词与屈折形式之间的紧密程度像似于它们所表达概念的相关度。博林格（Bolinger）认为语调既是心境的像似符，又是心境的标记符，是一种十分微妙的像似性机制。吉旺（Givón）认为缩简形式表达了可预测的信息，它像似于讲话人对之投以较少的注意力，将较多的文字置于新知信息的描述上。格林伯格（Greenberg）对此亦有同样的看法，某些语言中的冠词成了指示代词的缩简形式，这种替代用法使其所欲表达的信息失去突显性，而使之转变为已知信息。他们两人的发现与哲普夫（Zipf，1935）的观点一致：出于经济性动因原则，用缩简形式表达熟悉的和可预测的信息。

德兰思（Delancy）通过对西藏语和缅甸语的研究指出：选用分析语形式还是屈折语形式，主要取决于像似性原则，而不是经济性原则。杜布瓦

（Dubois）发现：在无标记性的语句中，最经济的方法就是将主目与已知信息置于句首，常见的“主谓宾”句法顺序就简单像似于实际时序，句首表示已知信息，句末表示新知信息，这完全符合人类的认知程序。

正因为句法结构与经验结构之间存在如此多的像似性现象，其间有一种自然的关系，所以海曼把1985年出版的另一本有关句法像似性的书取名为 *Natural Syntax*（《自然句法》）。

我国著名语言学家许国璋在《外语教学与研究》1988年第3期上发表了《语言符号的任意性问题》一文，对语言符号的具有任意性的旧说作出了尖锐的批评：

> 语言既是理性行为，任意性到底存在在哪里？

该文较为全面地提出了对任意性的否定性论证，指出了语言符号与其所指意义之间存在 iconicity，并首次在国内将其译为“像似性”。沈家煊在1992年于北京举行的“第四届国外语言学研讨会”上作了题为“句法的像似性问题”的发言，后该发言稿正式发表在1993年第1期的《外语教学与研究》上。此论文对国外该领域的研究作了比较全面的介绍和评论，并提出：

> 像似性是当今认知语言学讨论句法时的一个热门话题。句法像似性的深入研究，应注重从认知角度探索句法规则约定俗成或“语法化”的规律。

季国清在《外语学刊》1998年第3期上发表了《语言的本质在“遥远的目光”中澄明——语言哲学的新视野》一文，指出：

“索绪尔任意性”把能指的作用降为零，制造了语言纯粹透明的神话，这实实在在地遮蔽了语言的本质，即语言是我们存在的中介。…… 像似性的研究和语言中词汇以隐喻、象征的方式产生新的意义，这些现象都告诉我们语言必须向能指倒退。不研究能指就想揭示语言的作用和结构方式只是天方夜谭。语言的组织形式以和世界的合目的性方式形成指称、表达、描述、论辩等功能。语言和世界的合目的性构成语法和语义之间的内在联系，抓住这一点才能真正把语言的本体效应昭示出来。

杜文礼在 1996 年第 1 期的《四川外语学院学报》上发表了《语言的像似性探微》一文，主要论述了英语在词汇和句法层次上存在的像似性问题。严辰松在 1997 年第 3 期的《国外语言学》上发表了《语言临摹性概说》一文，他在这篇论文中综合了海曼和其他学者的研究，重点介绍了 4 类语言像似性现象：

（1）疏离（alienation）；

（2）对称（symmetry）；

（3）不可预测性（unexpectedness）；

（4）思维的顺序（order of thoughts）。

笔者于 1998 年和 1999 年共发表了 15 篇专题论文（参见前言及附录二），从不同角度论述了语言符号像似性现象。当前所研究的句法像似性原则主要有 3 条：

（1）距离像似性（语符距离像似于概念距离）；

（2）顺序像似性（语序像似于时序和文化观）；

（3）数量像似性（语符数量像似于概念数量）。

笔者根据像似性原理，又归纳出另外 3 条句法像似性原则：

（1）标记像似性：标记性从无到有的顺序像似于认知的自然顺序及词组的一般顺序；有标记特征像似于额外意义，无标记特征像似于可预测的信息。

（2）话题像似性：句子的话题像似于思维的起点，述题像似于思维的过程或结果。

（3）句式像似性：组词成句的方式像似于民族的思维定势、社会习惯和文化风俗。

笔者还首次尝试运用像似性理论进行英汉语言的对比研究。

所有这些论著，立论明确、说服有力、例证充分，旨在说明语言符号的能指和所指之间的理据性、可论证性，即像似性。

语言学家都同意这样的说法：语言符号既具有“像似性”，也有“任意性”。语言符号是有限的，而现实世界中的概念是无限的，用有限的符号表达无限的概念，像似程度必然降低；语言符号是线性的，用线性符号表达立体的多维世界，失真也就在所难免。但人类一直在努力使用线性结构来合理表达多维而复杂的外在世界和经验结构。因此语言的经济性、线性特征，现实性（Givón：principle of actuality）、修辞性、语法化等自身规律，确实使语言失去了像似性的许多特征。

在把经验和概念映射到语言形式上时，由于认知的差异，也会发生一些扭曲现象（distortion，参见 Haiman，1985a：11），一个语言形式不可能真实地、完整地反映出表达对象的全部特征。一个事物或一种现象会有很多特征，人类只能选择其中一个或几个重要特征来将其概括表达成语言形式。例如，同是我们日常食用的“空心菜”，在中国的不同区域和不同人群中就有不同的名称，这实际上反映了不同的概念化和词汇化的方式，即抓住这种植物的某一典型特征，不计其余，然后给它起个名称，运用了“部分代整体”的命名方式：

该植物一典型特征为茎中空，据此命名为“空心菜”；
因其中空而就有“贯通”义，据此命名为“通心菜”；
从中空便延伸出“无心”义，据此命名为“无心菜”；
因为木桶也具有中空的特征，据此命名为“空桶菜”；
“瓮”也有木桶中空的特征，据此还被称为“瓮菜”；①
该植物另一显著特征为“藤长”，据此得名“藤藤菜”；
该植物的藤长得一节连一节的，据此得名“节节菜”；
该植物叶子长得类似于竹叶状，据此得名“竹叶菜”；
人若吃多了这种植物就会抽筋，据此得名“抽筋菜”。

这一现象可图示如下，从其左侧所表示的“现实—认知—语言”这个程序来看，一个词语得以形成，完全是基于“体认性”原则。

① 《淳熙三山志》中引宋代范正敏《遁斋闲览》云：“瓮菜本生东夷，人用瓮载其种归，故以为名。”另外，“瓮”也写作“蕹”，音相同。因此，空心菜被叫作“瓮菜”，从语源学上考察，是一种复杂的现象。

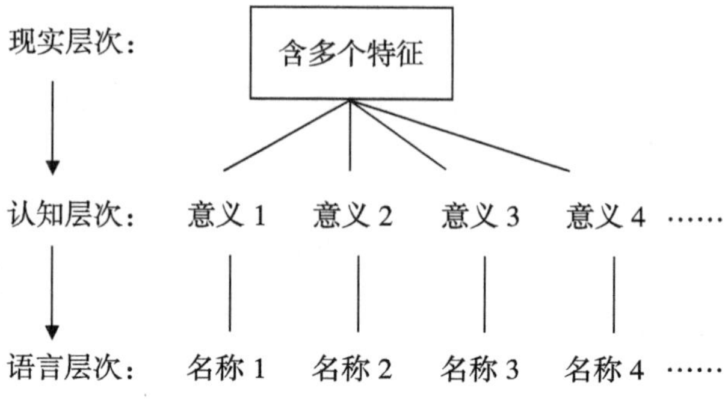

图 1.1　词语形成的体认机制

又如：同样是宇宙中的一个星球，在早晨最早隐退的便叫“the morning star”，相当于汉语中的“晨星”或“启明星”；在黄昏时最早出现的叫“the evening star”，相当于汉语中的“暮星”或“长庚星”。后来天文学家发现，这两颗星实际上是同一颗星。这一命名过程也完全符合图 1.1 的认识过程，现实生活中的同一颗星，人们在不同的时间（早晨或黄昏）认识到它的存在（在天空中特别显眼），就根据“看到的时间”分别为其起了两个不同的名称，这颗星还有很多其他主要特征，却都在命名过程中被忽视了，这就导致用一局部认识的结果来指代整个星球。转喻机制，尽在其中。

用来指称事物的语言形式，不可能反映出它的全部特征。在某些特征上具有像似性的语言符号，就可能会与其他的特征不相符合，甚至矛盾，此时任意性也就不可避免。上述关于“空心菜”的例子说明居住于不同区域的人使用了不同的认知方法，产生不同语言表达的结果。突显了一条像似性原则，就可能会掩盖另外的像似性特征，其间必有“所舍”或“所取”。选择何种认知方式来认识和命名事物似乎有一定的任意性，但在认知方式和名称之间则存在明显的理据性。

语言符号像似性的很多原则，如语言符号的紧密度像似于概念紧密度，语言符号的数量像似于概念的数量，语言符号的顺序像似于时间顺序，语言符号的距离像似于文化观念，等等，在另外一种情况下，可能会有相反的表现。这也是由于认知上的差异所致。语言符号的“能指 VS 所指”所构成的特有固定关系，是数种原则，如“像似原则、经济原则、现实原则”等共同作用的结果。

斯多葛学派的观点是有局限性的，决不可排除语言的外部形式具有一定任意性的特点。实际上，语言符号也不像唯实论者所认为的词与所表达事物之间有根本性的联系。维特根斯坦（Wittgenstein，1922）一方面承认语言符号的像似性，但又夸大了像似的程度。他认为（底线为笔者所加）：

语句的结构与事实的结构之间必须有某种共同之处（1988：3）。

罗素在逻辑原子论时期持与维特根斯坦相似的观点，认为：

命题和事实之间存在着严格的对应关系或“同构关系”（涂纪亮，1996：68）。

逻辑实证主义者也在追求语言和现实世界之间的精确对应关系（陈保亚，1997：140）。这种过于强调语言符号像似性，乃至走到绝对像似性的极端也是不恰当的。语言符号既有像似性的一面，又有任意性的一面。

莱昂斯（Lyons，1991：94）指出：

一般的“自然语言”，其各个结构层次上的像似性要比语言学传统的名言警句所告诉我们的大得多。

胡壮麟（1998）指出：

语言的任意性在语言学界较长时间内占主导地位。今天，人们更多地强调语言的非任意性。

他（1996）还指出：

语言符号像似性的总趋势是不可避免的。

所有这些论述使我们深刻地认识到：语言符号任意性假说再也无法一统天下了，语言符号像似说是对流行了近一个世纪之久的索绪尔任意说的最大挑战。

其实索绪尔本人在他的《普通语言学教程》中也说道：

语言不是完全任意的，而是里面有相对的道理（1996：110）。

他在论述“绝对任意性和相对任意性”一节时，还有这样的陈述（汉译本第181—185页）：

符号可能是相对可以论证的。

索氏还举了整整一页的例子来说明“能指VS所指”之间的相对可论证性。他指出：

不能论证的语言是不存在的；一切都可以论证的语言，在定义上也是不能设想的。各种语言包含两种要素——根本上任意的和相对地可以论证的，但是比例极不相同。

因此，当今所研究的语言符号像似性也是对索绪尔“相对任意性”的一个有力补充。

第二章　iconicity 的译名、定义和理据

正如第一章所述，柏斯将符号分成三类，这三个术语在国内有多种译法。笔者在本章将讨论这三个术语的译名，第一节主要论述 iconicity 的译名，然后试着为其下一个定义。第二节将论述像似性的理据。

第一节　iconicity 的译名与定义

一、柏斯符号三分法以及 iconicity 的译名

柏斯把符号（sign）分成三类：icon，index，symbol，对符号学和语言学界产生了十分重大的影响，但这三个术语汉译尚未最后统一，在国内有多种译法。就笔者所见，index 和 symbol 的译法较少，前者有人译为“标志、标记”，后者有人译为“抽象符、象征符、语符”，而 icon 译法就比

较多了，如象似符、像似符、图像符、图式、象符、类象符、象征等。

首先，这三者都是符号（sign）的一种，因此在翻译这三个术语时，其后加上一个“符”字，表示为一种符号，同时也有一种对称美的感觉。

笔者拟将 index 译为“标记符”，它表示在符号和所指对象之间存在因果关系。“标记”比“标志”好，“记”为记号，而在这里用“志”则不如用“记”。在汉语中“抽象、象征”，其中有个“象”字，易与 icon“以象表义”相混。另外，在汉语中，这两个词组还有其特殊的含义，“抽象”指从许多事物中舍弃个别的、非本质的属性，抽出共同的、本质的属性，“抽象”是形成概念的必要手段。“象征”指用具体的事物表现某种特殊意义。索绪尔在《普通语言学教程》（1996：104）中说：

曾有人用象征一词来指语言符号，或者更确切地说，来指我们叫作能指的东西。我们不便接受这个词，恰恰就是由于我们的第一个原则。象征的特点是：它永远不是完全任意的；它不是空洞的；它在能指和所指之间有一点自然联系的根基。

高名凯（1996：20—22）在其《语言论》一书中指出：

有的人认为语言符号不是任意的，因此它是象征性的符号。

布达哥夫认为语言符号不是任意性的信号，而是非任意性的象征。

所以“象征”暗含“能指 VS 所指”之间的极大理据性，以此翻译柏斯的 symbol 显然是不妥的。既然 symbol 指在“能指 VS 所指”之间存在任意和规约的关系，那么笔者拟将其译为“代码符”，以此指那些没有什么理据可言的一种替代性符码。代码符所表示的符号和所指之间存在的任意性关系就叫“代码性（symbolicity）”。

iconicity 一词最早由许国璋先生（1988）译为“象似性”；沈家煊（1993）和杜文礼（1996）也都将之称为“象似性”；严辰松（1997）译为“临摹性”；丁金国（1996）译为“描摹性”；张敏在 1996 年将之译为“临摹性”，在 1997 年又将之译为“类象性”；还有人将之译为“具象性”。在这些译法中，笔者认为译为“像似性”较好。“象”在《现代汉语词典》（1979）中有 5 条义项：

（1）形状，样子；

（2）仿效，摹拟；

（3）在形象上相同或有某些共同点；

（4）好像；

（5）比如。

就 icon 以象表义来说，取“象”字还是比较妥帖的。

1986 年国家语言文字工作委员会对重新发表《简化字总表》所作的说明中，将个别简化字作了调整，区别使用“象”和“像”。调整后原来“象”字的头两条意义，仍用汉字“象”，而将后三条意义用“像”来表示（参见《现代汉语词典》修订本，1996）。

李行健主编的《现代汉语规范字典》（1998：570）将“象”与“像”作了如下区分：“像”指以模仿、比照等方法制成的人或物的形象，如：

画像、录像、偶像、人像、神像、塑像

图像、肖像、绣像、遗像、影像、摄像

“象”指自然界、人或物等的形态、样子，如：

表象、病象、形象、脉象、气象、旱象、景象、幻象
天象、意象、印象、星象、假象、险象、物象、万象更新

李志霄等编写的《易错字词语辨证》（1993：343）中指出，“像”是形声字，从“人”（亻），“象”声，本义是“肖像、相貌”，引申为“比照人物而成的形象”。从上可知，“像”侧重指被制成的人、物的形象，而“象”侧重指自然界的客观存在的形态和样子，例如象声词、象形。象形文字等词语中仍用“象”字（虽说其中有人本因素，但考虑到学界对其已约定俗成）。笔者认为 icon 含人对客观外界进行模仿的意思，则取“像”比“象”更为妥当。

“似”即“如同、似乎”的意思，将这两个字合起来构成“像似”，即可表示符号在人为作用下临摹或近似临摹了自然界的形象、形状、样子或关系。因此以“像似符”来译 icon，以“像似性”来译 iconicity，笔者认为还是较为妥帖的。而用“临摹、描摹”似乎更像美术专业的术语，且“临”和“描”都有照原样子写或画的意思，而 iconicity 还可表示“相似、抽象”等关系，用这两个字来表示，似乎就不那么妥帖了。

柏斯又把 icon 分为 2 类：imagic icons 和 diagrammatic icons，前者译为“映像符”（也有译为“影像、印象”），后者译为“拟像符”（也有译为“图像、图式”），在这两个下位术语中也都带了一个“像”字。

现将柏斯对符号的分类及海曼对语言像似性的分类及其汉译和举例列

述如下（关系像似性中含 6 种像似性）：

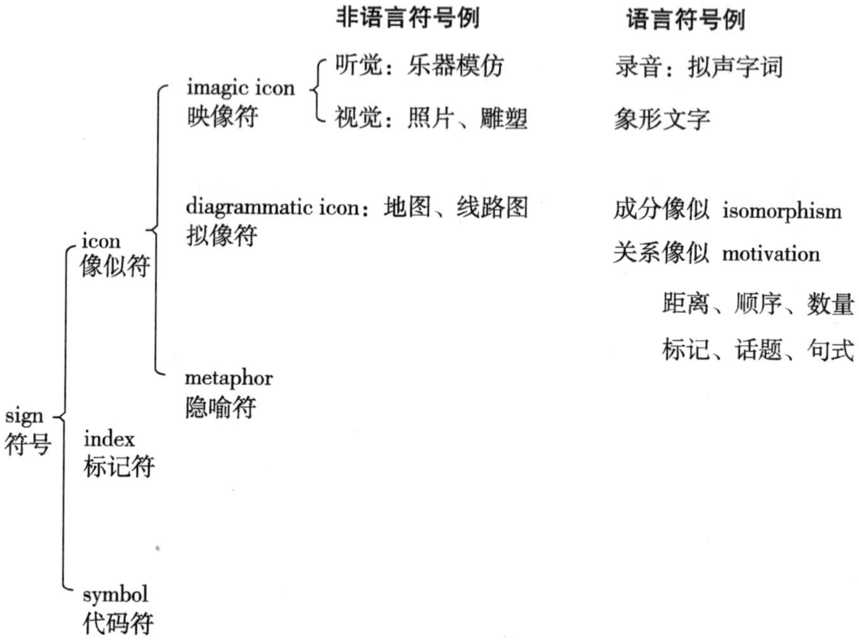

图 2.1　符号的分类

二、iconicity 的定义

尽管许国璋（1988）在国内首先将该词译为“象似性”，但并没有对之下任何定义。沈家煊（1993）的《句法的像似性问题》一文对该词作了如下的描写：语言的像似性是相对于任意性而言的，它是指语言符号的能指和所指之间有一种自然的联系，两者的结合是可以论证的，是有理可据的。语言结构的像似性就是语言结构直接映照人的概念结构，而不仅仅是一般的体现概念结构。

严辰松（1997）在《语言临摹性概说》中对像似性描述如下：语言结构从某种程度上反映了人们所经验的世界结构。张敏（1997）在《从类型学和认知语法的角度看汉语重叠现象》中是这样说的：语言符号及其结构和它们所代表的概念内容、外在现实及其结构之间存在着某种相似性。

根据笔者的理解和研究，拟将符号的像似性定义为：

符号在音、形或结构上与其所指之间存在映照性相似的现象。

该定义中的“所指”包含两层含义：

（1）客观世界中的某参照物或某种关系及结构；

（2）认知方式、概念结构、经验结构、所表意义。

本定义主要从三个方面对当前语言学家在符号的能指与所指之间像似性方面的研究进行了总结：语音、词形和语言结构。当前语言符号像似性所研究的主要内容包括两大类：映像像似和拟像像似，前者指听觉上的语音和视觉上的词形与客观事物之间的像似现象，后者指语言结构与认知方式、概念结构和经验结构之间的像似现象。该定义基本上包含了当前语言符号像似性所研究的主要内容。

（1）语音像似：某些词语的发音与其所指之间存在一种相似或近似的关系，如世界各语言中的拟声词等。英语中的：

cuckoo（布谷鸟的叫声）　　bark（狗汪汪叫声）
beeper（传呼机发出的哔哔声）　　cock（公鸡的叫声）
cracker（爆竹声）　　clatter（咔嗒声）

（2）词形像似：某些词语的书写形式与其所表意义之间存在像似性的现象。汉字源于象形、会意，属表意文字，在其书写形式与意义之间存在很多像似关系。如班固的《汉书·艺文志》、郑众注《周礼·地官·保氏》、东汉许慎的《说文解字》等，都论述了字形与字义之间的理据关系。

在西方拼音文字中，也不乏很多“以形表义”的例子。古罗马时代一些语文学家研究词源学时，也往往寻求语言符号的象形意义，例如，有人认为“vallum（堡垒）”之所以得名，是由于堡垒围栏的柱子上端都被劈成 V 字形状。“hostis（敌人）”中的 H 象征敌对双方的宝剑。在英语中也有不少“象形造字”的例子，可分为以下四类：

① 简单取形造词，直接用字母形状来表示某物，如：

I-bar（工字钢） T square（丁字尺） T-shirt（T 恤衫）

② 会意取形，用某些字母与事物符号的像似之处，经思考加工后而构成的词语，如：

double O（仔细检查，字母 O 表示两只瞪圆的大眼睛）

wrong-O（坏蛋，字母 O 表示“蛋”）

③ 隐形构词，将与某事物相似的个别字母隐蔽地嵌入单词之中（多为单词的首字母），如：

orb（环，字母 O 表示圆形） orbit（轨道）

water（水，字母 W 像水波）

mount mountain（山，字母 M 像山的形状）

snake　　serpent（蛇，以字母 S 指蛇蜿蜒而行的样子和爬行时发出的嘶声）

④ 借形构词，用其他文字的字母来象形构词，如用希腊字母构成的词：

ξ- type（歹字形）　　ε- type（山字形）

详见笔者 1996 年出版的《英语词汇速记教程》第一部分第五节和第六节。

（3）结构像似：语言的句法结构可以反映外在的现实结构，直接映照着人的认知方式、概念结构和经验结构。海曼在 1985 年先后出版了两本专著《自然句法》和《句法像似性》，对句法结构的像似性进行了专题论述。第四章将详细论述句法结构中的 6 种像似性：

① 距离像似性　② 数量像似性　③ 顺序像似性
④ 标记像似性　⑤ 话题像似性　⑥ 句式像似性

第二节　像似性的理据

维特根斯坦（Wittgenstein，1988：2，13）的“图像论（picture theory）”认为：

语言是命题的总和，命题是事实的图像，与事实共有一种结构。

语句的结构与事实的结构之间必须有某种共通之处。

他（1988：92）还说：

语言之于实在，犹之乎视网膜的影像之于视觉的影像。

他认为，世界是由事实构成的，而不是由事物构成的，因为事实可反映出事物的状态、心智、关系。事物的简单相加反映不出世界的面貌，而只有事实的组合才能反映出世界的面貌。据此他认为，世界是由事实构成的图像，语言就应像图像一样（like a diagram）。他在 1922 年出版的《逻辑哲学论》中还指出（转引自陈保亚，1997：140）：

语言符号描绘世界上的事态，就像画家用线条、色彩、图案描绘世界上的事物一样，名称对应于现实中的对象或所指，名称的组合对应于现实对象的组合。

这也可从文字的发展历史中得到见证。文字起源于图画记事，后逐步简化图形，演变成早期的象形文字。由于生活空间的拓宽、思维的发展，文字又进一步发展成表意文字。在公元前 1500 多年前，地中海东岸的北方闪米特人（Semite）在古埃及象形文字的基础上创造了最早的拼音字母，形成了腓尼基字母和文字，后来传遍欧洲，文字才进入拼音文字阶段。象形和表意，就是用文字符号描摹外界事物的图样或象征外界事物间的关系，汉字、东巴文、古埃及文字等就是这样的文字。即使是拼音文字，在发音和拼写上与它们的所指对象之间也存在很多相似之处。笔者在 1996 年出版的《英语词汇速记教程》中有两节：《从音说义》《从形说义》，专门论述了这类现象（王寅，1996）。下面分别从语言和哲学两个方面论述语言符号像似性的理据。

一、语言方面

本节分别从共时、历时、构词、数量统计、句法结构 5 个角度来论述语言符号像似性的理据。

（一）共时角度分析：从概念、语音、文字三者间关系看像似性的必然性

当今语言学研究的哲学基础已由经验主义转向理性主义，其心理基础由行为主义转向心理主义，如目前西方占据语言学主导地位的转换生成语言理论（transformational-generative grammar，简称 TG ）。

TG 学派是对结构主义（含描写主义）语言理论的一场革命，一反昔日仅对语言加以描写和归纳的传统方法，转而研究语言的生成机制和转换规律，将理性主义的哲学研究方法革命性地用于语言研究之中。认知语言学派在理性主义的基础上吸取了经验主义哲学观，强调从体验和认知这两个角度去探索思维和语言。"体验"就是人通过五官感知与客观世界的互动，"认知"就是指人在感性经验的基础上所进行的主观加工，对世界的万事万物形成概念的途径。这就是认知语言学和体认语言学的基本思路。虽然他们都在运用理性主义的方法，但对语言的见解仍存在很大分歧，如 TG 学派认为语言和句法具有自治性，独立于其他知识方式和技能，而认知语言学家和体认语言学家认为语言本身的结构范畴跟人类认知周围的非语言世界是类似的，并指出：

语言不是直接反映客观现实的，其间有人对客观世界的认知。

这一观点可记作：现实—认知—语言，即现实经过认知（即下图中的“概念”），再到语言中的语音和文字，从这个过程中可明显看出语言的像似性。现将其图示如下（该图是在修改 C. K. Ogdon 和 I. A. Richards 语义三角图的基础上而成的）：

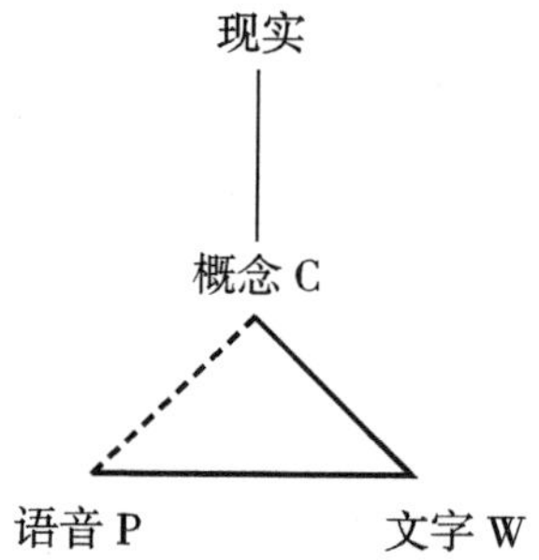

图 2.2　语言像似性之三角图

用什么样的语音来表示某一概念，可以说具有较大的任意性，这在跨语言比较时即可看出：同是一个“树”，在英语中叫 tree，在法语中叫 arbre，在荷兰语中叫 boom，在德语中叫 baum，在汉语中叫“shu”，其间确实很难找出任何理据来。索绪尔正是基于这一点，得出了“语言符号是任意的”这一结论，图中用虚线 CP 画出。而人类的拼音文字是记录语音的，它们之间具有极大的像似性（当然也有少数例外），因此 PW 之间用实线相连。在象形、表意文字中，字形与概念及其所指之间有较高的像似性，是有理据的，图中以实线 CW 表示（参见附录一）。

在三者关系之间，有两者具有理据性，而仅有一对音义关系是任意的，但也不是完全任意的，如拟声词、感叹词等，又何以能说语言的基本特征是“任意性”呢？即使在今天看来语音层面有较大的任意性，但若置于人类语言之初始阶段，不难想象，拟声词和感叹词所占比例应是较高的，因为学界基本接受语言基于模仿的观点。

（二）历时角度分析：派生阶段的词比原始阶段的词明显具有理据性

当某一语言中的音义间形成了某一约定俗成的关系后，这种原始关系就会较长期地固定在语言之中，并会影响到其他词语，如英语中用 /rəul/（roll）表示“滚动”之义（多读几遍，不难体会出其中的拟声因素），可视为原始阶段的构词，后就用该音表示与之相关的一些词义：

troll	使旋转	scroll	卷
enroll	卷，包，招进来	roller	滚筒
rolling	滚动的	rotate	旋转
rotary	旋转的	rotor	转子
roam	漫游		

这些可视为派生阶段（二级阶段）形成的单词，确有较高的理据性。

又如，hydroplane 是由 hydro 表示的“水”和 plane 表示的“飞机”合成的，这也是二级构词，不难推断出该词的意思是“水上飞机”。再如：

hydrocooler	水冷却剂	hydrodynamic	水力的
hydroelectric	水力发电的	hydroenergy	水能
hydrograph	水位图	hydrology	水文学
hydromagnetic	水磁的	hydromotor	水压发动机
hydropathy	水疗法	hydrophone	水听器

hydropress	水压机	hydroscience	水科学
hydrosphere	水界，水圈	hydrotransport	水力运输

英语中存在大量“以音表义、以形表义”的构词理据，汉语也是如此。

汉语的最初文字是以象形为主，然后多以它们为构字要素来构字，有的表音，有的表义，将两者组合成形声字，这也是二级阶段所造的字。不管是原始阶段还是二级阶段，汉语的字词都具有较高的理据性。

通过对比，笔者发现语言在文字的二级阶段都在使用已有的表音表义语素，采用组合手段来构成字词。它们都有明显的理据可寻。如果说，语言文字形成的原始阶段具有一定的任意性，但为了控制词汇数量，人们就用这些有限的音义，或形义之间有固定关系的语素来组合成新词新字，构词理据显而易见。罗兰·巴特（1974：42）说：

> 列维·斯特劳斯以同样的方式指出，语言符号先天就是任意的，而不是后天才任意的。这个讨论使我们要考虑使用两套不同的词汇。

这里说的“两套词汇”实际上就是契约性词汇和理据性词汇，也就相当于本文中原始阶段（先天的、任意的）词汇和二级阶段（有理据的）词汇。在语音和文字形成的原始阶段，“任意性”占有一定的比例，可是在二级阶段或派生阶段，“理据性”则是主流。这正如许国璋先生（1988：7）所指出的：

> 如果说语言是任意的话，那也只是限于原始时期，在此以后就不是任意的了。

（三）构词法分析：英汉构词造字有据可循

英语构词有十大基本方法：复合、派生、转化、缩略、逆生、拟声等；汉语造字有六种（即六书）基本方法：象形、指事、会意、形声、假借、转注。这些构词造字法解释了英语和汉字的构成方法，既然字词的构成方法能够被解释，也就具有了理据性。

我们都知道：英语中较短的、较简单的符号任意度较高，较长的、较复杂的符号理据性较高，如英语中用 pre- 表示“前”，用 poster 表示“后”，用 -ous 表示“的”，很难说出令人信服的理据来，但 preposterous 具有较高的理据性（忽前忽后的、不稳定的）。英语中大量用构词法构成的单词，都具有较高的构词理据性。

（四）数量统计：“两个 90% 以上”不容置疑

前文提到的霍斯豪德（Householder，1946）的统计：英语中只有 9% 的词汇才是完全任意的。既然 91% 的词有理据可寻，无非就是音义、形义之间的联系。汉字源自象形，兼有会意，以形声字为主，似乎是：凡为汉字，皆有成因。汉字中仅仅既表义又表音的形声字就高达 90% 以上（张志公，1982：85；苗枫林，1997：268），在《中国大百科全书》（语言・文字卷）中第 261 页作者指出：

> 形声字约占文字总数的 9/10。

既然英汉两种语言中都有 90% 以上的词汇是有理据的，并且可谓铁证如山，如果再将语言的形与义之间的关系说成是“任意的”，再将“任意性”视为语言的第一特征，确实有点丧失了“理据”。

（五）句法结构分析：句法结构与人们的认知方式存在较高的像似性

近年来，一大批国内外知名语言学家对语言像似性的研究，已经突破了在书写平面和语音平面上对拟形和拟音的描写。他们发现，在句法平面上语言结构与人们的认知方式、与所经验的世界结构之间存在较高的像似性，甚至是直接映照人的概念结构。正如柏斯（Peirce，1940：106）所说：

> 每种语言的句法借助约定俗成的规则，都具有合乎逻辑的像似性。

海曼（Haiman，1985）总结出“意义相近，形式相似”的原则，并将句法像似性分为“成分像似”和“关系像似”。当前已经研究得出的句法像似性原则主要有 3 条：

> 距离像似性；
> 顺序像似性；
> 数量像似性。

笔者根据像似性原理，并通过英汉对比，又总结出 3 条句法像似性原则：

> 标记像似性；
> 话题像似性；
> 句式像似性（详见第四章）。

这都说明了语言在形式和意义之间有理据性关系存在于语言的众多

"词法、句法"结构之中。所有这些研究和分析足以使传统的"任意说"再也难以立足。

二、哲学方面

（一）语言世界观多元论

思维与语言之间的关系一直是西方哲学和语言哲学讨论的中心，同时也是一个具有根本性的重大理论问题，不同国度的哲学家，特别是语言哲学家，都把语言置于显著和核心的地位，因为人类的一切知识都离不开语言，都依赖语言加以表述。一切知识的实质问题，归根结底是语言问题。若从这一命题出发，西方哲学史上的三个转向——从本体论转向认知论再转向语言论（伍铁平，1994：25）——就比较好理解了。维特根斯坦认为：

分析语言逻辑的句法是哲学的唯一任务。

正是哲学的发展把语言学推到了一个前所未有的高度，使语言学有可能成为领先于其他领域的学科。

在语言哲学中，最重要的是"语言"与"思维和现实"的关系，对这三者的相互关系的论说反映着几种不同的世界观。

在人们形成对现实世界看法的过程中，语言起着至关重要的作用。语言世界观就是要讨论"语言、思维、现实、文化"之间的关系。当前，在语言世界观问题上主要有以下四种基本观点：

（1）反映现实论：这是一种传统的观点，认为语言是客观现实的反映。我国很多学者持这种观点。

（2）认知假说论：由瑞士著名心理学家皮亚杰（Jean Piaget，1896—1980）提出，从认知的角度出发，认为思维决定语言。

（3）沃尔夫假说论（又叫“语言决定论”“语言相对论”）：由德国的语言学家和哲学家洪堡特（Humboldt，1767—1835）及后来的萨丕尔、沃尔夫加以发展的一个学派，后被人们称为沃尔夫假说，也被称为萨丕尔—沃尔夫假说。他们认为，说话者的语言通过语言系统中的语法范畴和语义分类来决定说话者的世界观。语言影响着一个人的思想或解释世界的方法。操不同语言的集团群体对世界的体验和观察是不同的，讲不同语言的人从事认知思维活动的方式也是不同的。

（4）语言思维二元论：承认语言是客观现实经过人类思维作用的产物，然后又强调语言对人类认识的反作用。潘文国（1997：26）称之为辩证唯物主义的能动的反映论。

我们不能只看到“语言是客观现实的反映”这一面，而否认人的主观能动性。人们在认识上必然存在一定差异，甚至是较大的差异。如果仅是客观反映，为何基本相同的现实产生了不同的语言。人们都知道，一种语言中的词语意义只有放在那一语言的语义体系中加以理解，才能弄清它们的确切词义。绝大部分词语在另一语言中很难找到完全对等的同义词，这都说明“反映现实论”存在很大缺陷。仅强调客观反映，就可能走到机械唯物论的道路上去。

当然我们也不能走到另一个极端：思维完全由语言决定。尽管不少学者为证明这个观点列举了很多例子，如沃尔夫曾用了两个典型的例子来佐证他的“语言决定思维”的理论（冯之林，1997）。但否定“语言决定论”

的例子也不少，笔者在此先举一例：在 20 世纪 50—70 年代，十几个国家曾形成过一个社会主义阵营，在这个阵营中，各国家所使用的语言不相同，但曾有过共同的哲学观点和思维方式，这些共识显然不是由语言结构所决定的。若走上这一个极端，岂不容易滑入否认“实践出真知”的唯心论的歧途？

笔者认为，讨论语言在世界观形成过程中所起的作用，至少应考虑以下四个因素：现实、思维、语言、文化。它们是互相依存、相互作用的，四者的共力作用形成了我们这样一个完整的社会整体。因此它们之间的关系是多元作用的关系，据此我们提出了“语言世界观多元论”的观点。现简示如下：

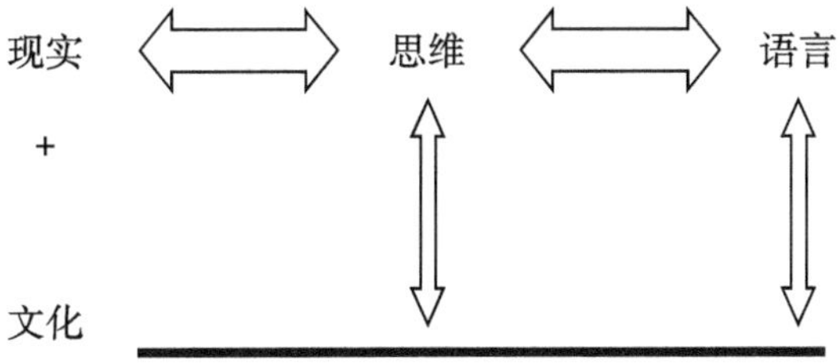

图 2.3 现实、思维、语言、文化四者关系

从这个模式中，可看出 4 种关系：

（1）从左向右：现实作用于思维，思维影响语言；

（2）从中向左右：思维反映现实，依靠语言凝化；

（3）从右向左：语言影响思维，影响对现实的认识；

（4）从下而上：文化是社会现象的一部分，与语言密不可分。

现分别叙述如下：

1. 现实作用于思维，思维影响语言

思维是人脑的一种特殊机能，是运用概念、判断和推理等形式反映客观事物的过程。承认现实作用于思维，这是唯物主义的基本观点。思维的方法不同，也必然会影响到语言的不同。环境在对语言词语的映射过程之中，必然会受到思维、生活方式、社会活动需要等的制约。

例 1：因纽特语中有几十个表示“雪”的单词，而英语中只有一个 snow，连同“sleet”在内，也不过两个，这完全是受他们生活方式和活动需要的影响。在斯堪的纳维亚北部的拉普语中，有许多表示“驯鹿”的单词。在阿拉伯语中有 400 多个词表示“骆驼”，因为骆驼曾是大多数阿拉伯人的重要交通工具。这 400 来个词可以区分骆驼的年龄、性别、品种、大小等，甚至还可以区分骆驼能否驮重物。据说，至少有一个词指怀了孕的骆驼（邓炎昌，1989：171）。这些都是受到思维、生活方式和社会活动需要等影响的结果。

例 2：在以英语为母语的社团中，只有 brother，sister（不分长幼）；uncle，aunt（不分长幼，不分父方 / 母方）；cousin（不分长幼，不分父方 / 母方，不分男女）。关系紧密的就用单词加以描写（lexicalized），如 son，daughter 等；关系远的就用词组来描写，如 son-in-law，daughter-in-law，the wife of my husband’s brother（妯娌）。这种社会关系的现实对思维和语言产生了影响，较远的亲属关系没有什么社会意义，不像在汉语中 brother 分为哥哥、弟弟，因为他们承担着某种社会义务，这就影响到思维和语言。汉语中“大姐、二弟、三嫂、四婶、五妈、六爷、七姑、八姨”等称呼，长幼分明，次第清楚，等级森严，可以说，这些词语正是社会现象通过思维与文化在语言中的反映。

例 3：在澳大利亚土著民族 Njamal 中用 mama 表示一种简单的亲属

关系——“父辈男性”，根据上下文的不同，相当于英语中的 father，uncle，male cousin of parents 等。由此可见，Njamal 民族不像我们的社会，需要区分“父亲”和“父亲的兄弟”等，这实际上就反映了他们的一种生活方式。

语言具有社会性，这就决定了语言与社会之间的关系是紧密相连的。社会语言学家威廉·布莱特（转引自吴克礼，1999：1）有一句名言：

语言与社会共变。

社会变化必然要反映到词汇上来。他还指出：

社会动荡越激烈，语言变化越大，反之亦然。

社会变化影响了词语的变化，词语的变化像似于社会的变化。

改革开放之后，党中央决定把经济建设作为全党全国工作的重点，对外开放，对内搞活，各条战线都出现了一片欣欣向荣的景象。这些社会变化也必然会反映到语言中来，诸如改革开放、下海、承包、股份制、炒股、买房、大款、外资企业、市场经济、公司老板……在 20 世纪 90 年代的企业改革中，出现了不少倒闭企业，“下岗、再就业”成为人们的热门话题，这类词语的使用频率也就高了起来。

词汇变化像似于社会变化，20 世纪俄语词汇的变化也完全可以证实这一点。俄罗斯在 20 世纪经历了两次重大社会变革：1917 年的十月社会主义革命和 1991 年的苏联解体。这两次社会变革，对于俄语的词汇产生了重大的影响。正如吴克礼（1999：1）所说：

十月革命在砸烂旧世界、创造新世界，故凡旧必废，凡新必立。旧世界的一切能打倒的一律打倒，能废除的必定废除；而与新世界有关的事物和现象则全力提倡，悉心扶植。语言也不例外，这首先体现在词汇领域。因此，反映新世界的新词语如雨后春笋一般涌现出来，代表旧世界、资产阶级社会的词语统统打入“另册”。这种情况从苏联时期出版的语文词典中可见一斑。

而今的情况与十月革命时期迥然有异。苏联解体正是对十月革命的否定。这样一来，苏联社会提倡和歌颂的东西刹那间退出历史舞台，结束了担纲唱主角的地位，代表这些东西的词语顷刻间或由褒义转为贬义，或成为历史陈迹……铺天盖地的新词语反映出苏联解体后俄罗斯社会的基本状况。

认知语言学家认为，语言不是直接反映客观世界，而是有人对客观世界的认知介于其间，即“现实—认知—语言”。上述所举的例子也正说明了这一点：社会现象首先会作用于思维，然后再由思维作用于语言。笔者所设计的模式与这一观点也是一致的。

2. 思维反映现实，依靠语言凝化

思维源于现实，反映现实，同时也“模化”现实。人具有高级思维特征，有较高的主观能动性，这是辩证法的观点。思维对现实反映的结果，必须借助语言将之“凝化”或“勾勒”在思维中，并靠语言将其记录下来。古人云“言为心声”，就是这一意思。

罗宾斯（Robins，1976：437）说：

语言是进行逻辑论述和推理的工具。

斯大林（1971：30）说：

不论人的头脑中会产生什么样的思想，以及这些思想什么时候产生，它们只有在语言材料的基础上、在语言的词和句的基础上才能产生和存在。没有语言材料、没有语言的“自然物质”的赤裸裸的思想是不存在的。

马克思（1960：525）对这一问题也有论述：

语言是思想的直接显示。

从这些论述可见，语言与思维互相依存，彼此不能脱离而单独存在。割裂思维与语言的联系是唯心的做法。但语言也不能等同于思维，思维是一种心理活动，语言是这种心理活动的终极产品的表达形式。

一方面我们说，思维是借助于语言来进行的，语言是思维的物质外壳；但另一方面不依赖自然语言来思维的现象也是存在的，这就是平克（Pinker，1994）和乔姆斯基（Chomsky，1995）提出的“思维先于语言，思维大于语言”的观点。他们认为人类存在一个“思维语（mentalese）”，它才是人类真正思维的工具。因此在图 2.3 中的“思维”处，应标出“思维语”这一中介物，它有可能转换成人类的自然语言，也有可能仅存在于人们心中，成为人的内部语言。汉语中的一系列说法似乎可以帮助证明这种思维语的存在，如：

茶壶里煮饺子——肚子里有货，口中倒不出；

词不达意；

只可意会，不可言传；

有口难言；

口是心非；

……

当然，是否存在“思维语”还需继续论证，如果存在这种“思维语”，那么它与“自然语言”有什么不同？操不同自然语言的民族所用的思维语之间有什么异同？这种思维语与代入（乔姆斯基的）短语结构规则的语义特征表达式有什么关系？这些都需进一步加以研究。

3. 语言影响思维，影响对现实的认识

现实世界的客观存在是基本相同的，但由于人们认识的方法不尽相同，思维方法不太一样，用来描述思维的语言也不一样。全人类所认知的世界也并不完全一样。不同的语言结构，不同的语义系统，也会影响思维。伍铁平（1994：37）说：

在一个特定的语言和文化传统中成长起来的人看世界，跟一个在其他传统影响下成长起来的人看世界，其方法是不同的。

德国哲学家茅特纳（Fritz Mauthner）在1902年说过一句话，很能说明问题（转引自潘文国，1997：24）：

如果亚里士多德说的是汉语或达可塔语，他的逻辑和范畴就会是另一个样子。

洪堡特（1988：45—46）则将语言的反作用上升到了世界观的高度，他说：

每一语言里都包含着一种独特的世界观。

萨丕尔和沃尔夫则又将之推到了绝对化的地步，认为：

语言决定世界观。

笔者认为在讲语言对思维和现实的反作用时，我们只说是“影响”，而不主张走上极端，不赞同沃尔夫的“决定论”。语言对思维和现实的影响确实是存在的，笔者在此提供四个例子：

例 1：在 20 世纪 90 年代成长起来的城镇里的孩子，很熟悉妇女用来固定发型用的“摩丝”，可喷出白色的泡沫，而没见过真正的鹅，更不知道鹅毛是什么样子，当他见到大雪纷飞时，不假思索地说出：老天爷在打摩丝，而没有用“鹅毛”来比喻大雪。这个例子正说明了孩子的语言词汇影响着他的思维方式，影响着他对现实的认识。

例 2：汉语语言系统中的计数方法是“四位式”的，先是个、十、百、千，然后是万、十万、百万、千万，最后是亿。而英语计数是“三位式”的，先是 1—9、ten（-ty）、hundred，然后是 thousand、ten thousand、hundred thousand，接着是 million、ten million、hundred million，最后是 billion。其计数方式与阿拉伯数字所采用的三位一撇的写法一致，如 370,102,195,088，从右向左第一个撇号前叫 thousand，第 2 个撇号前叫 million，第 3 个撇号前叫 billion。

据一位在国外生活了几十年的老华侨讲，他的英语已是非常流利了，而在算数时还得用汉语的“四位式”来算。对学了很多年英语的中国人来讲，说 600 个千，不知多大，而讲 60 万时才比较清楚。我们在进行中英语翻译时，如遇到较大数字，往往要费点时间思考一下才能弄清楚，从这个例子可见，语言中某种表达方法对思维的影响可谓根深蒂固。

例 3：马克思列宁主义是靠语言传入中国的，指导着中国共产党人的认知和思维，变革了现实。改革开放以前，我们所了解的英伦三岛、伦敦概貌大都是从书本上得到的，现在很多人一提伦敦，还误认为它依旧是“雾都”一个。

例 4：邓小平 1992 年的南方谈话，在全国形成了一个改革开放、经济发展的高潮。寥寥数语，影响了人们的思维，推动了现实的变革。这正应了言语行为（speech act）里以言取效行为（perlocutionary act）的理论。

人类语言促进了人类思维的发展，而人类的思维也促进了人类语言的发展。从不同语言的对比研究中可发现表达形式上的差异，从而可探索操不同语言的民族在思维上的差异（王寅，1990，1992）。

4. 文化是社会现象的一部分，与语言密不可分

现实、思维、语言、文化这四者就构成了一个循环影响的多元模式。一个社团的文化是客观存在的社会现象，是构成现实社会的一个重要组成部分。文化必然在许多方面会影响到思维方式。语言既是文化的载体和表现形式，又是文化的主要内容之一，它们四者互相影响，关系密切。这正是图中各个箭头的含义所在。

以往的学者在讨论语言世界观时，一般不将“文化”因素包含进去。其实，文化作为人类社会共享的产物，是一个社会的道德情操、风俗习惯、言谈举止、价值观念、思维方式、宗教信仰、科技文学等的总和。文化对人们的思维与语言有着不可低估的重要作用。

传统文化在语言词汇中都有对等的反映，这已引起了广大学者的注意。在中国，佛教、道教较为流行，首先反映在语言词汇上，如：

放下屠刀，立地成佛；

临时抱佛脚；

道高一尺，魔高一丈。

在英语中与基督教有关的词语也有很多。我们说“语言是以文化为生存条件的”一点儿也不过分。

汉族“民以食为天”的文化观在我们这样一个农业大国中可谓根深蒂固，在语言中有一系列反映：以“米”作偏旁的汉字有68个，以“禾”作偏旁的汉字有106个，以“食”作偏旁的汉字有86个，还有很多以“豆、麦、瓜、谷、牛、鱼、羊、肉”为偏旁的汉字，有不少以“口”为偏旁的汉字。

有人统计过表示“做饭”的动词有五十几个，在世界语言中可能是最丰富的，如煮、炖、煎、熬、炸、炒、烹、焖、煨、蒸、烤、薰、爆、煲……以吃饭喝酒为内容的词汇就像中国的饭菜一样非常丰盛。

人们都认识到：文化与思维、语言密不可分，不同的语言产生不同的文化，但不同的文化也会影响思维和语言。因此在讨论语言世界观时，必须考虑“文化”这个因素。

5. 现实、思维、语言、文化诸要素多元融合

现在来从“禁忌语”看这几者的关系。“禁忌语”既是一种社会现象，也是一种语言现象和文化现象。通过对三种现象兼有的“禁忌语”的研究，也可看出现实、思维、语言之间的关系。禁忌语反映的是一种社会现象，对某些事情须加以回避；这种现象反映在语言中就是禁忌语，是在交际场合中一般不用的词语。这种社会现象及语言现象的存在直接影响了思维，使人们在头脑中形成了一个与某种禁忌概念相联系的“禁忌语义场”，在思维中须约束自己，不要将它们说出来，只可放在心中“默思”，万万不可言传。

在谈到禁忌语时一个典型的例子就是：非洲东南部的祖鲁人，妻子不能提及公公或公公的兄弟的名字，如果违反了这一禁忌语规则（或可称为禁忌语法律），她可能会被处死（Trudgill，1982：87）。

因此语言世界观中所讨论的四要素之间，存在着一个“多元”的关系，“语言世界观多元论”较其他几个观点更为完整，更能说明问题。

（二）语言符号滤减像似性

在不同的语言情况下，这几者之间的对应关系是怎样的呢？为说明这种关系，笔者提出了跨语言的关系模式假设：

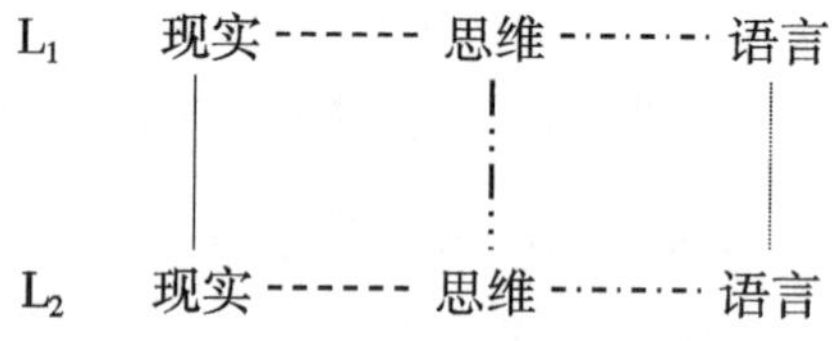

图 2.4 跨语言的关系模式假设

为便于图解和阐述，未将“文化”这一因素画进去。

1. 横向反映滤减现象

思维是对现实的反映，语言又是思维的反映，这三者在两次反映过程中存在像似性现象，但这种像似性是在逐步减弱的，笔者把这种现象称为“横向反映滤减现象”，以此解释在同一语言平面中三因素间的像似性关系（参见图 2.4）。

如上所述，人类的认识总是在不断完善，朝着掌握真理的方向不断前进的，这就说明思维对现实的反映永远有不足之处，思维对现实的第一次反映存在滤减现象。从思维到语言还有一次减弱现象。现实世界是三维的，反映在人脑中的认识也应是三维的或是近似三维的，如形象思维、意象图式等，而语言却是以线性序列表述的，是一维的。用一维去表达三维，就必然存在失真现象。人们都有这样的经验，思维总比语言要丰富，用语言对思维加以表达时又有一次反映减弱现象。

著名哲学家维特根斯坦（Wittgenstein，1953）在《哲学研究》一书中说：

> 我们越是仔细地去考察实际的语言，它和我们的要求之间的冲突就越尖锐，这种冲突渐渐变得不可容忍。

维特根斯坦这里所指的冲突就是指现实生活中所使用的语言常常不能满足表达思想的需要，用他自己的话说：

> 当我们必须在我们的实际语言中找到那种秩序、那种理想物（笔者注：指纯粹而又明确的逻辑和思维）时，我们便对通常称为“命题”“词”“记号”的东西变得不满意了。

语言表达在实际上总归赶不上思维的进步，跟不上认知的需要。中国人常讲“只可意会，难以言传”就是这个意思。某种感觉很难用语言来形容，“词不达义”“言犹未尽”，等等，这些说法都足以说明语言总是赶不上思维的需要。

笔者同意解构理论的代表人、法国的德里达（Derrida，1976：18）的说法：

所指作为一种他者从来也不是同时性东西，它最多是能指秩序的一种细微的、不相符的逆转和平行。

前半句说明了先有物质世界，再有语言；后半句说明了语言符号的局限性。但笔者不能完全接受德里达（1973：158）的名言：

语言之外不存在任何东西。

语言之外还存在一些尚未表述的事物和概念，还存在很多未被人类知晓的事物和现象。

现实世界中的事物和现象是无限的，而人的思维尽管在不断发展，但相对于无限的现实世界来说是有限的，而语言对思维的表述总有不足之处，因此这三者在横向反映上呈一种逐步减弱的现象。正因为在现实和语言之间有思维这一“中介”因素，从现实到语言就好像是经过过滤似的，笔者就将该现象称为“横向反映滤减现象”。

根据这一观点，我们可将认知语言学的基本思想“现实—认知—语言”记作：现实 > 思维 > 语言。

三者间横向逐步减弱的现象在图 2.4 中用虚线表示。

该表达式从左向右的像似性程度呈逐步减弱的趋势，当然从右向左看，我们就会得到“语言 < 思维 < 现实”的表达式。用辩证的观点看，也不可否认语言对思维和现实的影响和反映作用。笔者这里主张是“影响”，不同意“语言决定论”的观点，说语言决定世界观、决定思维，这也太绝对化了。

2. 纵向对应滤减现象

上述讨论的是在同一个语言平面的“现实、思维、语言”之间的多元关系。在跨语言时，它们之间应该是一个什么情况呢？现在笔者还以图 2.4 作如下说明。

在同一语言的平面上，正如上文所说，“现实、思维、语言”三要素自左向右有决定和造就作用，自右向左有影响和反映作用，形成了一个语言世界观多元论的模式。而不同语言（L1，L2）的三要素之间的对应关系应是一个什么情况呢？笔者设计了图 2.4 这一模式（为避免立体图解图形过于复杂，仍采用平面图解，未将“文化”这一因素画进去，其实“滤减”原则相同）。

L1 所处的现实与 L2 所处的现实虽有差别，但可看成是基本相同的，因为大家都接受这样的观点：我们拥有同一个世界。随着交通和通讯的发达、电视和网络的普及，随着各民族之间的交往越来越频繁，现实世界越来越趋于接近，用一句时髦话说，我们同住一个“地球村（global village）”。因此在两个“现实”之间，基本是直线相连。而在两个“思维”之间的对应关系就有所减弱，不同民族之间的思维方式会有差异（其原因是多方面的），而且其差异大于两个“现实”之间的差异，用虚线连接。

再延伸至两个“语言”之间的对应关系时，它们的差异会更大，这里用更虚的虚线表示。笔者拟将这种逐步减弱的对应趋势称为“纵向对应滤减现象”。产生这种现象的主要原因是：

① 在横向反映滤减中，从思维到语言产生了一次减弱；

② 基于原本有差异的思维产生的语言间的差异就更大了。

从图 2.4 可见，思维（或叫认知）是介于现实和语言之间的，左边是现实世界，右边是语言，基于基本相同的现实世界，全人类的思维虽有差异，但大致相似。基本相同的现实世界，产生了大致相似的思维，这才是操不同语言的民族之间进行交流的基础，不同语言之间的翻译才成为可能。因此，正是图左边的“现实”在全人类中是基本相同的这样一个事实，才使得全人类的思维大致相似，才使得语言之间具有可译性。

3. 滤减像似性的定义

滤减像似性可定义为：在同一语言社团中或跨语言社团间，现实、思维、语言三者之间存在横向反映程度和纵向对应程度呈逐步减弱的现象。滤减像似性原则可说明以下几个问题：

（1）社会现实中的基本共性，决定了思维的大致相似性

客观世界有着基本相同的规律，正确的思维可以科学地反映这些客观规律，反映这些客观规律所形成的思维在全人类中是共通的。世界各民族思维的方法、过程、角度等虽有差别，但基于基本相同的客观现实，存在大致相似的思维。

（2）正是这种思维的大致相似性，才使得全人类得以沟通

全世界现有 5000 多种语言，因体验和认知，操不同语言的民族之间

才能够交流并互相理解。传统上我们一般都说，思维没有民族性，全人类都一样（高名凯，1963：38；叶蜚声，1981：19；李兆同，1981：27），而笔者认为这种观点也太绝对了。不同民族受不同文化、语言的影响，思维还是有差异的。上文已举了不少的例子。笔者不完全赞成“思维没有民族性”的观点，而主张思维大致相似的说法。

（3）现实越相近，思维越相像

欧洲诸近邻国家之间的沟通程度就比欧洲国家与东方国家的沟通容易得多。处于非洲原始部落的社会与现代社会之间的沟通要困难得多，根本上就是现实（包括环境、风俗、制度等）差异程度所致。

假使我们能够与太阳系之外的外星人（假如有外星人存在）取得联系，与他们的沟通一定会比与地球上的任何民族的沟通要艰难得多，因为外星人所生活的客观现实一定与地球上的不同。

（4）现实经过思维后才与语言发生联系，这是认知语言学的基础

思维这一程序的“过滤”，对语言的词汇、结构产生了较大的影响，致使语言产生了差异，甚至是较大的差异。现实差距越大，思维的差异也就越大，到了语言阶段后，差异更大。

拼音文字用字母表示语言的发音，或许就是其创造者和使用者更重视语言的声音所致。而汉族用象形和表意文字，说明我们老祖宗的思维更注重事物的外形，“表形”在文字中占着主导地位，以至于今天当我们因某个音而弄不清时，不得不问这个字的字形，如说姓“chen（g）”，就要问是耳东“陈”，还是禾木“程”，还是翘脚“成”。

汉字自秦朝“书同文”之后，经过2000多年的演变，不断简化，字义变化不大，所以我们今天受过普通教育的人还能读懂先秦两汉的古书。许国璋先生（1990）说：

如果古书是用拼音文字写的，现代人就根本无法读懂古代的文献。世界上没有一种文字能像汉语一样把两千年前的信息直接传输到现代。这是中国文化的骄傲。

这种“重音”与“重形”的思维差异导致了表达言语方法上的差异，逐步形成了今天拼音文字和象形文字的差异。

（5）接受弱式语言世界观，前者影响后者

认知语言学认为，语言来自对现实的互动体验和思维加工，既然来自基本相同的现实，来自具有共性的思维，不同语言之间就能沟通，否则我们就不能解释语言之间的可翻译性。笔者不同意“语言决定世界观”的论点，而主张语言是可以影响世界观的。倘若语言真的决定了世界观，不同的语言就会有不同的世界观，也就有不同的思维，人类岂不是失去了互相理解的基础？

我们讲“有影响”，而不同意“决定”的理由就在于此。

（三）滤减像似性与哲学观

语言世界观多元论中的滤减像似性，实际上在漫长的哲学史中一直存在着很多争论，不同哲学流派的代表人物对此都有不同的看法。

1．天赋观念说

唯理主义认识论的代表人物、法国的笛卡尔（Descartes，1596—1650）提出“天赋观念说”，认为不该把意念归入由研究得来的认识之列，因为它们是与生俱有的（转引自汪子嵩，1972：65）。后来，德国的莱布尼茨（Leibniz，1646—1716）继承和发展了笛卡尔的观点，提出“天赋实践原则”，也认为一切观念知识都是天赋的，也完全否定认识有外界的客观来源。再后来，英国的贝克莱（Berkeley，1685—1753）提出了“心外无物说”，也是这种主观唯心主义的翻版。他们都认为世界上没有客观存在的事物，一切事物都是主观的。这种否认客观世界，否认现实对思维有决定性的反映作用，是违背辩证唯物主义理论的。在这一点上，英国的洛克（Locke，1632—1704）提出了“白板说”，认为凡存在于理性中的，都已先存在于感觉中，倒是比较客观地承认了现实对思维的决定作用。

2. 不可知说

与唯理主义的认识论相反，英国的休谟（Hume，1711—1776）和德国的康德（Kant，1724—1804）等不可知论者却认为：世界是超乎经验之外的，是不可知的，是人的认知能力所不可能达到的“彼岸世界”，在感觉的界限之外没有任何确实可靠的东西。他们承认心外有物，但不可认知，这种观点也是不可接受的。

3. 绝对像似说

在语言与思维和现实的关系上，西方有的哲学家任意夸大它们之间的像似程度。维特根斯坦（Wittgenstein，1988：2）承认语言符号的像似性，但有时又夸大其像似程度（底线为笔者所加）。

语句的结构与事实的结构之间<u>必须</u>有某种共同之处。

他所提出的确定指称论语言观进一步认为（转引自陈保亚，1997：140）：

语言符号描绘世界上的事态，就像画家用线条、色彩、图案描绘世界上的事物一样，名称对应于现实中的对象或所指，名称的组合对应于现实对象的组合。

罗素在逻辑原子论时期持与维特根斯坦相似的观点，认为命题和事实之间存在着严格的对应关系或“同构关系”（涂纪亮，1996：68）。

逻辑实证主义者也在追求语言和现实世界之间的精确对应关系（陈保亚，1997：140）。理性主义语言学家也认为：人类语言是建立在全人类共有的思想结构的基础上的。

近代俄国的形式主义者总将一切内容视为形式的投射（詹姆逊，1995：5），实际上就是指语言符号的能指和所指之间的高度像似性。

这种不恰当地夸大“现实和思维”与“语言”之间的像似性程度是不符合事实的。那种企图在形式与意义之间追求理想化的一对一的模式，是一种朴素的图像主义观点，在语言世界里可以说是不存在的。语言符号的“能指 VS 所指”之间理想的像似性要经受语法化的历时的压力……有时一些信息受到创造性的扩展而改变。因而像似性的总趋势是不可否认的，但不是绝对的，它受到历时变化的调节（参见胡壮麟，1996：5）。

“绝对像似论”的观点抹杀了人类思维的差异性，忽视了句法的灵活性，否认了语义流的多变性，从而也否定了矛盾的对立统一性。多彩的世界产生了复杂的思维，复杂的思维又产生了丰富的语言。在“多彩、复杂、丰富”之间不可能存在绝对像似的现象。

4. 唯物主义的反映论

对于现实、思维、文化、语言诸因素的相互关系，辩证唯物主义的认识论认为：人的感觉、概念和全部科学认识都是客观存在的现实的反映。

根据认知语言学“在现实和语言间有认知这个中介因素”的观点，在思维和语言之间还有一次反映过程。在这两次反映过程中，正如上文在论述横向反映滤减现象时指出的，从现实到思维再到语言，反映程度是逐步减弱的，它们之间既有像似性的一面，又有非像似性的一面，即使在各语言中都采用了像似性的手段，跨语言间的像似性也存在着程度上的千差万别（参见沈家煊，1993），在像似点上也是各有特点的。

第三章　像似性的性质

第一节　人为性

根据认知语言学的核心原则“现实—认知—语言”可知，语言是人们经过对现实世界的互动体验和认知加工形成的，从右向左可解读为：语言像似于认知，认知像似于现实。因此，像似性指符号与其所表示的对象（包括认知和现实两要素）之间有理据性关系，首先是符号像似于人们的认知方式，且在人的作用下与现实世界存在某种映照性相似（resemblance，similarity）的现象。像似性是与任意性相对的，任意性指语言符号与其所指对象之间没有任何理据可循。

像似性是认知语言学中的核心思想之一，彰显的是人文精神，在语言符号与其所指对象之间存在一种人为的、有机的联系，其间的关系是有理可据的（motivated），符号相似于其所指对象本身的形式。美国实用主义和符号学的创始人、著名哲学家柏斯就把这样的关系称为 iconicity，汉译为“像似性”最为合适，注意要用带单人旁的“像”。

博林格（Bolinger，1977）指出：

The natural condition of language is to preserve one form for one meaning and one meaning for one form.（语言的自然状态是维护一个形式表达一个意义，一个意义用一个形式来表达。）

他主张将“一形对一义”和“一义对一形”视为语言的自然状态。

海曼（Haiman，1985a：21）进而认为，语言中那些同义词、一词多义、有形无义、有义无形是一种偏离常态的变态。

拜比（Bybee，1985）也将像似性原则视为自然原则，参见第四章第一节。

世界各语言中都有不同数量的拟声词和感叹词，这些词也正是对外界声音的一种自然模仿和记录。汉语中的词语排列顺序和实际时序之间存在较高的对应性，这种表达顺序也是对实际发生时序的一种模仿。本书第四章中所论述的 6 种像似性——距离像似性、数量像似性、顺序像似性、标记像似性、话题像似性、句式像似性，揭示了语言符号与概念内容、经验结构之间存在着一种自然的关系。这些都可说明语言符号像似性具有一种自然的属性。一言以蔽之，句法结构与认知方式、经验结构之间具有像似性。

第二节　本源性

通过研究发现，在动物的语言中每一个符号都与一个意义相对应，存在严格的对应像似现象。乔姆斯基（Chomsky，1972：69）认为：

动物语言利用固定的、有限的几个语言平面，它们都与某一特定的非语言平面相对应：沿语言平面选取一点就能在非语言平面上找到相应的一点。

人是从动物进化而来的，远古人类开始使用语言时一定与动物语言（如果有的话）具有不少相同之处。随着人类的进步、思维的发展，词语不断增加，语言不断完善，在使用有限的符号表达无限的思维时，难免会出现一词多义、一义多词的现象。在社会进化过程中，人类作为一种高级动物，与一般动物分道扬镳，人类的语言和动物的语言也就迥然不同。但说人类的语言在本源上具有像似性，还是可以成立的。

乔姆斯基 1968 年（参见 Givón，1985：187）则说得更明白：前人类的交际（Pre-human Communication）主要具有像似性性质，而人类的交际主要具有任意性性质。当然，笔者并不赞成乔姆斯基的后半句话，但前半句话正可用来说明人类语言原本就具有像似性这一特征。

历史上许多知名学者对言语的起源问题都有很多论述，例如：

感叹说，又叫"啵啵说（theory of pooh-pooh）"：最早的词是呼声，由于疼痛、恐怖、欢乐等感情而不自主地发出了呼声。

拟声说，又叫"咆哮说（theory of bow-bow）"：模仿自然界里动物的咆哮声。

声象说，又叫"叮咚说（theory of ding-dong）"：声音和意义之间有某种神秘的和谐，自然界的声音犹如铃声打击着人们，给人留下印象。

喘息说，又叫"吆嘿嗬说（theory of yo-he-ho）"：用劳动中喘息之声来给劳动的动作起名称。

其他还有姿势说、口势说、娱乐说、打击说等理论。

这些理论大都涉及一个“模仿外界”的问题，仅是所模仿的对象和方法有所不同罢了。因此，说“人类言语起源于模仿”还是能为广大学者所接受的。“模仿”就是一种具有像似性的行为。人类的口头言语在本源上具有像似性特征。

不仅是口头言语，就是文字的起源，也可说明语言符号在本源上具有像似性特征。随着人类原始部落和部落联盟的产生，活动空间的扩大，又因劳动分工需要交换产品，这就要求有记载形式；私有制出现后需要在财产上留下标记，部落和头脑的业绩需要保留于世，向远方的人告知某事或下达命令，联盟之间的交易和契约等社会活动和生产力发展的需要，使人类感到有声语言已不能满足交际的需要，要有一种克服时空局限的手段来传递信息，这时就产生了文字。在原始绘画艺术和花纹图案基础上产生的图画文字①是人类最早的文字。远古时期绘画和花纹中某些表意成分转化为图画字，然后又转化为象形字和表意字，如圆圈象征太阳，波状线象征水，十字形象征四面八方以及别的东西（参见伊斯特林，1987：85）。图画文字是符合古人的具体形象思维的。我们完全可以认为，语言文字的像似性也是具有本源性特征的。

语言学家一般认为，文字是从简单的图像逐步演化而来的。自图画文字之后，文字大致经过了三个发展阶段：

---

① 有的语言学家，如高名凯、李兆同，将图画文字视为图画记事，是文字的前身，不算文字，属于文字萌芽阶段或前文字阶段。也有语言学家把它视为一种文字类型，如伊斯特林。戚雨村（1985：124）说：“在文字学中也有把它当作一种文字类型，而称为表形文字或图画文字的。”他（1985：125）还认为：“严格地说，图画文字还不是真正的文字系统，因为它记录的并不是语言的语音、语词或语句，只是直接而笼统地记录思想内容。”

象形文字；

表意文字；

拼音文字。

文字的这三个发展阶段正好与一个字或词的三要素相对应。语言中的一个字或一个词有三个要素：形（有一定的写法）、义（表达一定的意义）、音（有一个固定的发音）。如果一个文字系统侧重视觉形象，临摹形状，以形表义，就出现了象形文字；如果一个文字系统仍侧重直接表义的方法，在象形的基础上，又采用指事、会意、形声等办法来构词，形中有义，就出现了表意文字；如果一个文字系统侧重听觉，以音表义，就出现了表音文字。当然在很多文字系统中，会同时使用两种或三种表达文字的方法，如在世界上很多语言文字中，既有表形方式，也有表意方式，还可兼有表音方式。如汉字源于象形，后发展成表意文字，也兼有表音（在占汉字总数 90% 的形声字中有 39% 是可以表音的），但汉字的主要特征是表意的。图画文字虽然已被其他文字系统所替代，但由于其表形功能优越，在很多领域仍被广泛使用着，诸如路标、招牌、商标、体育项目标记、造型广告、徽章、肩章等。

象形文字是在图画文字的基础上形成的。象形文字就是象征事物的图形、仿造外部世界的物体所形成的文字，因此象形文字仍保留着图画的痕迹。东汉许慎在《说文解字》中对象形字的解释为：

象形者，画成其物，随体诘诎，日月是也。

其含义为：象形字是按照物体的曲直，画出这物体而成的字。日和月就是这样的例子。甲骨文中的每个字就是一幅简化了的图画。高名凯（1963：197）认为：

一个字就是一个独特的图形。

不论是汉字，还是古埃及文字、苏美尔文字，都始于象形文字。戚雨村（1985：127）指出：

由苏美尔文字发展而成的巴比伦和亚述的楔形文字最初也是由象形文字演变而来的，古埃及文字则几乎全由象形的字符构成。

伊斯特林（1987：138）指出：

为了表示具体意义的词（如人、山、日、水等），在所有表词文字[①]体系中，最初是用这些词表示实物和现象的写实图形或象征图形。

例如：在汉字、古埃及象形文字和苏美尔文字（参见附录一）中都可找到例证。费乌利尔（Février，1959：104）指出：

苏美尔文字中使用的图形准确地再现了美索不达米亚的自然景观和公元前四千年中期苏美尔人的日常生活。

埃及学家钱恩（Chain，1938：3）指出：

---

① 表词文字相当于象形文字和表意文字。

埃及圣书字符号[①]一方面表达埃及人的思想，同时还把有关他们的生活方式、风俗习惯和机构设施的一切，明显地图示出来。

某一地区所特有的植物、动物或现象，某一部落所特有的建筑、衣饰，社团的生活方式、习惯风俗、宗教信仰等，往往会在后来的文字形成过程中留下很多痕迹。什尼采尔（Шницер Я.Б. 1903：103—104）曾分析腓尼基字母，认为这些字母反映了那一地区人们社会活动的许多方式，如：

居住：dāleth—门，bēth—房子，hēt—篱笆

农业和畜牧业：alef—公牛，gimel—骆驼

捕鱼业：mēm—水，nūn—鱼

这个地区的人们已经定居，因为他们已有了“房屋（bēth）”，有了“门（dāleth）”，建筑房屋时还用了“钉子（waw）”；此外，这个民族还富有战斗精神，因为他们使用了“武器（zajin）”（参见附录一）。

表意文字是在象形文字的基础上演变而来的，是又向前迈出了一大步的文字形式。随着社会的进步、人类思维的发展，有些词语的意义，特别是一些抽象概念，无法直接描绘，于是人们就用图形去间接提示其所表达的意义。戚雨村（1985：126）指出：

最初的表意文字中都有一些表示事物直观形象的象形字。它们是由图画文字中的图像简化而成的，只是后来为了书写方便，这些字才失去了图

① 埃及圣书字符号是埃及文字最古老的字体。

象的直观性。

今天，我们仍旧可从表意文字中找出很多间接的表形痕迹。所以究其根源和现状，表意文字仍然具有像似性特征。

我们完全可以设想，由于生活的需要，数字应是早期文字中的基本符号。而数字的进位和形态也是具有像似性性质的。正如伊斯特林（1987：519）所说：

数字按其起源来说是意词字，而按其用法来说则是表意符号。

人们最初是凭借一些常见事物来给别的事物点数的，点数时首先想到的就是借助于自身的肢体，既方便，又合用。人类所使用的绝大部分的数字系统都是按十进制原则进行的，就是因为最古老的计算工具是双手的十个指头。有时还用五进制，因为五进制原则来自一只手的五个指头。二十进制原则则来自两手手指数和两脚脚趾数的总和。

罗马数字的形式也来源于用手和手指来计数：用“I”表示数值 1 源自一个指头；用“V”表示数值 5 源自一个巴掌和分开的大拇指；用“X”即交叉的双手表示数值 10。

数字的意义主要取决于两个因素：形状和位置。原始计数系统从形状上来说，基本计数往往以符号的数量为准：如汉语中用“一、二、三”分别表示 1、2、3，拉丁语中分别用“I、II、III”来表示 1、2、3，在婆罗米字母中 1、2、3 这三个数用相对应数量的横线表示[①]。大数目的表示方

① 符号的量与事物或概念的量相对应这一像似性原则还可用来表示：画三个太阳表示三天，画十条短线表示十个人，在一个海狸的图形边画上 30 条短线来表示 30 只海狸，等等。

法也是这样，如要表示68这个数，就把表示“10”的符号重复6次，把表示“1”的符号重复8次。

从位置上来说，文字不管是按照从左向右的顺序，还是从右向左的顺序，或者是从上向下的顺序书写，先出现的数码符号所表示的数值就比后出现的数码符号要大，后出现的数码符号所表示的数值就比先出现的数码符号要小，在十进制中就相差十倍。绝大部分的语言文字是从左向右书写的，因此左边一位的数字就比右边一位的数字大十倍。这种位置像似性原则在计数方式中是明显可见的。

人类在新石器时期形成图画文字（句意文字的主要类型），后随着社会、人类思维的发展，人们对语言文字的要求增加，图画文字的图形逐渐分解为一个个的图画符号，逐步形成了更加完善、更有条理、更为复杂的象形文字以及后来的表意文字（仍具有图形间接显示特点），最后才被改造为更为简洁的拼音文字。高名凯（1963：200）认为：

> 文字由图画式的变为非图画式的，由不是拼音的变为拼音的，是文字发展的必然趋势。

在这个“必然趋势”的发展过程中，我们可以认为，语言文字在本源上具有像似性特征，或者像似性特征是语言文字的本源特性。

在整个文字发展过程中还有两个原则一直在起着重要的作用：趋小原则（语言文字在连续不断地向表示越来越小的要素这一方向发展[①]）

---

① “趋小原则”这一术语为笔者所取，一般的书籍将这一现象视为文字发展的特点。

和经济原则（用较少的符号单位来表达全部言语），这两个原则发挥作用几乎是同步的。

从图画文字（假如图画文字算是一种文字）到象形文字，人们学会了从图画中提炼出典型特征、要素来表达某一个意义，从句意文字到表词文字，在文字结构平面上趋小了一级，此时文字符号的数量是增加的。

人们在改造象形文字和部分表意文字的基础上，从中抽出一些基本要素作为词素（如汉语中的偏旁部首）来构成更多的表意文字（如形声字等）。词素是比词更小一级的单位，在文字结构平面上又趋小一级。从数量上来说，词素的数量比词的总数要少，而且少得多。这种词素文字的出现可被视为经济原则运用的结果。

大约在公元前 1500 年西方出现了拼音文字（闪米特字母），人类的文字又朝另一个方向发展，言语中最小的音素被分析出来，出现了彻底的拼音文字，用几十个音素就可表达全部的言语。拼音文字的出现，既体现出趋小原则，也体现了经济原则，可用最低数量的符号（一般是二三十个，最多五六十个）来表达思想，这就大大促进了语言的学习、使用和推广。正是由于这种字母简单、方便，可用于描写任何言语，因而获得了较为广泛的应用。

实际上，汉字的演变和发展也经历了一个不断简化的过程，体现了经济原则。从甲骨文到小篆、隶书、楷书以及后来的行书、草书，汉字在字形上也在不断简化。虽说汉字没能像拼音文字那样用几十个符号来表示全部的言语，但从词这个平面来说，汉语能用几千个字表达全部的词语，而英语据说有 5000000 个词。

儿童语言的习得过程，在某种程度上，可以反映出人类语言发展的过程。他们对声音的模仿、对周围事物的感知，也基本像似于他们的生活进程：由感知近处的事物到稍远的事物，声音与事物一一对应，从认识具体事物到慢慢认识抽象概念。儿童语言的发展完全要视其年龄大小、智力发展情况、语言掌握程度等因素，然后逐步输入相应的语言材料，这才符合语言学习规律，才能使其语言能力得到充分发展。因此不难看出，在儿童语言习得循序渐进的程序和实际语料由简到繁的输入程序之间存在对应性，一旦违背这种规律，儿童语言学习就会受挫。

在外语教学中也存在相同的情况，使用同一篇材料给同一班人上课，有人“吃不了”，有人“吃不饱”，正反映了两个程序对应性之间的差异。我国小学课本，从看图识字开始，一音对一形、一形对一义，然后逐步扩展，由近及远，由具体到抽象，这都是经过很多代语言教育家研究整理编写出来的，基本符合中国人习得汉语的规律。初中和高中的语文教材，选材一般也是按照循序渐进的程序编排的，基本符合我国学生的语言学习进程。海曼（Haiman，1980：537）认为：

在儿童语言中，语义关系呈显性化。

斯洛宾（Slobin，1980，1981，1982，1985）指出：

儿童对语法规则的理解能力要低于成年人，他们所使用的语言与现实结构之间的像似度要高于成年人。儿童在习得语言的过程中努力使得意义与形式之间的对应关系显性化，其语言结构经常明明白白地揭示了隐含其中的原型像似性现象，儿童在重新组织父母说的语言时，往往会使其更具有像似性特征。

例如，他通过调查英国儿童在语言习得初期的语料发现：儿童确实是将表示条件和原因的从句置于句首，因为这类从句和主句之间的顺序与实际动作发生的时序存在较高的像似性。斯洛宾（Slobin，1985：242）通过对不同语言社团的儿童语言习得语料的分析，得出结论：

儿童根本不是一个糟糕的像似符制造者。

这些论述表明：像似原则确实具有根深蒂固的“本源性”特征。（Iconic principles have a deeply-rooted ontogenetic basis.）

海曼（Haiman，1985a：5—8）认为：

语言符号像似性并非是一种偶然现象（fortuitous），它具有本源属性。任意性是慢慢进入语言的（creep into language），仅仅是对原本像似现象的一种扭曲（distortion）。经济原则、概括原则、联想原则、现实原则等可损减像似程度（the impairment of iconicity），许多偶然原因，例如音变等，也会使得像似现象变得不明显。

索绪尔也曾指出：

音变减弱了理据性，因为它侵蚀（erode）了语言结构的理据性。

值得注意的是，柏斯将符号分为“像似符、标记符、代码符”后又指出，代码符变得越来越多，它是从像似符和标记符发展而来的。若不依靠这两者，代码符就无法得到解释。正如安提拉和艾姆布莱顿（Anttila and

Embleton，1994：97）所说：

Icons and indexes feed into symbols — as Peirce put it, “Symbols grow. They come into being by development out of other signs, particularly from icons.”（像似符和标记符滋养了代码符，正如柏斯所言，代码符成长了，它们靠其他符号而成形，特别是像似符。）

海曼 1985 年出版的专著 *Natural Syntax*（《自然句法》）的副标题为“*Iconicity and Erosion*（像似性和侵蚀性）”，他这里所用的 erosion，正是指一系列的原因侵蚀了原本像似度很高的语言，才使其具有一定的任意性。同时他（Haiman，1985a：5）还特别指出：

现有足够的证据可以证明，在形式和语义之间的像似性关系变弱之后，还可以通过一系列不同的办法来恢复（restore）显示原来的像似关系。

第三节 主流性

语言学家都同意这样的说法：语言符号既具有“任意性”，也具有“像似性”，就连索绪尔本人也持这样的观点。索绪尔（Saussure，1996：110）在 1916 年的《普通语言学教程》中就指出：

语言不是完全任意的，而是里面有相对的道理。

人类学家列维·斯特劳斯（Levi-Strauss，1977：91）说：

从先于经验的角度看，语言符号是任意的；从后于经验的角度看，它不再是任意的。

但现在语言学家们的分歧在于：语言是以任意性为主要特点，还是以像似性为主要特点。不同的语言学家持不同的看法。索绪尔（1996：102—103）认为：

任意性是头等重要的，支配着整个语言的语言学。

乔姆斯基所代表的形式语言学派将索绪尔的“任意性”大加发挥，认为自然语言是独立于人类其他认知系统之外的一种任意的、天赋的、自主的形式系统，语言的能指和所指毫无直接关系。我国语言学界也普遍认为唯名论符合事实，语言符号任意说出现在很多语言学著作、论文和教材中，几乎已成为语言学界的口头禅和不可辩驳的真理。

但近年来许多语言学家通过研究发现，语言中的像似性现象不仅确实存在，而且是主要现象，语言中的像似性程度大于任意性。正如莱昂斯（Lyons，1991：94）所指出的：

一般的“自然语言”，其各个结构层次上的像似性要比语言学传统的名言警句所告诉我们的大得多。

胡壮麟也认为：

语言的任意性在语言学界在较长时间内占主导地位。今天，人们更多地强调语言的非任意性。

他还指出：

语言符号像似性的总趋势是不可避免的。

吉旺（转引自胡壮麟，1998：14）也指出：

语言形式必然要反映认知的连续体。（“必然”两字的底线为笔者所加）

正如前文所述，霍斯豪德认为英语中 91% 的词有理据可寻，无非就是音义、形义之间的联系。汉字源自象形，兼有会意，以形声字为主。造字理据不容置疑。汉字中仅仅既表义又表音的形声字就高达 90%，这两个数据充分说明了像似性才是语言符号的主要特征。笔者在第二章中对语言符号像似性的理据分别从语言方面和哲学方面进行了讨论。这些都充分说明了像似性现象不仅理据充足，而且是语言中的一个重要现象。

近年来，一大批国内外知名语言学家对语言像似性的研究，已经突破了在书写平面和语音平面上对拟形和拟音的描写，在句法平面上大量发现语言结构与人们所经验的世界结构之间存在着很多像似性，甚至是直接映照人的概念结构。海曼（Haiman，1985）认为：

语言的线性结构可以临摹现实世界各种从简单到复杂的概念和关系。（“各种”两字的底线为笔者所加）

当前已经研究得出的句法像似性原则有3条：距离像似性、顺序像似性、数量像似性。笔者根据像似性原理，并通过英汉对比，又总结出3条像似性原则：标记像似性、话题像似性、句式像似性。这都说明了语言在形式和意义之间有理据关系存在于大量语言的众多词法、句法结构之中。

第四节　层面性

对现实世界相似的现象进行分类，就必然会涉及主观问题。一个现象会有很多特征，人类只能择其一个或几个重要特征来表达为语言形式，因此语言形式就不可能反映出现象的全部特征。哪些特征被认为是重要的，哪些是次要的，这完全是凭人类的“认知”来加以确认的。同一个物体在跨语言社团中有不同的名称，即使在同一个语言社团中，同一个物体也会有不同的名称。这是因为在跨语言社团中或同一语言社团中的不同地区，被认为重要的特征是不同的，认识事物的知觉中心也不同。把“眼镜”说成 glasses，是从构成材料这一点考虑的；将其说成 spectacles（spect 意为 look）则是从其功能这个角度考虑的。这就是说，事物的名称与所指之间的理据性是建立在某一像似点上的，语言符号与其所指之间的像似性是以某一点的相似关系为联系的。拟声词仅是在语音这一点上与客观外界存在像似之处，象形字仅是在字形这一点上与客观外界有像似之处。句法上的距离像似性也仅仅是在语言符号的距离与其所指概念的距离这一点上有像似之处，等等。因此，语言符号与所指对象之间的理据性，就是以某一点的像似为基础的，这就是像似点。

辨别事物或现象相同或相异，是人类认知事物、进行范畴化的主要手段之一。事物相同就归为同一范畴，事物不同就纳入不同的范畴。命名活动的本身实际上也依赖于分类，给一个对象或一种活动一个名称，也就是把它纳入某一概念之下（周斌武，1996：7）。这种分类就是人们“思维”活动的结果。在汉语中叫作“菠萝”，在英语中却叫pineapple。

人类对基本范畴的确定就是建立在这种对客观外界的认知和分类基础上的。在一个自然范畴之内，它的内部各成员之间应有基本的共同点。如对“鱼”的认识：生活在水中、有鳞有鳍、用鳃呼吸。符合这些特征，人们就自然会凭自己的知识和经验，将它们划归为“鱼”类。

隐喻是人类认知事物的一般手段（沈家煊，1999：5），其形成也是基于“相似”这一认知基础，即把两种不同事物进行比较，找出两者之间的共同特征，用一事物去隐喻另一事物：

She is a shy fish.（意为鱼见人就走，以此来隐喻羞怯的女孩。）

因此，像似点是人类认知世界、归类事物的基础，是隐喻形成的理据，也是语言符号与所指之间存在像似性的连接纽带。

语言包含多个层面，如语音、词汇、句法、语义、语用等。像似点会处在语言的不同层面上。考察语言符号像似性不可只从分析某一个层面得出的结论来说它是语言的重要性质，汉语中所说的“窥斑见豹”正是指这种以偏概全的片面性做法。语言符号具有任意性的传统结论主要是基于语音这个层面的分析得出的，因而具有很大的片面性，即使在语音这个层面，也存在着不同程度的像似性。因此笔者在对像似性所作的定义中指出“符号在音、形或结构上与其所指之间存在映照性相似的现象”，强调了像似性可存在于语言的不同层面。从宏观角度来说，语言文体风格像似于“以言行事，以言取效”的原则。王守元（1994：256）指出：

事实上，文学广义上可被视作是像似性的，其形式可以以多种方式模仿它所反映的现实。

季国清（1998）进一步指出：

语言是在工具的有用性和世界的实在性之间建立的一种同构关系，罗素所说的语言和世界同构的深层含义就在这里。

语言的组织形式以和世界的合目的性方式形成指称、表达、描述、论辩等功能。语言和世界的合目的性构成语法和语义之间的内在联系，抓住这一点才能真正把语言的本体效应昭示出来。

因此，语言不仅在音、形或结构上与所指对象存在像似性，而且与“功能、思维、可能世界、潜在世界”等都存在像似性。

第五节　程度性

当然，语言在各个层面上的像似性程度也不尽相同，特别是在跨语言比较时，不同层面上的像似性程度相差更大。即使同样是像似符，它们的像似性也有一个程度问题。

像似符（icon）可进一步分为：

（1）映像符（imagic icon），如照片、雕塑等；

（2）拟像符（diagrammatic icon），如地图、线路图等。

映像符的像似程度高于拟像符，拟像符的像似度又高于代码符（symbol）。

语言文字根据书写形式可分为象形文字、表意文字和拼音文字，象形文字和表意文字的像似性高于拼音文字。

linguistic symbol 语言符号	pictogram	象形文字
	ideogram	表意文字
	phonogram	拼音文字

像似度再高也不可能是百分之百的绝对一样，照片毕竟不能完完全全地反映实物的全部；像似度再低的符号也存在像似性现象。近年来语言学家对语言符号像似性的研究从语言的语音和字形平面扩展到句法平面，使得语言符号像似性研究逐步形成了一个完整的体系。

各语言中的像似性情况也很不一致。甲语言有的像似性在乙语言中不一定会有，同时都有某一像似性现象的情况并不多见。表音文字与表意文字所表现出的像似性现象有着很大的区别，像似点所处的层面不同，像似度也有很大的不同。

英汉两种语言句法结构的不同，体现了不同的认知方式和概念结构，也反映了不同的像似方式。

另外，语言的词汇量不同，它们的语法像似性程度也随之发生变化。语言主要有两个基本层面——词汇和语法，人类所传递的信息主要就是靠这两者来表达的。世界各语言的词汇量是不相同的，它们直接影响着语言的语法像似性程度。一般来说，词汇量与语法像似性成反比（Haiman，1980：536）。词汇量大的语言，则可靠丰富的词汇来表达信息，对语法手段的依赖性就小，其语法像似度就低；而词汇量小的语言，对语法手段的依赖性就大，需靠语法手段来将语义关系表达清楚，因而语法像似性程度就高（参见第四章第二节）。

语言是世界的图像，但是客观世界是立体的、多维的，而用一维的线性符号来表达多维的立体世界，很难将丰富多彩的立体世界完整地表现出来。再者，语言还有很多自身发展特征，变革至今，其经济性、现实性、突显性、修辞性等使得语言越来越偏离客观世界的结构，图像式的语言结构被掩埋在线形表达符号中而难以被人觉察。因此语言符号有其像似性的一面，也有其任意性的一面，它们既有区别也有联系，既互相对立也互相补充。否定像似性是片面的，但绝对像似论也是片面的。

语言符号的“能指 VS 所指”之间的任意性与像似性是互补的，有的字词是任意的，有的是有像似性理据的。因此在语言符号体系中，既有任意的成分，又有像似的成分，这两者是互补的。我们完全可以说，处于两端的语言是没有的。甲、乙两种语言，特别是跨语系的语言差异更大，有的语言像似性程度高一点，有的语言像似性程度低一点，有的语言在某一层面的像似度比另一语言高。在语言发展过程中，一直存在着这两种特性的变化。可以说，语言中的任意性与像似性的变化一直伴随着语言发展的全过程，在这两者之间存在一个“递变度”的现象。由于英汉两种语言中有“两个 90% 以上”的构词造字理据性及大量的句法像似性，它们当前的递变点位置应当靠近像似性一端。

第四章　句法像似性

当前所研究的语言符号像似性已突破拟声像似和拟形像似的描述，主要研究语言句法结构的像似性。本章将分别探讨 6 种句法结构像似性现象。

第一节　距离像似性

一、国外学者的相关论述

海曼在 1983 年的《像似动因与经济动因》一文中对距离像似性（the iconicity of distance）所作的描述如下：

The linguistic distance between expressions corresponds to the conceptual distance between them.（词句中语符之间的距离像似于它们所表示的概念距离。）

拜比（Bybee，1985）在论文 *Diagrammatic Iconicity in Stem-inflection Relations*（《词干—屈折关系中的拟象像似性》）（收录在海曼 1985 年主编的 *Iconicity in Syntax* 一书中）中也谈到了距离像似性的问题，她所用的术语为“邻近像似性原则（the principle of proximity iconicity）”：

The proximity of elements in a clause follows some natural（iconic）principle whose result is that elements that go together semantically tend to occur close together in the clause.［一个分句中的成分是否相邻近取决于某一自然（像似）原则，其结果是：在语义上靠近的成分，在分句中也倾向于靠得近。］

她（1985：34）还指出：

The relevance principle governs the formation of inflection at every stage.（相关原则在每一个阶段都制约着屈折的形成。）

人们都知道“毕哈格第一定律（Behagel's First Law，Behagel，1932：4）”，其内容就是论述距离像似性现象的（参见 Haiman，1985b：228）：

What belongs together mentally is placed close together syntactically.（在心灵上靠近的概念，在句法上也靠得近。）

吉旺（Givón，1985：202）也对距离像似性（所用的术语为：proximity

principle，直译为邻近原则）作出了如下的论述（参见 Haiman，1985b：229）：

The closer together are two concepts semantically or functionally, the more likely they are to be put adjacent to each other lexically, morpho-tactically or syntactically.（两个概念在语义上或功能上越紧密，它们就越可能在词语上、词素结构或句法上被靠近置放。）

以上这么多的著名学者对距离像似性现象作出了论述，充分说明了该现象既很明显，也很重要。现在就让我们来进一步讨论距离像似性现象。

在论述距离像似性时，首先就涉及语符距离和概念距离的定义问题。语符距离还是比较容易下定义的，在一串语音中，两语符间的距离可定义为：音节的数量或时间的长度（如以“秒”为单位的数量）。博林格和格茨曼（Bolinger and Gertsman，1957）指出：

语素的间隔率（the ratio of disjuncture）与其语义结合紧密度（semantic bond）成反比；语符距离与间隔率成正比。

但海曼（Haiman，1983：781）认为：

因为语言具有层级结构的特点，语符距离就有等级程度上的差别，所以语符距离取决于语符间不可分割的限界形式（non-segmental boundaries）的特性和数量。

例如，若有 3 个语素 X、A、Y，则语言符号 X 和 Y 之间的距离从表

达式 a 到 d 递减。（“#”表示单词限界，“+”表示语素限界）

表达式
- a. X # A # Y
- b. X # Y
- c. X + Y
- d. Z[①]

表达式 d 的语符距离最小，因为两个语素 X 和 Y 已融合成一个语言单位 Z，已经看不出其间的词素分解，而在 c 中仍能看出来。在 b 和 a 中，我们能明显地看出词与词的界限。

概念距离则取决于概念间共有语义特征（shared semantic properties）的程度（Haiman，1983：783）。假设语符 X 表示语义 M_1，语符 Y 表示语义 M_2，语符 Z 表示语义 M_3，若语符 X 和 Z 共现，语符 Y 和 Z 共现，语义 $M_1 + M_3$ 比语义 $M_2 + M_3$ 有更多的共同语义特征，则 X 与 Z 就比 Y 与 Z 更可能共现组合使用，它们之间的概念距离就更近。现图示如下：

$X \rightarrow M_1$

$Y \rightarrow M_2$

$Z \rightarrow M_3$

如 $M_1 + M_3 > M_2 + M_3$ （“>”表示有更多的共同语义特征）

则 $XZ > YZ$ （“>”表示更可能共现组合）

① 海曼还认为，在表达包含词素 X 和 Y 的相同概念时，b 到 d 的表达结构分别与分析形式、黏着形式、综合形式相对应。

后来，凯斯呐（Kirsner，1985：256）将“共有语义特征”修改为：“coherence with respect to the intended message（与欲述信息的一致性）”。原因有三：

（1）“共有语义特征”有可能产生语义冗余现象；

（2）根据实际交际需要，没有共同语义特征的语素也可组合使用；

（3）在实际交际中，人们理解的是通过推理得出的信息（message），意义的组合完全是出于交际者传递信息的需要。

因此，凯斯呐将概念距离改述为：

如果 $M_1 + M_3$ 比 $M_2 + M_3$ 在交际中更加有用（communicatively more useful），则 XZ 就比 YZ 更易于组合，也更常见，这也导致 XZ 的组合使用流行后，有可能产生更紧密的组合形式，出现 X + Z 的语符形式。

他举了荷兰语中的一个例子：指示形容词 deze 或其语素变体 dit（this/these）以及 die 或其语素变体 dat（that/those），由于后者经常与 zelfde（same）共现，在荷兰语中就产生了新词 diezelfde 和 datzelfde。

我们也可用语义蕴含关系来说明概念的远近。已知两个命题 S_1 和 S_2，如果 S_1 蕴含 S_2，S_2 就依附于 S_1，S_1 和 S_2 的关系就紧密；否则，就远。某一分句越是与它的上一级分句相融合，则上一级分句的含义就越丰富。英语中某些定语从句可省略成分词短语作定语，都可用距离像似性来解释这一现象。

当然，我们还可从语法制约关系的角度来说明概念距离的远近。语言形式 a 与 b 共现时，如果 a 在语法意义上受到 b 的影响较大，则 a 和 b 之间的概念距离就较小；如果 a 和 b 之间不存在或仅存在很弱的语法制约关系，则两者间的概念距离就大。例如，英语中的限制性定语分句和非限制性定语分句就很典型，限制性定语分句与先行词靠近，是因为它们在概念意义上相近；非限制性定语分句与先行词之间用逗号隔开，距离上相对来说远了一点，这实际上就是因为二者在语义上不很紧密。概念距离相近，它们就容易被放在一起思考，交际时共现的可能性就较大，在语言表达时语符间的距离也往往较小。正如前文所述，毕哈格（Behagel）在 1932 年就提出了他的第一定律。

麦克惠尼（MacWhinney，1985）用儿童语言习得来验证这一定律，他通过对儿童在语言习得过程中作用词使用情况的调查分析得出如下结论：

儿童在将语义相关项靠近置放时不会有什么困难，但语义关系不明显时或义项与整个句子发生关系时，表达错误频率就会较高。

吉旺（Givón，1985）提出了邻近 / 相关原则：

两个或数个概念在语义上靠得越近，或功能上越相关，在词法或句法上编码时距离就越靠近。

拜比（Bybee，1985）则更深入一步研究了动词屈折变化的情况，以此来说明意义与表达之间的关系。她指出：

动词的屈折变化因其与动词的相关度不同而不同，如屈折意义直接影响动词词干的意义，其相关度就高。

她还论述了可发生屈折变化的动词范畴有不同程度的相关性，因而就可能有三种拟像像似的表达方法：

（1）The more relevant a category is to the verb, the more likely it is to occur in a synthetic or bound construction with the verb；（某一范畴与动词的相关度越高，就越可能出现在句法中或与动词相融合的结构之中；）

（2）The more relevant a morphological category is to the verb, the closer its marker will occur with respect to the verb stem；（某一形态范畴与动词的相关度越高，其标记就越靠近动词词干；）

（3）The more relevant a morphological category is to the verb, the greater will be the morphological-phonological fusion of that category with the stem.（某一形态范畴与动词的相关度越高，与动词词干的形态音位融合就越紧密。）

斯洛宾通过对儿童语言习得的研究进一步发现：儿童的语言表达比该语言社团的表达相似度要高。这意味着像似性原则有其深刻的本源基础。他分析了在多种语言情景中儿童语言习得时作用于动词的形态标记情况，以此来说明形态范畴与动词意义的紧密程度。海曼（Haiman，1983：782）又进一步将距离像似性分为 3 点进行表述：

（1）语符之间的距离像似于概念之间的距离；

（2）语符的分隔像似于概念的分隔；

（3）语言使用者之间的社会距离像似于表达同样内容所用的语符长度。

二、笔者的心得

下面，笔者分 9 点详细论述语言中距离像似性的具体表现形式。

（一）融合像似与分隔像似

“融合（incorporation）像似”是与“分隔（separation）像似”相对而存在的，在讨论融合像似时就必然要涉及分隔像似。正如上文海曼所论述的距离像似性的第 2 点：语符的分隔像似于概念的分隔。他（1983：782）对“分隔像似性（the iconicity of separateness）”是这样描述的：

The linguistic separateness of an expression corresponds to the conceptual independence of the object or event which it represents.（表述中语符之间的分隔像似于它们所表示的物体或事件的概念上的分隔。）

凯斯呐（Kirsner，1985：255）又将其延展表述为：

如语符分隔反映出概念分隔，那么概念融合将由语符融合来表达。

首先请看他所举的荷兰语例句：

［1］ Ik ben bezig brieven te schrijven.

（I am busy writing letters.）

［2］ Ik ben bezig om brieven te schrijven.

句中有两个动词 ben bezig 和 te schrijven，分别表示两个动作“忙”和“写”。在第一句中，两个动词之间没有 om，则 bezig 和 schrijven 两个动作无先后之分，而是同时发生，融合成一个表示“进行体”的含义，此句相当于：我正在写信。（I am in the process of writing letters.）

在第二句中，两动词中间多了一个不表示什么意思的 om，语符的分隔像似于概念的分隔，两个动词的分隔表示了两个概念也被分隔，第二句的意思相当于：

I am occupied in order to write letters.
（我正忙于写信。）

或

I am at the very initial stage to write letters.
（我正忙于写信。）

海曼（Haiman，1983：795）进而指出：

一个分隔的单词可以表示一个分隔的实体，而黏着语素则不行。一个分隔的分句可表示一个独立的命题，而缩略性分句则不行。

在某些语言中，名词和反身代词可融合到动词上构成动宾结构，如：

V（动词）# NP（名词短语）（表达式 b）
V + N（名词）（表达式 c）

V # REF（反身代词）（表达式 b）
V + REF（表达式 c）

在这两组结构中，前一式中的 V 与 NP 或 REF 是两个单词，语符距离较大，所表示的概念距离也较大。后一式中的 N 或 REF 已融合到动词上，成为一个单词，因而它们没有所指对象，不带区别性重音，不会出现语义焦点。在 V # REF 结构中，反身代词可表示与主语或先行词不同的实体（如是同一人，经常指身体和心灵），而 V + REF 结构则不行。在俄语中，前一个结构可有被动语态，而后一个结构则没有被动语态。这一现象也很好解释：V # sebja 结构中，语符距离像似于概念距离，反身代词可指与主语不同的人或物，表明动词所表示的动作有两个参与者，因而可有被动语态；而在 V + scbja 结构中，反身代词仅为动词的后缀形式，语符距离像似于概念距离，语符距离较小，概念距离较小，表明动词所表示的动作只有一个参与者，当然这个结构也就没有被动结构了。

在英语中，V + REF 已简化为“零形式”，即仅有 V，而不加反身代词后缀，可表达如下：

V # REF
V

英语中的反身代词与零形式相对。反身代词往往含有“意愿，尽力”之义。叶斯珀森（Jesperson，1961：331）认为：

主语如不是有生命名词，则动词后就不宜加反身代词，只能用第 2 式表示。

例如：

He proved（himself）a brave soldier.

The assertion proved（itself）true.

叶氏认为后一句加 itself 是不能被接受的。而博林格认为无生命名词作主语，后面也可用反身代词。海曼对此作出了合理的解释：此时无生命的主语被拟人化地带上了“意愿”的含义。例如：

［3］The rope snagged（itself）in the briars.

［4］Superclusters don't seem to have enough gravitation to hold（themselves）together.

由此可见，英语就像俄语、匈牙利语、土耳其语一样，反身代词可表明动词有两个参与者的存在。

拜比（Bybee，1985）指出：

分句各成分间的紧密度像似于语义成分之间的紧密度。概念间的相关度越高，位置就越靠近，在心理上就越趋向于将两个概念融合在一起加以表达，也就越易融合成屈折形式。

笔者认为，印欧语系中的语言，很多词类都有屈折变化形式，这说明印欧语系社团中的人们更注重将位置靠近的概念融为一体来加以表达。现笔者以英语动词 study 为例说明如下：

[5] He studied hard.

[6] He did study hard.

西方民族认为 did（过去）和 study（学习）这两件事是同时发生的，因为这两个概念位置靠近，于是将它们融合成一个单位，由此产生了屈折变化，于是就把表示过去概念的 did 作为后缀加到 study 的后面，用动词的屈折形式 studied 来表示。如果在交际中欲分别强调这两件事："过去"和"学习"，则采用分析方法加以表达，如上一组例句中的下一例。或许，距离像似性原则是形成屈折语言形式的主要原因之一。时间与动作是紧密相关的事件，因而这两者也就紧密靠近，以致融合成一个综合结构，以一体的形式来表达。由此可见，在英语中：

（1）现在分词这一屈折形式像似于动词与正在进行的时间是紧密相关的概念；

（2）名词复数这一屈折形式像似于名词与数量是紧密相关的概念；

（3）形容词比较级和最高级这一屈折形式像似于形容词所表示的性质特征与"比较、最"这类概念紧密相关。

概念越紧密，位置上就靠得越近。概念之间的紧密程度控制着整个屈折形成的过程。汉语中的"着、了、过、正、将"等表示动作范畴的字也是紧靠着动词使用的。有的学者将它们视为动词的“缀”，是综合形式；也有学者将它们视为单独的字，为分析形式。不管是哪一种形式，有一点是可以肯定的：这些表示汉语动词时体范畴的字都是与动词紧密连在一起使用的。这也完全符合“概念相近，形式也相近”的原则。

特别值得一提的是，高本汉（Karlgren，1920）曾著文声称，原始汉语是屈折语（Robins，1976：424）。如果这一立论正确，便又提出许多问题：原始语言是否都是屈折语？汉语是如何变成今天的孤立语的？

笔者可从这一论述中作出如下假设：我们的祖先曾像西方人使用屈折语一样，把动作和与之相关的时体概念视为一体加以表达，后随着方块字的规范化使用，才将这些表达时体的屈折形式逐步发展成一个个“方块字”来单独使用。

英语中时体在谓语动词上屈折变化的顺序，也受到概念紧密度的直接影响。当单一概念在谓语上发生屈折变化时，情况比较简单；但当两个时体概念同时在谓语动词上发生屈折变化时，就有先后之分。笔者通过分析发现：时体的概念与动词关系越紧密，屈折形式就越靠近动词。例如，完成体（形式为 have + V-ed）与进行体（形式为 be + V. ing），这两个概念结合使用时，我们会发现：进行体所表达的概念与动词更为紧密，更靠近谓语动词，形式就写为 have been V. ing，即将进行体的屈折变化落在谓语主干动词上。

我们若仔细分析即知：完成体主要表示已经完成了的概念，是已过去了的事情，而进行体表示的动作还正在进行，与完成体相比，当然是更为靠近的概念。根据距离像似性原则可知：概念越靠近，语符距离也越靠近。因而表示进行体的谓语屈折变化形式，相对于表示完成体的屈折变化形式就更靠近谓语动词了。

“语态”表示谓语动作与主语之间的逻辑关系，与表示时间的时体概念相比，显得更为重要。动作的主动和被动，直接关系到语义上的逻辑关系，句义区别很大，比动作发生的时间来说，是重要得多的概念，因此语态的屈折变化形式（be + V-ed）比时体屈折变化形式更靠近谓语动词，也就在情理之中了。英语的时体在语态上发生屈折变化时的形式为：

be being V-ed

have been V-ed

将被动态的屈折变化形式落在谓语主干动词上。

（二）使役像似

海曼（Haiman，1983：782）对使役像似性（the iconicity of causation）所作的描写如下：

If two causatives contrast within a given language, such that they correspond to structures given in a-d, and they contrast semantically with respect to the conceptual distance between cause and result, then the conceptual distance between cause and result will correspond to the formal distance between cause and result.

a. X # A # Y［ # 表示“单词限界（word boundary）”］

b. X # Y

c. X + Y［+ 表示“语素限界（morpheme boundary）”］

d. Z

（如果一特定语言中两个使役结构形成对比，与结构 a-d 对应，它们在语义上就与因果间的概念距离形成对比，则因果间的概念距离就对应于因果间的形式距离。）

语符形式上的使役距离像似于概念上的因果距离。直接使役（相当于上述表达式 c 和 d，也叫综合式使役）像似于概念上的近距离因果关系；间接使役（即上述表达式 a，也叫分析式使役）像似于概念上的远距离因果关系。

几乎所有的语言都区分了动词的直接使役和间接使役，它们在结构形式上的差异反映了语义上的差异，例如：

［7］John killed Tom.

［8］John caused Tom to die.

两句虽表示的是同一结果，但语义上仍有差别。前一例句中的 kill 将 cause 和 die 两个概念合为一个词（直接使役），其形式距离小于后一例句（间接使役），前句两者间的概念距离也就小于后句。前句用的是直接使役，句中的 cause 和 die 同时发生，而且使役者（causer）和受役者（causee）之间的动作有接触，因果之间的距离则比较小。而后一例句用的是间接使役，则暗示两个动作不一定同时发生，使役者和受役者之间的动作也可能没有接触，因果间的距离则比较大。因此句法结构上的直接使役，表示了概念上的近距离，也表示了接触性和同时性的概念；间接使役则表示了非接触性和非同时性的概念。使役距离像似于因果距离。维尔兹比西卡（Wierzbicka，1980）将此现象总结如下：

在分析式使役结构（即间接使役）中，因果不一定是同时或同地，使役者和受役者两者之间也不一定有身体接触。

又如：

［9］ Bill *fell* the tree.
Bill caused the tree to *fall*.

［10］ Henk *raised* the rock.
Henk caused the rock to *rise*.

这两组句子中的第一句为直接使役（使用表达式 d），主语（用单线画出）和谓语（用斜体标出）在形式距离上紧紧相靠，其直接使役的意义是显而易见的。而第二句为间接使役（使用表达式 a），主语（用单线画出）与主动词 fall 和 rise（用斜体标出）距离较远，从而表示了间接使役的意义。笔者认为，将“使得”和“砍倒”两个概念融合到一个动词中去以后，该动词的内涵意义就丰富了，因而它就自然成为一个“双价动词（bivalent verb）”，即可与两个谓项结合使用。这样的动词必然是及物动词。如将这两个概念用两个词 cause 和 fall 分别加以描述，则两个词各分担一个意义，它们的内涵就比较单一，同时也改变了 fall 的价数，使其成为“单价动词（monovalent verb）”，它就是不及物动词。

英语还可用动词 make、get、have 等来表示“使得”之义，用来构成使役结构，例如：

[11] It is very difficult to make him understood.

[12] Jane got her bad tooth pulled out at the dentist's.

[13] The pilot had his plane hijacked.

在英语的这种使役结构中，后面的主动词可指有意识的被动行为，也可指无意识的被动行为。一般来说，动作的执行者不是句子的主语，而是遭受到该动作影响的主体。试比较以下两组句子：

[14] { I cut my hair.
I had my hair cut.

[15] { I took a picture.
I had my picture taken.

在这两组句子中，前一句的主语与谓语动词靠得很近，说明主语和谓语所表示的概念关系紧密，动作是句子主语直接所为。而后一句中的两个主动词 cut、taken 与句子主语相距较远，正说明了主语没有直接参加这两个动作，是由他人所为。

英语中直接使役和间接使役不仅是表达式 a 与表达式 d 的区别，还可能有其他形式的直接使役，如：cause to become red 为表达式 a，其直接使役形式为 redden，则为表达式 c。另外，间接使役结构中含有“命令”的语义成分，因而有生命名词才可用作间接使役结构中的受役者。假如间接使役结构中的受役者用了无生命、无意识名词，这种间接使役结构就会暗指使役者具有某种神奇的力量，原因是使役者与受役者之间无法有身体接触。在直接使役结构中则没有这种现象。例如：

[16] I caused the cup to rise to my lips.（间接使役）
I raised the cup to my lips.（直接使役）

又如：

[17] He caused them to lie down.（间接使役）
He laid them down.（直接使役）

很明显，第一句中的受役者 them 不仅是有生命的，而且应是醒着的，否则该句的使役者就具有神奇力量；但第二句中的 them 应是无生命的或无知觉的，此时句子才可被接受。汉语中也有类似的现象：

[18] 他使得杯子升到了嘴边。（间接使役，受役者为无生命名词，使役者具有神奇的力量。）
他举起了杯子。（直接使役）

[19] 他使得张三死。（间接使役，相当于上述的表达式 a）
他杀死张三。（直接使役，相当于上述的表达式 b 或 c）

（三）并列像似

并列（coordination）成分之间的形式距离像似于它们所表达的概念之间的距离。例如有一对语言形式，由于平行结构不同而形成了语符距离的差异，从而在概念上有了差异：

xB and yB

x and yB （式中 x，y 是 B 的修饰语）

前一表达式中的 x 和 y 间有一个变项 B，因而其形式距离大于后一表达式中的 x and y 间的形式距离，故 xB 与 yB 分列且互相形成对比；后一表达式中的 x 和 y 相互间近了一步，使其共属同一范畴，因此所反映的并列概念发生了变化。

[20] red flowers and yellow flowers
red and yellow flowers

[21] Tom's and Jack's sheep
Tom and Jack's sheep

第一组的前一例句中的 red 和 yellow 修饰不同的 flowers，是 red flowers 和 yellow flowers 之间的并列，因而表达的是两种颜色不同的花：红花和黄花；后一例句中的 red 和 yellow 位于同一并列结构之中，则通常被理解成一个并列结构，指红黄颜色相间的花。我们过去用的黑白电视机，是同一物体可显示两种颜色，因而就应是两种颜色的并列，英语表达则为：a black and white television set。

第二组的前一例句中的 Tom 后有一个 's，则形式距离大于下一例句，它们的概念距离也有同样的差别。前者表示的概念距离就大，意为 Tom 和 Jack 两人各自的羊。而后者表示的概念距离要小，Tom 和 Jack 平行并合为一个整体，意为两人共有的羊。并列成分之间有无连词或标点，可表明概念之间不同形式的紧密度，有时也可表达不同的意义。海曼（Haiman，1983：788）列出了下一组对比表达式：

$$\begin{cases} S_1 \text{ and } S_2 \\ S_1\ S_2 \end{cases}$$

在第 1 式的两个分句之间有一个连接词，它们之间的语符距离就大于第 2 式，因此第 1 式所表达的概念距离也就大于第 2 式。换句话说，形合所表达的概念距离大于意合所表达的概念距离。这种现象在不同的语言中有不同的情况。如在 Fe'fe' 语和一些 Papuan 语中就明显存在这一像似现象，英语和汉语中也有类似的情况：

[22] go and dance / go dancing

[23] go and shop / go shopping

[24] go and boat / go boating

各组中前一形式表示两个平行的动作；后一形式两词之间的概念距离则小于前一形式，所表示的概念意义重在后一个单词。

[25] 他来拿走了几本书。
他来，拿走了几本书。
他来，还拿走了几本书。

第 1 句中“来”和“拿走”语符距离紧密，所表达的概念距离也就紧密，两个动作接连发生；第 2 句“来”和“拿走”之间多了个逗号，则表明这两个动作之间有间隔；而第 3 句“来”和“拿走”之间多了一个逗号和“还”字，则明确表示两个动作之间的间隔更大。

汉语中“语文”是指一门学科，若说成“语和文”则指语言和文字。可见两个字相隔的距离远了，概念也就分离开来了，这个例子也可用来说明数量像似性现象（参见本章第二节）。

（四）引语像似和标题像似

远离正文的引语和标题（quotations and titles）像似于概念上的远距离，即引语与正文句中词语距离相对要远，标题也远离正文，因此它们所表达的概念与其他词语所表达的概念距离就大。

正如前文所述，如果 a 和 b 之间不存在或仅存在很弱的语法制约关系，则两者间的概念距离就大。由于引语和标题并没有受到上下文中句法的直接制约，它们与文中词语的意义距离就较大，内在关系就较为疏远。

[26] I don’t like “myself ” in the essay.

英语中当施事与受事同指时，受事须用反身代词，但出现在受事位置上用了引号作引语时则不受此限制。其间有了引号，形式距离相对于没有引号要远，所表达的概念也就远了。例句中的 myself 有引号，显然这个反身代词不是指句子主语 I，而是另有所指。另外，某一词语加上引号之后，会使之远离原来的词义，带上不同于正常意义的特殊含义，如讽刺意义，从而使得引号中的词语具有“标记性”特征。这既是一种距离像似性现象，也是一种数量像似性现象。英语、汉语中也不乏这种用法，详见本章第二节。

（五）及物像似

及物动词（transitive verb）与其后的宾语之间的概念距离，比“不及物动词 + 介词”再接宾语之间的概念距离要小，及物动词所表示的动作可直接影响其后的宾语，而不及物动词没有这种情况。正如博林格（Bolinger，1956）所说：

在西班牙语中，及物动词可意味着已做了某动作［使其后的宾语得到了饱和（saturating the object）］，而不及物动词则不含此意。

例如：

［27］ contestar la pregunta（answer the question）意味着“succeed in answering the question”
contestar a la pregunta 则意味着“contribute a response to the question，but not a satisfactory one”

英语中有些动词的及物用法明显比不及物用法所表示的概念距离更近。如在

［28］ hear sb.
hear of sb.

［29］ know sb.
　　　 know of sb.

［30］ search sb.
　　　 search for sb.

等结构中，前者表示直接关系（直接听到某人讲话，认识某人，搜某人的身），后者表示间接关系（间接听到有人提到过某人，听说有某人，搜寻某人）。动宾直接搭配与动作的直接关系相似；动宾间接搭配（中间有个介词 of，for 等）与动作的间接关系相似。这实际上也就是及物动词所表示的动作的及物性直接作用于后面的宾语，而不及物动词所发出的动作不可直接作用于宾语，动作具有间接作用，就须借助其他成分（如介词）才能作用于对象。又如：

［31］ learn English（学习英语）
　　　 learn about English（了解有关英语的知识）

两者之间的区别也可证明这一点。

在大部分有主宾格之分的语言中，表示格的词缀，不管是前置还是后置，都可表明句法中的动宾语法关系和概念关系。如动词后接了宾格或绝对格形式，则该动词所表示的动作对其可产生直接作用；如动词后接了间接格（如与格、工具格），则该动词的影响就没有或少。海曼（Haiman，1983：793）总结出以下表达式：

$$\begin{cases} V\phi + O\text{（其中 }\phi\text{ 指宾格或绝对格）：直接格} \\ VX + O\text{（其中 X 指与格或工具格）：间接格} \end{cases}$$

在一些语言中，动词与其后的间接格（与格、工具格）的概念距离就比动词与直接格（宾格、绝对格）的概念距离要大，间接格的语音表达比直接格的语音表达要长。因此在动词后成分的“格标记”像似于“概念距离”，也像似于“动词的及物性”。在法语、匈牙利语中，直接格（宾格）的受役者就直接受到动词所表示的动作的影响，而在间接格中的受役者只能受到中间人或物的影响，例略。

（六）领属像似

领属者 X 和领属物 Y 之间的关系分为两类：

（1）不可让与（inalienable）；
（2）可让与（alienable）。

前者的概念距离小于后者。因此表示领属者的语符 X 和表示领属物的语符 Y 之间的距离，在表示不可让与概念时，会小于表达可让与概念。

海曼（Haiman，1983：793）在谈及“领属像似性（the iconicity of possession）”时所作的论述如下：

In no language will the linguistic distance between X and Y be greater in signaling inalienable possession, in expressions like“X’s Y”, than it is in signaling alienable possession. [在任何语言中，X 和 Y 之间的语符距离在

表示不可让与领属时（像 X's Y），都不会大于表示可让与领属。]

In no language will the phonological expression of inalienable possession be bulkier than that of alienable possession.（在任何语言中，不可让与领属的语音表述形式不会比可让与领属的语音表述形式更复杂。）

在许多语言中，如 Autronesian languages、Papuan languages、African languages、Tunica、Papago、Chiricahua 等，表示可让与的领属关系时，领属者用一个单独的名词表示；而表示不可让与的领属关系时，则在领属物上加上表示领属者的词缀。一般来说，在英语和匈牙利语中，表达可让与领属关系和不可让与领属关系时，没有明显的区别标记，但沈家煊（1993：4）举了一个例子：

[32] { a hat of mine 在 hat 和 mine 之间有一个介词 of，属表达式 a，两语符间距离较大，表示可让与领属关系。
my nose 两语符间关系较紧密，属表达式 b，表示不可让与关系。

其实，在英语中是用 's 还是用 of，在传统语法书中都有叙述。如章振邦（1981：71）主编的《新编英语语法》说道：

一般来说，'s 属格多用于表示有生命的名词，而 of 属格则主要用于表示无生命的名词和低等动物。

有生命的名词后多加 's 表示领属关系，往往暗含不可让与之义；而无生命名词多用 of 来表示领属关系，往往暗含可让与之义。海曼（Haiman，1983：794）曾提及：汉语中有两种结构表示领属关系。即：

领属人 + 领属物
领属人 + 的 + 领属物

他认为前者用来指不可让与的领属关系，后者用来指可让与的领属关系。Li & Thompson（1981：169）则认为：前者是用来表示亲属关系的，后者可用于表示各种领属物，包括身体部位。沈家煊（1993：4）举例：

[33] 我妈妈 （不可让与）
我的帽子（可让与）

（七）修饰语位置像似

英语中修饰语（modifier）与中心词距离的近与远像似于概念距离的紧与疏，即修饰语靠中心词越近，概念距离也就越近；反之，则远。

若一个名词中心词前有几个形容词同时修饰时，越是主要的、本质的特性，越靠近中心词。一般顺序是：

主观形容词 + 客观形容词

因为在这两者之间，客观特性是事物或概念的本质属性，它就更靠近所修饰的中心名词。当几个客观形容词一起使用时，也有这个现象，越是主要的、本质的形容词，就越靠近中心词。出处、材料、用途就比大小、形状、新旧、颜色更主要，因而更后置，靠近中心名词，现举一较为典型的例子：

［34］A charming small round brown French oak writing desk.

详情参见笔者（1989：121）编写的《英语语法纲要及练习》中的形容词顺序表。

（八）社会距离像似

海曼（Haiman，1983：783）在谈到“社会距离像似性（the iconicity of social distance）”时是这样论述的：

The social distance between interlocutors corresponds to the length of the message, referential content being equal.（在所指内容相同的情况下，交际双方的社会距离像似于语符的长度。）

在表达所指内容相同的信息时，所用语符的长度也是一种文风问题。语符的长度像似于社会距离，实际上也就是语言的文体风格像似于社会距离。正式的、复杂的、较长的语句像似于较远的社会距离；随意的、简单的、较短的语句像似于较近的社会距离。客气的语句意味着社会距离的疏远。在表达同一命题时，使用的语言单位量越多，说话者就显得越客气，社会距离就越大。出于礼貌、委婉、含蓄时，思想表达就不那么直率，语符就会增多，语言形式便复杂化。

语言是一种社会现象，它与社会文化之间必然会有像似性现象。不同的语言与不同的社会文化之间虽都会产生像似性，但在语言的不同层面有不同反映，像似性的程度也大有差别，参见第二章第四、第五节。语言的社会性也可通过像似性作出合理解释，特定的社会距离也不可避免地会在语言中有所反映。汉语人名一般是三个字，如“张志高”，不熟悉的人要用全称，且还要加上头衔一类的词语，如“教授、局长、处长、经理”等，如“张志高教授”，这时用了 5 个字。而在熟人之间可直呼其姓名，用 3 个字就行了。如果再熟悉一点的，就可只用两个字，省掉“姓”直呼其名，可叫“志高”，眼下社会各界广泛使用这种称呼法。若是关系再紧密，在夫妻之间可只叫一个字，以“高”相称。从对人的称呼这一例可见，越是熟悉，关系越紧密，则所用语符数量越少。现在还流行“志高同志”这一表达方法，它显然比只称呼“志高”要正式得多，常出现于工作场合。这一现象在英语中也有类似的情况，如：

Mr. William Taylor

William Taylor

Taylor

Bill

由此可见，语言符号与社会距离之间存在紧密的像似关系。

随着不同语言社团之间的交往，语言会互相影响。词汇的输出和借贷也就随之而来。交往越是密切，语言互相影响也就越大。欧洲诸国在地理位置上靠得较近，民族之间的交往也比较频繁，因此欧洲邻近各国的语言之间的影响要比欧亚之间的大，且大得多。英语与德语、荷兰语、法语、斯堪的纳维亚诸语等语言之间的相互影响较大，而英语与汉语之间的影响，相对来说就要小得多。这也是一种语言符号与地域距离之间的社会像似性关系。

词语的借贷、思维的发展、表达的精细，使得同义词不断出现。但从严格意义上来说，绝对的同义词是不存在的，它们总会存在语义、语气、文风上的差异，细心的语言使用者总会在一组同义词中选出一个恰当的词来精确地表达自己的思想。这种恰当表达也是一种像似性。这种“恰当表达”与“精细概念、交际需要”之间的像似性，也正说明了像似性具有认知基础。一组同义词之间在语义上的微小差别，实际上就反映出概念上的差异和语用功能上的不同。在一组同义词中，往往有些单词比较正式，有些则比较通俗；有些是专门术语，有些是大众用词，它们分属于不同的语域。语言使用者会选用恰当的词来表达他们之间恰当的社会距离。例如，外交官在外交场合下的正式发言，与在街头碰到熟人时的聊天，这两种情况下语言使用者必然会选用不同的语域。前者要用正式的词语，以适合身份，保持其间的社会距离；后者也须选用适合街头聊天的词语，不能像前者那样正式，否则就会出现“用词不当”的情况。

交谈者身体之间的距离，就是社会距离的一种隐喻（metaphor）。身份较高者之间的谈话往往会保持身体间的一定距离，不会靠得很近；而熟人间聊天，他们之间的距离往往会靠得很近。比如一对情人，他们聊天时一般会“亲密无间”。这种社会现象可谓普遍现象。在跨文化交际中，常常有因为在交谈时对身体距离认识不一致而产生误会的现象。

至于“禁忌语”，也是一种较为普遍的语言现象。不同的语言社团中会有不同的禁忌语，但在绝大多数社团中，“性”“死”等语言常常会被列为禁忌语，而多被委婉语替而代之。一般来说，委婉语在形式上较长，在语域上较正式。语符形式长，把那些不愉快的东西掩盖在一些冗余符号之中，采用迂回说法，将禁忌内容“包装（wrap up）”在冗余语符之中，这就形成了“保护性语包”（protective verbal package，Haiman，1983：801），可避免直接说出不愉快的事物，从而避免直接所指，不会让人产生直接联想。讲话人把“难以说出”的实际所指内容“包装（envelope）”在额外加长了的语符之中，形成“语包”，交际时仅是模糊一提、顺带而过，这样听者往往来不及打开“语包”，从而就不会产生不愉快联想，也就不会产生反感。在对加长语言符号进行信息处理时，就需要较多的时间和较复杂的认知过程。因此一般来说，“语符长度”像似于“认知距离、正式程度”，也就像似于“礼貌程度”。这条原则可称为“语域像似性（the iconicity of speech register）”，属于社会距离像似性的一种。

汉语似乎与此情况不大相同。汉语结构注重简练、对称。越是正式的语言、尊敬的语言，形式往往越简练、越对称，这是汉语发展中特殊的历史原因所造成的。由于古汉语用词十分简练，在书面记载中能省的成分几乎都省了（在此，笔者同意古汉语的书面语言与平时百姓交谈所用的口头语言不同的观点）。我们完全可以设想，古代人在竹签上刻字的艰辛，为了节省劳力，也为了节省竹签，必须使得汉语文字精练简洁，因而保留至今的古代作品的文字精练到不可再精练的地步。在这一点上，杜布瓦（Dubois，1985：343）所提出的“竞用动因假设（competing motivations hypothesis）”可以用来解释这种现象。古汉语文字中的经济性原则胜过像似性原则。如此精练的古汉语文字完全是经济性原则起作用的结果。社会上层一般都是饱读诗书之士，由于读书多了，口头语言难免受书面语言的影响，“之乎者也”就经常挂于口头，以示身份。久而久之，这种简练工整的书面语言成了正式的敬体语言形式。语言越正式，用词越简练，成语典故、四字结构、对称手段、诗文引语等也就使用得越频繁。

（九）help sb.（to）do 结构与距离像似性

笔者发现，英语中的 help 接宾语后再接动词不定式时，带 to 与不带 to 时所表达的语义不同也可用来验证距离像似性的原则：

[35] He helped me finish the meal.
He helped me to finish the meal.

第二句中 help 后用了带 to 的不定式，此时主语与动词不定式在距离上就相对远了，表示主语没有直接参加动词不定式所表示的动作；反之，没有 to，则距离相对近了，表示主语直接参加了动词不定式所表示的动作。如以下两个例句：

[36] These tablets will help you to sleep.
His advice helped me to plant trees.

此时的动词不定式带 to 的理由也是十分充足的，这类无生命主语没有、也不可能参加后面动词不定式所表示的动作。又如：

[37] This book will help you improve your English.
This book will help you to improve your English.

这两句都是可以接受的句子，因为“book”可以直接参加或不直接参加 improve 这个动作，而以下几句只能用带 to 的不定式：

［38］This book will help you to use/write/speak/read English.

因为“book”只能 improve，而不能 use/write/speak/read。（例句选自葛传椝《英语惯用法词典》，1958）。又如：

［39］ The clerk helped me find what I wanted.（摘自英语 900 句，第 510 句）

很明显，商店售货员亲自领着我去找到了我所需要的商品。

第二节　数量像似性

数量像似性可定义为：语符数量像似于概念数量。

海曼（Haiman，1983：781）在谈及语言符号的长度与其所表达的概念之间的关系时，运用了“长度像似性（the iconicity of length）”这一术语，并对其作了如下的论述：

The length of an utterance may correspond to the extent to which it conveys new or unfamiliar information. Reduced form may thus be an economically motivated index of familiarity.（语句的长度在一定程度上对应于所表达的新知或生疏的信息。因此，缩简形式可以是熟知信息的经济动因标记符。）

雅可布逊也论述到了语言符号的长度与其所表达的概念复杂化程度之间的关系，他用了“复杂像似性（complexity iconicity）”这一术语，并对其作了如下的论述：

Increased morphological complexity is an icon of increased semantic complexity.（形态上复杂化程度的增加，像似于语义上复杂化程度的增加。见 Haiman，1980：528）

从海曼和雅可布逊这两段论述可见：语言单位的数量与其所表示概念的数量和复杂程度成正比像似，与使用率、生熟度、可预测度成反比像似。形式上的简短和复杂的对立，像似于概念上的简短和复杂的对立，像似于信息上的熟悉和生疏、可测与难测的对立，像似于概念复现率高和低的对立，也像似于语义上隐性和显性的对立。

现将上面所论述的形式和概念之间的数量像似关系小结如下：

表 4.1　形式与概念之间的数量像似关系

形　式	概　念
量少，简单	量少，简单，熟悉，可测，高频，隐性
量多，复杂	量多，复杂，生疏，难测，低频，显性

一、形式量少像似于概念量少且简单；形式量多像似于概念量多且复杂

一般来说，词比词素要长，所用的语符也多，因此前者所表达的意义就比后者要多。词语数量越多，所传达的意义也就越多，意向也就越深，听者也就需要更长的时间和较为复杂的推理来处理这些信息，才能获得确切的意义。同理，概念量越多，所需语言单位的数量也就会越多；越是复杂的信息，在进行语言编码时所需语码就越多。

词语简单、量少，或用缩写形式甚至省略形式，则表示的概念简单，听者也就需要较少的时间和较为简单的推理来处理这一信息。同样，概念量越少，所需语言单位的数量也就越少；越是简单的信息，在进行语言编码时所需语码就越少。两个词总比一个词表达的意义要多，两个分句总比一个分句传递的信息要多。

语符形式越长，其所含的意义也就越多，这似乎是不言而喻的事实。11 当然要比 1 大，也比 9 大。两位数比一位数大，三位数又要比两位数大，无可非议。一般来说，两句话比一句话所传递的信息要多。格林伯格（Greenberg，1966：94）发现了一条著名的语言普遍原则（Greenberg's Universal）：

There is no language in which the plural does not have some non-zero allomorphs, whereas there are languages where the singular is expressed only by zero.（没有一种语言的复数形式不采用某种非零位语素变体，而单数形式总是由零位表达的。）

语言中单复数形式上的差异正像似于概念上的多与少的差异。英语中的复数形式是在单数形式的基础上加复数标记 -s 或其他形式构成的（英语中单复数同形的词很少），复数形式总比单数形式要长，所表达的概念量也就多。

用词多的结构所表达的概念相对就要复杂，如“苹果树”比“苹果”和“树”的概念要相对复杂，所需要的语言单位也就相对要多，“apple tree”比“apple”和“tree”要长，而“apple trees”又要比“apple tree”长，概念量自然也就多了。可见，随着语符的增多，概念内容也在逐步增大，结构也逐步变得复杂起来。

英语中形容词、副词的“原级、比较级、最高级”所指的概念程度渐升，语言形式也渐多，从零词尾，到 -er（两个字母表示比较），再到 -est（三个字母表示最高级）。英语形容词和副词的词尾随着语符量的增加，程度也在逐步升级。

在距离像似性一节中讨论并列像似时，笔者列举了汉语中“语文”是指一门学科，而“语和文”则可指“语言”和“文字”，这也说明了语符的数量像似性现象。

在同义表达时若用词较多，则涵盖了较多的信息，将真正的含义隐藏起来，加大了听者的认知距离和认知时间，听者必须经过更为复杂的推理才能准确获得讲话者的确切目的，其语用效果也就更为婉转、含蓄。如委婉语和虚拟语气就是这种用法。

二、形式量少像似于概念熟悉，可预测度高；形式量多像似于概念生疏，可预测度低

哲普夫（Zipf，1935）早在 *The Psychobiology of Language*（《语言的心理生物学》）一书中就提出了他著名的经济原则“the Principle of Least Effort”（又名 the Principle of Economy）：

> The phonological bulk of an expression varies inversely with its familiarity or predictability.（词语的音位数量与熟知度或可预测度成反比。）

根据经济性原则，人们常用缩简形式表达熟悉的和可预测的信息。安德森（Andersen，1972）、提尔斯玛（Tiersma，1982）、维特寇乌斯基和

布朗（Witkowski and Brown，1983）、夏皮瑞沃（Shapiro，1983）等也作出了同样的论断：标记性的丧失，形式上的缩简，实际上就成了熟知信息的标记符，其中还有经济动因在起作用。缩简形式中所包含的信息熟知性程度随文化背景和交际情景而定。

近来，吉旺（Givón，1985）也对缩简形式所表示的像似性进行了较为广泛的研究，他认为：

缩简形式表达了可预测的信息，它像似于讲话人对之投以较少的注意力，将较多的文字置于新知信息的描述上。

概念生疏、难以预测的信息往往要用较多的语符加以表达，很少省略；而在表达熟悉信息时，往往多用缩写形式，甚至省略形式。这里既有经济动因在起作用，又有像似动因在起作用。人们对于已知的和熟悉的信息，比较容易作出预测，可对这部分大加简化乃至省略，没有必要对此费笔墨、详细说明、赘言一番。在我们的生活中，我们都知道，在国内寄信，就不必写国名，在钢琴乐谱上，不一定每个音符都标明指法，这都说明了符号的省略和可预测性之间的像似性关系。下面分 7 点讲述语言符号中这种像似性现象：

（一）主语的繁与简

分句主语的长度和复杂程度一般取决于主语内容的可预测性、易及性和连贯性（predictability，accessibility，continuity）。吉旺（Givón，1985：197）提出了“主题标记数量原则（the Quantitative Topic-marking Principle）”，并对其作了界定：

The less predictable/accessible/continuous a topic is, the more coding material is used to represent it in language.（主题的可预测性、易及性、连贯性越差，在语言中对其编码的语符就越多。）

从心理学角度讲，主题的处理是一种心理过程，吉旺又对其作了进一步的界定：

The more mental effort is expended in processing a topic-NP（i. e. in establishing its referential identity in discourse）, the more coding material is used to represent it in language.［处理主题名词词组（即在语篇中建立所指实体）时所需心智越多，在语言中对其编码的语符就越多。］

可预测性、易及性和连贯性有程度之别：

可预测性、易及性、连贯性最大

↑ 零照应

非重读代词／动词一致

重读代词

完整的名词词组

↓ 带修饰语的完整名词词组

可预测性、易及性、连贯性最小

图 4.1　可预测性、易及性、连贯性的程度之别

据此，句子主语的繁与简可分为以下 3 种表达形式：

（1）完全可预测的信息在语言中常常用缩写形式或省略形式（即零

照应形式）。例如，绝大部分语言中的祈使句，主语都是省略不用的。

完全可预测的主语采用省略形式在汉语中尤为明显，对于那些已知的、可预测的主语，汉语往往会省去，因此汉语的无主句特别多，不管是在古汉语还是在现代汉语里，例句可谓俯拾即是。例如有一幅漫画，画了一位小姐花钱坐出租车到健身房，又花钱跳操，喻讽该小姐只要在外面跑步就可达到锻炼的目的，大可不必花这“冤枉钱”，下文便是对这种观点的反驳。

[40] 其实不然，在大街上被动地赶路，摩肩接踵，“吞云吐雾”，心里焦虑，动作单调，四面噪声，不仅对身体无益，甚至对身体有害。在汽车尾气中穿行，易得肺部疾病、重金属中毒（如铅中毒等）；紧张的情绪、焦急的心理，易导致心脑血管疾病，长此以往，精疲力竭，身心俱损，进而出现食欲减退、失眠、头晕、体虚等症状。“匆匆忙忙的早上”即是最可怕、最致命的体力活动。

相反，健身房里积极的健身运动，和着幽雅的音乐，随着起伏的旋律，令人身体舒服、心情舒畅。这时的运动，不仅仅是单纯的肌肉活动，而是知觉、想象及其他高级神经机能的综合的协调活动，这种良好的情绪，能增强人体的免疫机能，增强抗病能力，真正达到强身健体的目的。花钱买健康，值得！（摘自《齐鲁晚报》，1999 年 6 月 25 日）

在这段文章里，大部分句子都是无主句。而英语是重形合的语言，十分注重形态上合乎规则，因此其绝大部分句子（祈使句除外）都不能没有主语，以达到形式上的衔接，即使没有合适的主语，也常常要拉出一个诸如 it 的形式主语来填补上。

（2）对稍加猜测就可知晓的主语可用代词来表达。英语中分句主语用代词的情况较为普遍，这说明句子主语所包含的信息是稍加猜测就可以预测出来的，它相对于句子后部所表示的信息重要性较低。试比较以下两个分句的主语：

［41］Small and medium sized companies will not have to build these softwares.

［42］They will not have to pay for those softwares.

很明显，第一个句子的主语提供的信息较多，语义上更呈现显性状态，比 they 表达了更加不可预测的信息，交际双方对于 small and medium sized companies 的注意力会比对 they 更大。

（3）对于完全不可预测的主语，则须运用“高标记性”的表达手段，如加长语符量（使用完整的名词短语，增加修饰成分），或左右位置颠倒等。如上面所举例子，加长主语部分的语符数量，表明其信息是不可预测的。语符量越多，则标记性越高，预测性越差。

（二）反身和相互代词的省与用

及物动词根据其动作的指向可分为：

内向性动词（introverted verbs）

外向性动词（extroverted verbs）

前者指动作指向主语自己，如英语中的 wash、shave 等；后者表示动作指向别人，如英语中的 kick、beat 等。

在内向性动词后如不用反身代词，采用省略形式（用符号 φ 来表示），动作自然是回指主语本身，表明其后的信息是熟知的，是可以预测的主语本身。

［43］Tom washed（himself）.

［44］Tom kicked himself.

前句中 wash 为内向性动词，其后宾语如回指主语本身，则信息是可预测的，反身代词 himself 可省；在有的语言中，此时还可用反身代词的缩简形式。如 wash 带一个与主语不同指的宾语，则为不可预测的信息，这个宾语就不可省略。在有的语言中，此时就不能用代词的缩简形式，而须用完整形式。而在第二句中，kick 为外向性动词，其后须接表示“被踢”的对象，必须有所明确表示才可，也就是说，其后的信息是不可预测的。如动作确实是指向主语本身，则必须加反身代词，第二句中的 himself 此时是不可省略的。这也说明：可省略形式像似于可预测的信息，不可省略的形式像似于不可预测的信息。

当这两类动词都接了与主语不同指的宾语后，此时再用反身代词，这个反身代词就一定是强调性反身代词了。

［45］Tom washed me himself.

［46］Tom kicked me himself.

在具有两种方向的谓词中，有一种语义关系叫作：

对称谓词（symmetrical predicates），如 marry，fight，meet，quarrel，agree，touch，be alike，be next to；

非对称谓词（asymmetrical predicates），如 love，kick，respect，hate。

前者指谓词的两个谓项间的语义关系是相对称的，如：

[47] If A is married to B，then B is married to A.

而后者则不具有这种特征，如：

If A loves B，不一定 B loves A.

又如：

[48] We meet（each other）.

[49] We love each other.

第一句中的 meet 是对称性谓词，就标记着动作语义上的互指性，其后的 each other 则为可预测信息，也就自然可省了，有时不省反而成了赘言，往往不为人们所接受。而第二句的 love 是非对称性谓词，语义上不具有互指性，其后的 each other 是不可预测的信息，当然就不可省了。

现将上述像似现象归纳如下：

	可预测	不可预测
反身代词	ϕ	用
相互代词	ϕ	用

从上面的分析可见，英语中的反身代词和相互代词的省略像似于可预测信息，不省略像似于不可预测信息。在汉语中也有类似的现象，对于预测度较高的反身代词也往往采用省略形式，例如：

[50] 我知道今天老师要责怪（自己）了。

（三）引号会增加词语含义

对某些词语多用上一个引号，就会使该词语增加某些特殊含义，这也是一种数量像似性的现象。所增加的特殊含义可能是借指、转义乃至反义，还可表示引号中的术语是较生疏的概念，或词语加引号后的实际所指意义与词语本义之间存在不可预测的关系。引号中的术语往往是借用某些说法来指新近之事，带了引号的词语所指的新近含义与原来的所指含义之间虽有某种共通之处，但两者间的关系可预测性较低，用比喻性的方法将两者联系起来，既具有形象性，又有新鲜感，更可使文字生动，达到引人注意、发人深思的效果。例如 1998 年 11 月 13 日《齐鲁晚报》第 15 版上的一个报道，标题为《俄罗斯“眼镜蛇”来了》。这里借用眼镜蛇可静止垂直立地的特点，来指飞机垂直停顿在空中的动作，“眼镜蛇”与“飞机垂直停顿在空中”之间的可预测性较低，将这两者放在一起，进行比喻性描写，实属创新之举，确实新鲜，因此记者在称俄罗斯飞机表演这一动作为“眼镜蛇”时，加了一个引号，详见本书第五章第一节。

（四）角色关系—语符量

我们知道，语言的形式和意义与语言使用的情景之间有着十分密切的联系。社会文化因素对语言的使用有着直接的影响，这里笔者仅简述交际双方的角色关系对词语数量的影响。

在陈述同一信息时，不同的角色关系会决定使用不同数量的语言符号（这当然也与信息的生熟程度有关，这里假设是同一生熟程度的信息）。一般来说，在表达相同信息时，相互关系比较熟悉、地位接近的交际双方所使用的语言符号量比相互关系不熟悉、地位差异较大的交际双方所用量要少。许多人亦已注意到了，夫妻之间会比其他角色之间交际时的语言缩减和省略程度要高。朱永生（1997：28）指出：

接触多的人可以吞去部分音节，接触少的人则把所用音节全部发出……接触多的人常常使用首字母缩略词，而接触少的人则发出每个单词的音。接触多的人常常使用非完全句，而接触少的人则使用完全句；接触多的人可以省略或缩略部分成分，而接触少的人则不使用省略或缩略形式。

同是要求对方“关门”，不同的社会角色关系，就会选用不同数量的词语来表达这一要求，如：

[51] Open the door.

Please open the door.

Will you open the door ?

Would you please open the door ?

Would you mind if I open the door ?

Would you please be kind enough to open the door ?

一般来说，关系越是亲近，所用语体越随意，语言符号使用量就越少。

（五）音重、音高和音长表示新知信息

人们都有这样的经验：在口语交际中，为了强调那些不可预测的、新知的信息，人们会将表示这部分信息的言语读得重、念得响、拉长调。音重、音高、音长实际上也是语音数量单位的增加，用增加语音数量单位的办法来表示不可预测的新知信息，实际上也是遵循了数量像似性的原则。

（六）代词表达熟悉信息

前文出现过的信息，在下文再出现，就可用代词加以指代，这是语言的一种共同现象，既可使语句衔接，也可节省笔墨。代词一般在形式上都比其所替代的词语简短、所用语符要少，因此代词比其所替代的词语的语义内容要少。用相对简短的代词表示已知的、可预测的信息，其间的像似关系显而易见。例如，英语形容词和副词比较级中的相同部分，所表达的信息容易预测，在实际使用中往往用一个代词来代替，或干脆省略：

［52］The temperature in Beijing is much colder than that in Shanghai.

在这一点上，汉语比英语的像似性程度更高，在英语中 that 是不可省的，而汉语中却可省：

［53］北京的天气比上海要冷得多。

又如：

［54］This is much better.

后面整个比较部分是在预测之中的，也就被全省略了。英语这一句子和汉语在像似度上相同，可译为：

［55］这好多了。

英语中还有代替动词的 do，代替肯定分句的 so，代替否定分句的 not，这些替代形式都比其所替代的成分简短，所替代的内容都是已知的、可预测的。甚至在有的语言中，代词还可以进一步简化成冠词形式，使其所代表的语义更进一步弱化。格林伯格（参见 Haiman，1985b：3）指出：

在某些语言中的冠词成了指示代词的缩简形式，这种替代用法使其所欲表达的信息更进一步失去了突现性。

（七）缩减形式表示熟悉信息

语言中经常用缩简形式来表示为人所熟悉的较长词语，以节省时间和笔墨。现举汉语例词如下：

［56］社教　　　　社会主义教育运动
［57］“文革”　　　无产阶级“文化大革命”
［58］“走资派”　　走资本主义道路的当权派

特别是由数字构成的缩简形式，使用频率较高，已成为汉语中的一种常见用法：

[59] 一个中心，两个基本点

[60] 一国两制

[61] 两个文明

[62] 211 工程

[63] 双百方针

[64] 三座大山

[65] 三面红旗

[66] 三步走

[67] 三大法宝

[68] 三产

[69] 三好生

[70] 三反五反

[71] 四个面向

[72] 四有新人

[73] 四小龙

[74] 四项基本原则

[75] 黑五类

[76] 六种人

[77] 八字方针

[78] 九五计划

这些缩略语往往还存在越是熟悉，缩简程度就越高的现象。例如：

［79］无产阶级“文化大革命”→“文化大革命”→“文革”

［80］工业、农业、国防、科技现代化→四个现代化→四化

［81］第二次世界大战→二次大战→二战

［82］三种形式国外投资企业→三资企业→三企

三、形式量少像似于概念复现率高，形式量多像似于概念复现率低

语言中形式上的简单与复杂，不仅像似于概念上的简单与复杂和信息上的熟悉与生疏，而且像似于使用上复现率的高和低。正如上节所述，词语的长度一般会取决于交际双方对其所表达信息的生熟程度。越是熟悉的概念和信息，在语言使用中出现的频率就越高，它们的表达形式也就越趋向简短，甚至可采用缩写或省略形式，以适应人们提高交际效果的需要。

语言中最基本词汇的使用频率非常高，它们的形式也就往往较短。英语的基本词汇包括下列内容的名称：日常生活形式及用品、自然现象、身体部位、动物、食品、树木、果品、尺寸、时空、颜色、活动以及表示动作和感受的动词，等等。这些词形式较短，使用频率却很高。英语中占总词汇量约20%的基本词汇，使用频率却高达80%。英语中9个最高频词为：

［83］and，be，have，it，of，the，to，will，you，

平均长度为每词2.66个字母（英语单词的平均长度约为5个字母）。英语中的功能词都是些较短的单词，包括限定词、连接词、介词、助动词等，

约154个，使用频率达58%。

奥格登和理查兹（Ogden & Richards）曾整理了一个基本英语常用词表，共含850个词，用这些词可简写几乎所有英语文学名著，其中列出了16个最常用动词：

[84] come，get，give，go，keep，let，make，put，
seem，take，be，do，have，say，see，send，

其平均长度为3.3个字母。英语中的18个常用人称代词：

[85] I，you，he，she，it，we，they，me，him，
her，us，them，my，your，his，its，our，their，

其平均长度为2.8个字母。英语中常用的一些长单词，因其使用频率较高，为便于日常使用，提高语言的经济性和交际效率，其中不少词就有了简写形式，如：

[86] mister → Mr　　mistress → Mrs
laboratory → lab　　mathematics → math
advertisement → ad　　motor hotel → motel
member of parliament → MP
very important person → VIP

常用计量单位也多用简写形式：

［87］km（kilometer）， m（meter）， cm（centimeter），
mm（millimeter）， hr（hour）， ft（feet），
g（gram）， kg（kilogram）， V（volt），
A（ampere）， W（watt），

p 可用来表示 pence 和 page。在各专业，有很多为圈外人士所不熟悉的简短行话和词语。在某一范围内，使用频率较高，意义熟悉程度提高，形式自然也就趋于简化。

同一国家在不同年代，有不同的缩写词组，如汉语中的三面红旗、四清运动、“文革”、“走资派”、两个文明、四项基本原则等，都明显打上了时代的烙印。

当然，常用词也是一个相对的概念，在一个国家常用的词，在另一个国家就不一定常用，这取决于社会文化因素。在一些社会主义国家经常使用的词语，如：

［88］革命、斗争、无产阶级、资产阶级、马列主义、共产主义理想……

在其他国家的对应词使用频率就不一定会高。即使是同一个国家，在不同时期，也会有不同的高频词，如在“文化大革命”期间使用的：

［89］“走资派”、语录、红卫兵、大字报……

这些词语已成了那一特殊时期的产物。在中国改革开放的今天，市场经济

空前活跃，一些新词语和昔日不用的词语，也逐渐流行开来，如：

［90］下海、办公司、老板、经理、股票……

所谓的“经理满天飞，大款到处跑”就是对我国20世纪八九十年代社会的一种描写。从事不同职业的人群会有不同的常用词，做生意的人与教书的人之间的常用词汇会有较大差异。不同年龄的人所用的常用词也会有不同，难怪很多上了年岁的人都有点理解不了现代年轻人所用的网络词语。这足以说明，语言是社会的产物，必然要打上社会的烙印。

四、形式量少像似于语义呈隐性状态，形式量多像似于语义呈显性状态

在所有语言的词汇中，一些较为简单、短小的词语所表达的语义也较为简单和常用。在实际使用中，它们所表达的意义就可不必说得太清楚，语义上常呈“隐性状态（semantically opaque）”。对于较生疏的信息，词语结构则比较复杂，在表达时一般要用较多的语言符号来将其尽量说清楚，语义上常呈“显性状态（semantically transparent）”。例如，不管“男人”和“女人”代表了多么复杂的概念，可能世界上所有表达这两个概念的词，音节都不会太多，书写也不会很长。因此，形式上的简短和复杂的对立，像似于语义上的隐性和显性的对立。

为什么绝大部分语言中的祈使句都会省去主语，就因为是对方在场，向对方发出的要求、命令等，主语是明显可知的，又何必赘言再提呢？将其置于隐性状态，岂不理据十足！现再来比较以下两句英语例句：

［91］Please do it now.

［92］Please you do it now.

本来应该隐而不说的成分，在下一句中反而说了出来，这就使其具有了“标记性”特征的用法。将 you 加以显性表达，也就传达了特殊的含义。形式量多，也就使得概念呈显性状态。

另外，符号数量和信息长度之间还存在反比像似的关系，如在一个符号系统中的符号单位的数量越少，所表达相同信息的长度也就越长；反之，则短。例如，莫尔斯电码仅有两个符号“·”和“—”，比起英语有 26 个字母符号来说，在表达相同信息时所需的数量就要大得多。英语中的 OK 用莫尔斯电码来表示为“——— ·—·”，而一个逗号“，”要用 6 个符号“— — · · ——”来表示。

像似性原则有时会与其他原则相违背，这时就涉及“竞用”问题。如按照像似性原则，语言中就该一形表一义，但概念越来越多，思想越来越复杂，社会越来越进步，表达也越来越精细，“一形表一义”的像似原则就不能贯彻始终，就会受到“经济原则”的挑战。人们为了记忆的方便，不至于无休止地创造语言符号，这时经济原则就会占上风。在这个原则的驱使下，人们还会用到“简化、概括、抽象”等方法，这也会导致像似性的减损，语义表达呈隐性状态。

复合词的构成方式显然是透明的，具有像似性（参见张敏，1998：192），如英语中大量的复合词由两个部分（或更多）组成，其间所具有的理据性常常是显而易见的。汉语用 3000 ~ 4000 个常用字就可组合成几万甚至十几万的词语，其间是有理据性的。特别值得一提的是，汉语中“属加种差”的构词法就是一种具有较高程度像似性的构词方式，如只要学会汉语中的“狗”和“犬”这两个字，就可用它们表示范畴（即“属”），然后在其前加上表示“种差”的字词，就能轻松地得到许多表示“狗范畴”的其他词语，例如：

[93]	猎狗	beagle	吉娃娃犬	Chihuahua
	威比特犬	whippet	恶狗	cur
	贵宾犬	poodle	狮子狗	Shih Tzu
	博美狗	pomeranian	斑点狗	dalmatian
	牧羊犬	collie	向导狗	pointer
	斗拳狗	boxer	腊肠狗	dachshund
	长矛猎犬	setter	松狮犬	Chow Chow
[94]	波利犬	puli	猛犬	mastiff
	伯瑞犬	briard	东非猎犬	saluki
	秋田犬	akita	威玛猎犬	weimaraner
	萨摩犬	samoyed	舒柏奇犬	schipperke
	哈利犬	harrier	不列塔尼猎犬	brittany
	可蒙犬	komondor	哥威斯犬	kuvasz
	北京犬	pekingese	蝴蝶犬	papillon
	贝吉生犬	basenji	维兹拉犬	vizsla

又如，汉语中的“鸟”，只要认得这个字，就可推知前面是一个表达“种差”的字词，即使不认识，也能知晓这个词的基本含义，因为它已向我们揭示了自己属于“鸟”的范畴，例如：

［95］

鸵鸟	ostrich	百灵鸟	lark
画眉鸟	throstle	相思鸟	leiothrix
布谷鸟	cuckoo	火烈鸟	flaming
雄鸟	cock	雌鸟	jenny
雏鸟	eyas	椋鸟	starling
象鸟	aepyornis	恐鸟	dinornis
犀鸟	toucan	鲣鸟	booby
雷鸟	ptarmigan	文鸟	mannikin
几维鸟	kiwis	山椒鸟	minivet
绣眼鸟	zosterops	极乐鸟	manucode
维达鸟	whydah		

而英语常将这些概念浓缩在一个单词里表达，如 ostrich、lark 等，这就大大降低了表达上的像似性。正是由于这一原因，英语的词汇量总量就比汉语的要多得多。当然了，英语有时也用复合词的方式来构词，如：

［96］

雷鸟	thunderbird	水鸟	waterfowl
翠鸟	kingfisher	啄木鸟	woodpecker
阔嘴鸟	broadbill	啄花鸟	flowerpecker
和平鸟	fairy bluebird	太平鸟	bombycilla garrulous

但后面所用的表示“属”概念的词除了 bird 之外，还有：

［97］fowl，fisher，pecker，bill，garrulous。

这好像不是英语形成这类名词的主要方法，远没有汉语“属加种差”的构词方法来得彻底和方便。

我们知道，语言主要有两个基本层面：“词汇（W）”和“语法（G）”。人类所传递的信息主要就是靠这两者来表达的。学界一般认为汉语主要依靠词汇传递意义，而英语语法发挥了较大的作用。笔者现设计出一个公式来表示语言所传递的信息量：

$$M = W \cdot G$$。

海曼（Haiman，1980：536）指出：

and they seem to confirm the validity of an inverse correlation between size of lexicon and iconicity of grammar.（并且它们似乎证明了词汇量与语法像似性之间的反比关系。）

词汇量多的语言，其语法像似度就低；词汇量少的语言，其语法像似度就高。现假设两种语言 L_1 和 L_2 所表达的信息量为 M_1 和 M_2，且表达相同的信息量，其公式可计作：

$$M_1 = W_1 \cdot G_1$$

$$M_2 = W_2 \cdot G_2$$

$$W_1 \cdot G_1 = W_2 \cdot G_2$$

从第三个等式可知，如果 W_1 大，则 G_1 就小；如果 W_1 小，则 G_1 就大。

词汇量多，可靠丰富的词汇来表达信息，对语法手段的依赖性就小；而词汇量少的语言，对语法手段的依赖性就大，需靠语法手段来将语义关系表达清楚，因而语法像似性程度就高。如在洋径浜英语中词汇相当有限，因而其语法像似性程度就比英语要高。

在澳大利亚，一个人可能会说两种词汇量相差很大的语言，它们的语法像似性程度差距较大，而且无标记日常语言的词汇量大大超过有标记禁忌语的词汇量。据迪克森（Dixon，1971）调查表明，比例为$\frac{4\text{–}6}{1}$。这时，禁忌语的语法表达像似性较高。

根据 $W_1 \cdot G_1 = W_2 \cdot G_2$ 这一等式，可划分出一种新的语言类型：

“以词汇为主”的语言

“以语法为主”的语言

词汇量少的语言，语法规则就较为复杂，而且语法像似度也较高。这一论点也可从跨语言的语义场比较中得到佐证。不同语言会有不同数量的词汇，在同义表达时，词汇量少的语言，语法规则就会相对复杂。如因纽特语中有几十个表示“雪”的单词，而英语中只有一个，连“sleet”包括在内也不过两个，在将因纽特语中这么多表示“雪”的单词译成英语时就要用词组，甚至用较长的词组来表达，此时，语法像似性的程度也就增高。在阿拉伯语中有 400 多个词表示“骆驼”，可以区分骆驼的年龄、性别、品种、大小、能否驮重物、是否怀孕，等等。在译成英语、法语、俄语、汉语等语言时就必定要用词组来表达。

在“亲属语义场”中，各语言分类表达情况也各不相同。在表达“同辈直系亲属”时，汉语、日语的表达包括“男女、长幼”之别，各用 4 个词：

［98］哥哥（あに）、弟弟（おとうと）、姐姐（あね）、妹妹（いもうと）。

英语、俄语的表达只包括男女之别，各用两个词：brother、брад（兄弟），sister、сестра（姐妹）。德语只用一个词 Geschwister 来表达“同辈直系亲属”这一概念。

汉语表示“非直系同辈”时有 12 个词：

［99］堂兄、堂弟、堂姐、堂妹
表兄、表弟、表姐、表妹
姨兄、姨弟、姨姐、姨妹

而英语表示“非直系同辈”只有一个 cousin。要将汉语中这 12 个词表示的关系准确译出，就需要在 cousin 前面或后面加上很多词语。

汉语的“妯娌”在英语中的等同语可为：

［100］wives of brothers

“亲家公”可大致等同于：

［101］father of the spouse's family

可见，词语数量确实与语符长度和语法复杂度成反比。

第三节　顺序像似性

顺序像似性可定义为：语言单位排列顺序像似于时间顺序和文化观念。雅可布逊（Jakobson，1965）指出：

The order of clauses corresponds in general to the order of events, as in"I came, I saw, I conquered."（一般来说，分句的顺序像似于事件的顺序，例如："我来，我看，我征服。"）

格林伯格（Greenberg，1966：103）指出：

The order of elements in language parallels that in physical experience or the order of knowledge.（语言成分的顺序与实际经历或感知顺序相平行。）

著名学者戴浩一（1985）在论文 *Temporal Sequence and Chinese Word Order*（《时间顺序和汉语词序》）中提出了时序原则［the Principle of Temporal Sequence（简称 PTS）］：

The relative word order between two syntactic units is determined by the temporal order of the states which they represent in the conceptual world.（两句法单位间的相对词序取决于它们所表示的概念世界的时间顺序。）

PTS is an iconic motivation par excellence, since in this case the structure of language directly reflects the temporal structure of reality.（时间顺序原则是

一种典型的拟像理据，因为在这种情况下，语言结构直接反映现实的时间顺序结构。）

戴浩一（1985）在他的论文中还提出了“时间范围原则［the Principle of Temporal Scope（PTSC）］：

If the conceptual state represented by a syntactic unit X falls within the temporal scope of the conceptual state represented by a syntactic unit Y, then the word order is YX.（如果一个句法单位X所表示的概念处于句法单位Y所表示的时间概念范围之内，则词序为YX。）

现笔者从四个方面来加以论述。

一、基本语序像似性：语言的基本语序像似于思维顺序

英语的基本语序与汉语一样，是以“起语＋主语＋谓语＋（宾语）”为主要结构。当起语就是句子主语时，前两项合并为一项，也就是常见的英汉两种语言的“主＋谓＋（宾）”句型。这一基本语序像似于思维顺序，也反映了现实动作的正常顺序：从施事者开始，发出动作，再到动作所及对象。而在其他一些语言中，如日语，宾语是置于谓语之前的，因此在这一点上，日语的像似性较低。

二、语序与时序像似性：语言中的语序像似于实际动作发生的时间顺序

越来越多的学者已经认识到，各语言中的句法成分排列顺序与现实生

活中动作发生的先后顺序之间存在着不同程度的像似性（王寅：1990，以及本书第五章第二节），如英语中组词顺序与实际时序、分句顺序与实际时序也存在一定程度的像似性现象，如：

［102］The bus left the highway on a slight bend, went to the incorrect side of the highway and ploughed about 80 meters through bush before hitting a large sign and several trees.

由于英语中有丰富的时态（16 种）及各类连接词语来表示动作发生的时间和先后顺序，因而其句序可不受实际时序的束缚，可按照语言自身习惯表达顺序或作者的语用意图来排列句子成分，因此英语的句序与时序可有对应性，也可没有对应性，即先发生的动作可以先讲，也可以后讲，自然语序与特异语序兼而有之。所以我们可从句序与时间的对应性角度，将英语称为具有“蒙太奇式”顺序的语言。这就好像电影导演根据剧情发展、表现技巧和个人风格等需要，可把各组镜头按时序，或不按时序加以剪辑和组合而成。例如：

［103］After you think it over, please let me know what you decide.

此句也可说成：

［104］Please let me know what you decide after you think it over.

又如：

［105］When he heard the good news, his face beamed with joy at once.

此句也可说成：

［106］His face beamed with joy at once when he heard the good news.

汉语中的语序与时序相对于英语有较高程度的像似性，正如杨自俭（1990）所指出：

与英语相比，时间顺序原则是汉语最普遍的语法原则，它有独立的理据和很高的诠释力。

汉语则往往是先发生的事先讲，后发生的事后讲，从无到有，逐步展开，时序与句序有较高的对应性。这说明汉语的句序结构直接反映了现实的时间结构，犹如对现实生活的临摹，因此可称汉语为“临摹式”语言，又可称之为“绘画式”语言，这是因为汉语句序好像是现实生活的反映，犹如绘画是现实生活的反映一样。上两组英语句子译成汉语时，一般只能这样表达：

［107］你仔细考虑过后，请告诉我你是怎样决定的。

［108］他一听到这个喜讯，便立即喜形于色。

当两个陈述句所述状态或事件与时间没有什么关系时，它们的顺序安排无甚紧要，例如：

[109] John is a student, and Mary is a student.

[110] Mary is a student, and John is a student.

[111] John and Mary are students.

[112] Mary and John are students.

它们在逻辑上没有明显的先后关系，也不分主次，这些语句没有太大的语义差别。倘若两个陈述句所述事态或事件有明显时间关系时，则须注意语序。

三、分句序列像似性：前提与结论的顺序决定了表达它们的分句的顺序

条件和原因是在结果之前就存在的，汉语中往往是先说条件和原因，再叙述结果；英语中表示条件和原因的分句有在前面的（是取像似性原则），也有在后面的（是取句法灵活性和先主后次的原则）。汉语也是采用了“临摹”的办法加以表达，往往是先描述条件，再叙述其后事件。而英语表示条件的状语位置十分灵活，也是两种语序兼而有之。例如：

[113] If we succeed, what will the world say?

What will the world say if we succeed?

这两句可译为：

[114] 如果我们获得成功，世人将说什么呢？

[115] If I were not a poor sailor, I would go by steamer.

I would go by steamer if I were not a poor sailor.

这两句可译为：

[116] 要是不晕船，我就坐船去了。

[117] On condition of your signing this receipt, I will pay you the money.

[118] I will pay you the money on condition of your signing this receipt.

这两句可译为：

[119] 你如果在这收据上签字，我就付款。

又如：

[120] I will come provided I am well enough.

[121] 只要我身体好，我一定来。

英语中的结果分句大多是在句后的，在这一点上与汉语一样，这类分句序列与思维的顺序具有较高的像似性，例如：

[122] He didn't plan his time well, so that he didn't finish the work in time.

[123] 他没把时间计划好，结果没按时完成这项工作。

四、文化观念像似性：语序像似于文化观和思维定势

西方民族文化重视“自我”，形成了“由近及远，由小到大”的思维定势，

这在英语的语序上得到了充分的体现，语序基本遵循“从小到大，从轻到重”的正三角结构规律，先从自己说起，先近后远，逐步展开。英语中在表示多个空间和时间单位时，总是由近及远，从小到大。如：

［124］No. 40 Broadway, New York, United States of America

（比较：美国，纽约城，百老汇大街 40 号）

［125］3 o’clock in the afternoon last Wednesday

（比较：上星期三下午三点钟）

英语中这种“由近及远，从小到大”的观念不仅决定了在时间和空间上“先小后大”的语序排列顺序，而且影响语言单位“从小到大”的排列顺序。一般来说，英语中较大的、较重要的、较复杂的单位多排在句后，也就是我们常说的英语语序呈正三角形状（△）（王寅，1990），即“先小后大、先轻后重、先简单后复杂”，因为西方民族认为语句末端是摆放大单位、传递重要信息的地方。

在中华大地上，孔孟之道流传甚广，中国素有“礼仪之邦”的美称，因此在中国文化体系中，“尊君、孝亲”的观念可谓根深蒂固，深入人心。这种“尊君孝亲”的社会风尚，随着岁月的沉淀，已逐步形成了汉族的思维模式，直接影响到一系列概念的形成，又必然会影射到语言表达上，决定了汉语“从上到下”的组词顺序。笔者将这种固定的基本顺序归结为“PN”① 表达顺序，表示正向的、积极的（positive）词语在前，表示负向的、消极的（negative）词语在后。“PN”组词顺序与“PN”文化定势有较高

① “PN”指的是从 positive（正面的、积极的）到 negative（负面的、消极的）。

的像似性，普遍存在于汉语许多表达之中，现分类详述如下：

［126］上下：上上下下　举国上下　上蹿下跳　上传下达　七上八下
［127］大小：大大小小　大材小用　大街小巷　大惊小怪　大题小做
［128］年月：年年月月　穷年累月　驴年马月　猴年马月　经年累月
［129］前后：前前后后　前赴后继　惩前毖后　前思后想　前仰后合
［130］先后：承先启后　先上后下　先公后私　先人后己　先来后到
［131］长短：长短不一　有长有短　取长补短　长短有致　说长道短
［132］天地：天南地北　天罗地网　天塌地陷　天诛地灭　天壤之别
［133］高低：高低不从　高城深池　高深莫测　七高八低　故作高深
［134］山海：排山倒海　移山填海　刀山火海　人山人海　山珍海味
［135］山水：千山万水　山穷水尽　山清水秀　山高水低　山高水长
［136］是非：是是非非　是非颠倒　搬弄是非　是非曲直　惹是生非
［137］好坏：好坏不分　不识好歹　好恶同之　好说歹说　好逸恶劳
［138］老少：老少皆宜　老少妇孺　安老怀少　老老少少　敬老慈少
［139］头尾：头尾相接　街头巷尾　摇头摆尾　首尾相接　首尾呼应
［140］手脚：动手动脚　手舞足蹈　手足无措　手足之情　七手八脚
［141］进退：进退两难　进退维谷　有进无退　进寸退尺　进退无门
［142］胜负：胜负难分　有胜有负　成事不足，败事有余　胜败乃兵家常事

汉语在许多其他词语的顺序上也是如此。特别是在一对反义词连用成固定词组或成语时，一般也都是遵照“正负”顺序排列，这也是与上述所举例子一脉相承的，诸如：

［143］真假、新旧、来去、明暗、表里

［144］快慢、恩威、恩仇、取舍……

汉语中还有很多词语顺序与时间顺序有关，例如：

［145］始终、朝夕、早晚、古今、生死……

另外，由 PN 组词顺序还可产生出以下一些组词结构，这也是汉族固有的思维方式和概念重叠使用的习惯所致：

①P P N N：［146］上上下下　前前后后　男男女女　老老少少

②一 P 一 N：［147］一上一下　一前一后　一男一女　一老一少

③有 P 有 N：［148］有上有下　有前有后　有男有女　有老有少

④时 P 时 N：［149］时上时下　时前时后　时男时女　时老时少

⑤忽 P 忽 N：［150］忽上忽下　忽前忽后　忽男忽女　忽老忽少

⑥不 P 不 N：［151］不上不下　不前不后　不男不女　不老不少

认知语言学认为，“空间”与“身体”之间的互动是人类概念形成之基础，空间直接导致“距离像似性”；时间是空间的隐喻，它是“顺序像似性”的认知基础，因此人类所赖以生存的最主要的“时空”概念，就这样在我们的语言中留下了印记。或许我们还有其他方法分析语言中的时空表征现象，但从像似性角度所作出的解释，无疑是最为直观的，也最易为人们所接受。

据此我们认为，距离像似性和顺序像似性这两种原则应当存在于每一种语言之中，它们应是分析语言最重要的两种认知方式。若基于这个角度来考察语言，语言像似性是毋庸置疑的一个重要命题，难怪它要成为认知语言学的基础内容之一，而它却被学界冷落了很多年。随着认知语言学和体认语言学的普及和深入，像似性理论就像“灰姑娘”一样，忽然得到当代语言学家的青睐。

再进而思之，语言任意性仅是一种最为简单、武断的观点，难怪李保嘉要将其称为“懒汉语言观”，因为不需要花什么精力去论证它，随便根据几个跨语言单词的不同发音就做出了轻率的判断。我们却要问，语言为何是任意的？它是从何而来的？它在语言不同层面的分布情况如何？它与像似性有何关联？我们觉得，研究这些问题远比简单地接受任意性更耐人寻味，也更有学术价值。

语言任意观对外语教学带来的负面作用就是，语言表达既然没什么理据可言，便为某些教师留下了借口：“语言具有任意性，是惯用法所致，学生们就去死记硬背吧！”而认知语言学和体认语言学却在这方面开阔了语言教师的视野，给语言教学带来了巨大的动力，教师不仅要知其然，还要知其所以然。认知语言学和体认语言学（功能语言学与其属于同一大学派，与其相对的是形式语言学派）可为外语教学提供最直观的、最可靠的解释，若将这一方法用于外语教学实践，无疑会有重大收获，也与我国所一贯倡导的“素质教育”完全合拍！

第四节　标记像似性

标记像似性可定义为：标记性从无到有的顺序像似于认知的自然顺序及组词的一般顺序；有标记性像似于额外意义，无标记性像似于可预测的信息。

一、标记性的基本概念与特征

标记规则（the Marking Rule）最初是由布拉格学派在 20 世纪 30 年代提出来用于语言分析的术语。特鲁别茨科伊（Trubetzkoy）最初将有标记和无标记的对立运用于音位学，雅可布逊（Jakobson）将标记理论的运用从音位学扩展到形态学，而很多语言学家认为，有标记和无标记的对立在语言分析的所有层次上都起作用（参见沈家煊，1997）。无标记项（the unmarked term）指具有较为常规的、普遍的基本意义及用法的成分；有标记项（the marked term）指在一对成分中带有区别性特征的成分，具有非常规性，有标记现象必然与特殊的意义相联系，在语言交际中多是不可预测的成分。与有标记项相比，无标记项更具有一般化、较宽泛的意义，显为中性，在语言交际中是可以预测的成分，分布范围比有标记项要大（Greenberg，1966；王寅，1993：192，358）。如英语中的 dog 一词，公狗、母狗都可指，为无标记项；而 bitch 仅指“母狗”，则为有标记项。

在一对反义词中，经常一个是无标记的，另一个是有标记的，如：

	无标记	有标记
[152]	wide	narrow
[153]	high	low
[154]	deep	shallow
[155]	long	short
[156]	big	small

前者语义概括性大，显为中性，可指“宽狭、高低、深浅、长短、大小”等，为无标记项；而后者仅指“狭、低、浅、短、小”等概念，为有标记项。例如：

［157］How wide（high，deep，long，big）is it？

句中的形容词并不指宽（高、深、长、大），句子是在问宽狭（高低、深浅、长短、大小）的程度。

后来，很多语言学流派和学者都运用了这一理论，如格林伯格、韩礼德（Halliday）等。以乔姆斯基为首的转换生成语言学派在研究语言普遍现象时，也运用了这个理论，将人类语言中能归纳出的全部无标记语法规则视为共同的语言结构，以此来揭示人类语言中普遍存在的共性。

他们提出“标记性理论（Markedness Theory）”，用来分析人类语言所共有的倾向特征：无标记特征多为共有的倾向特征，有标记特征则往往不是人类语言所共有的倾向特征。有标记项在结构上相对复杂，在认知上也较为复杂，在思维处理过程中就需要较多的精力和注意力，信息处理所需时间就较长，因而分布频率相对要低。胡壮麟（1996：4）将有标记和无标记的区分总结成3个主要标准：

（1）结构复杂性：在构造上，标记性以形式复杂性为前提，标记者在结构上更复杂，未标记者较简单；

（2）频率分布：有标记的范畴出现的频率一般较低，未标记者出现的频率高，前者在认知上更为显著；

（3）认知复杂性：标记性背后总是有实质性的理由——交际的、认知的、社会文化的，或神经的、生物的。标记的范畴趋向于认知上较为复杂的情况，即所需精力、注意力或处理时间比未标记范畴所需的多。

沈家煊在《外语教学与研究》1997 年第 1 期上发表的《类型学中的标记模式》一文中，将有标记项和无标记项的判别标准归纳成 4 类：

（1）结构标准；

（2）行为标准；

（3）频率标准；

（4）中和项；

其基本思想与胡壮麟大致相同。

二、有标记项像似于额外意义

带区别性特征的有标记的语言成分比其对应的无标记成分表示着额外的、不寻常的意义。关于这一点，雅可布逊（Jakobson，1966：270）有一句经常被引用的名言：

零缀不可能用来表示有标记范畴，加缀也不可能表示无标记范畴。正如格林伯格所举的例子：没有一个语言的复数形式没有一些非零缀语素变体，而单数总是由零缀表达的。

海曼（Haiman，1980：528）在谈到标记性和额外意义之间的关系时是这样表述的：

在形态上和句法上有标记的范畴，必然在语义上也是有标记的，这是被普遍接受的推断。无标记项比有标记项具有更一般化的意义，用于更广泛的语言环境中。

在讨论主位（句子的第一个成分）与述位（对主位的叙述）时，若句子的第一个成分既是主语又是主位，则叫无标记主位；若句首不是主语但是主位，则称为有标记主位，此时往往表示不寻常的意义。如：

［158］John sat in the front seat.

John 为无标记主位（既是主语，又是主位），句子为常见顺序。

［159］In the front seat sat John.

In the front seat sat 为有标记主位（是主位，但不是主语），这种有标记的主位，在传统语法中叫“倒装句”，与上一句相比，传递了更多的信息，因而可使人们获得特殊的含义。

复数相对于单数而言是有标记形式，它表达了额外的意义。比较级和最高级相对于原级是有标记形式，也表达了额外的意义。常接反身代词作宾语的动词是无标记现象，如：

［160］He shaved himself.

由于这是常用句式，可将不表示什么意思的 himself 省去，可说成：

［161］He shaved.

若换成其他词，就是有标记现象，如说成：

［162］He shaved the barber.

则是有标记的，表示不寻常的意义。

大写字母相对于小写字母是有标记形式，在许多拼音文字中，句子开头用大写字母，标记一个句子的起始。专有名词第一个字母大写，为有标记项，表示特指意义。

一般来说，有生命的名词短语可以充当及物动词的主语，无生命的名词短语可以充当及物动词的宾语。如果无生命的名词短语充当了某些及物动词的主语，有生命的名词短语充当了某些及物动词的宾语，就违背了正常用法，为有标记用法，这种用法往往传递着额外的意义。

三、无标记项像似于可预测的信息

无标记项常用来表示容易预测的信息，在交际时则可大加简化，乃至省略。例如比较级中相同的部分，是比较容易预测的部分，往往可用一个代词来代替，或干脆省略，如：

［163］The temperature in Beijing is much colder than that in Shanghai.

在这一点上，汉语比英语的像似性更明显，在英语中 that 是不可省的，汉语中却可省，此句可译为：

[164] 北京的天气比上海要冷得多。

被动句的结构实际上也反映了这一像似原则，动作的对象是叙述的主题，至于动作的发出者则显得并不重要，属无标记项，有较高的可预测性，往往被省略，如：

[165] It is said that …

“据说……”，是被谁说的，不言而喻，是被“人们”说的，因而在这种结构中 by people 则根本就不出现。

四、标记性像似于认知程序

语言形式上的标记性是以像似性为基础的，即对语言符号和所指对象之间自然顺序的理解（胡壮麟，1996：4）。这里所说的“自然顺序的理解”，就是指认知程序、语言习得和学习顺序的先后。

人们在习得母语时或在学习外语时，一般总是按“无标记—有标记”顺序进行的，即一般是先习得或学习无标记语言项，然后再习得或学习相应的有标记项。因为前者比后者在结构上更为简单，含义更凝练，使用频率更高，分布更广，认知上也更为简单。例如：

（1）先学习单数，再学习复数；

（2）先学习动词原形，再学习动词的过去式、过去分词和现在分词；

（3）先学习陈述语气，再学习虚拟语气；

（4）先学习形容词和副词的原级，再学习比较级和最高级；

（5）先学习简单句，再学习并列句和复合句。

因而标记性与认知的自然顺序像似，与语言习得和学习的一般程序像似（参见第五章第三节）。

主动语态，即及物动词的施事者在前，为无标记现象，因为它符合人们“从施事者开始，发出动作，及至动作对象”的正常认知程序。如果及物动词前面不是施事者，而是动作所及的对象，则为有标记现象，反映了一种认知程序上的倒置表达，受事比施事更具有主题性。书面语言和文学语言的句子较为规范、正式，文体变化也较多，当属“有标记”范畴，在学习顺序上它们也就排在日常对话和一般文体之后了。我们完全可以设想，没有一般性语句作为基础，如何能够说出和听懂那些华丽的辞藻呢？

五、标记性像似于组词顺序

根据上文所述，表示“一般的、较大的、明显的、积极的”含义多为无标记的。英语中有很多词语的顺序，实际上就是按“从无标记到有标记”的顺序排列的，如从一般到特殊、从单数到复数、从明显到不明显、从近到远、从高到低、从肯定到否定……例如：

从一般到特殊：

［166］ generally and particularly

从单数到复数：

［167］ one and all

［168］ ham and eggs

［169］ one or two days

［170］ a book or two

［171］ cheese and crackers

［172］ hand and fingers

［173］ whole and parts

［174］ fish and chips

从肯定到否定：

［175］ three dos and three don'ts（三要三不要）

［176］ yes or no

［177］ positive or negative

［178］ good and evil

［179］ for better or for worse

［180］ plus and minus

［181］ like and dislike

［182］ true or false

从原形到比较级，再到最高级：

［183］ let good be better, make better best

［184］ from bad to worse

从明显到不明显：

［185］ day and night

［186］ this and that

［187］ these and those

［188］ put this and that together（根据逻辑推断）

［189］ this, that and the other（各式各样的东西）

从近及远，实际上也是与“从明显到不明显”相一致的，以讲话者为出发点，向外延展表述，如：

[190] now and then

[191] here and there

[192] here, there, and everywhere

[193] neither here nor there（无关紧要，不相干）

在英语中存在两种顺序：

（1）一种是“由近及远”，并基于此而衍生出“从小到大”的顺序；

（2）另一种是“从高到低”，并由此衍生出“从大到小”的顺序。

“近”是可见的，明显的，是无标记的；“远”是不可见的，不明显的，是有标记的。从时空角度来说，“近”为小，而“远”为大，由此衍生出“由小到大”的顺序。英语在地点和时间表达顺序上，就是典型的“由近及远，从明显到不明显”的顺序，例如：

[194] She lives at 34 Broadway, New York, U. S. A.

[195] He was born in a small village near Jinan, Shandong Province.

时间概念的表达是空间概念表达的隐喻，英语在时间表达顺序上也是由近及远，逐步延展出去的，如：

[196] 8：30 am

[197] 6：00 pm

[198] at 10 o' clock in the morning of January 28, 1998

[199] This paper was marked with the month and the year.

[200] He went to stay in the country for a day or two every month last year.

一般将这种顺序说成“从小到大”的表达顺序，其实这种“从小到大”的顺序正是出自“由近及远”的表达顺序。以讲话者为中心向外延展的表达方法，是一种从无标记到有标记的表达顺序。例如：

[201] high and low

[202] ups and downs

[203] large and small

[204] more or less

[205] major and minor

[206] plus and minus

[207] long and short

上述两种顺序在英语中兼而有之，既有“从小到大”的顺序，又有“从大到小”的顺序，看起来似乎矛盾，但运用标记性概念来解释这两种组词顺序时，就可将似乎矛盾的顺序一致起来，统一在都是“从无标记到有标记”的组列顺序。第一种从“由近及远”所衍生出的“由小到大”的顺序是基于从无标记到有标记顺序的，第二种“从大到小”的顺序也是基于从无标记到有标记顺序的。至于在这个总原则下，是“从小到大”还是“从大到小”，则应视具体情况具体使用了。

标记像似性具有认知上的解释意义，它表明了人们的认知规律，所有这些顺序都说明了人的认知是按照“从简单到复杂，从一般到特殊，从无标记到有标记”这样的顺序，小孩子习得母语、成人学习外语、英语的组词顺序等都证明了这一点。胡壮麟（1996：5）在论述标记性与像似性之间的关系时，提出了“元像似性原则”，并将之解释为：

结构上更为标记的范畴在实质上也是更为标记的。

英语还有“从高到低”的表达顺序，“高”语义概括性大，是无标记的，“低”则是有标记的。由这一顺序就衍生出了“从大到小、从多到少、从长到短”的顺序。从上文叙述可见，“大、多、长”为更一般的概念，为无标记项；而“小、少、短”则为有标记项，这是另一种从无标记到有标记的表达顺序。实质上更为标记的，就决定了结构上更为标记；结构上更为标记的语言项，在认知上就后于无标记的语言项。语言项的标记性从无到有的顺序像似于认知的自然顺序。

第五节 话题像似性

话题像似性可定义为：分句的话题像似于思维的起始点。分句的述题就像似于思维的认知过程，刘勰（韩泉欣，1997：2）早在1500多年前所作的《文心雕龙》中就道出了：

心生而言立。

这句话是说先有思想，然后才有语言。当今认知语言学的基本思想是：现实先作用于认知，然后才有语言，在现实和语言之间存在认知这一中介因素。刘勰的这一观点比当今西方认知语言学家整整早了1000多年。心生为言立之基础，即认知是语言的基础。

人们在认知某一事件时，一般总要有一个出发点，然后以此为基础进一步展开思考，这就在认知中构成了一个思维单位，在语言表达时就是一个分句。分句一般将已知信息作为表述的出发点，以此入手，引出新知信息，这就像似于人们"从熟到生"的思维顺序。

在传统语法中，我们一般都将英汉两种语言的句型描写成"主语＋谓语＋（宾语）"结构，认为这是最基本、最常见的一种句型。但在句子的主语前常常可再加上其他成分，如状语、插入语等，这在传统语法中通常被分析为次要成分（吕叔湘，1979：129），但从它们所表达的信息内容来看，其重要性是不可低估的。句子开头是讲话人说话的起点，是句后其他表述内容的基础；同时，句首成分可使听者或读者获得讲话人或作者的信息起始点和范围，这对于语用交流是十分重要的。现笔者拟将分句施事性主语前的开头成分叫作"起语"①，起语和主语一道构成"话题"，语言的核心句型就可归纳为：

① 吕叔湘（1984：469）在分析句子主谓宾成分时曾说，要是觉得这样分析不合适，也不妨不用"主语"和"宾语"这两个名称，改称"起语"和"止语"。但主语和宾语的说法太深入人心了。笔者拟保留现行的主谓宾分析法，也启用"起语"这一术语来指主动句施事性主语前面的成分，或无施事性主语句谓语前的成分。

起语（initial）+ 主语（subject）+ 谓语（verb）+ ［宾语（object）］

可简单表达为：

I S V（O）。

韩礼德（1985：37—55）在论述分句主位时，认为主位是分句的第一个成分；在论述复合主位时，又认为主位可切分至第一个主题主位，并举了一个包含 7 个成分的例句：

［208］Well but then Ann surely wouldn't the best idea be to join the group.

语篇主位　　　人际主位　　　主题主位

这样，主位有时包括分句的主语，有时又不包括主语，因而前后没能很好地取得一致。为解决这两个矛盾，笔者拟构了这一核心句型，明确区分起语（主语前的成分）和主语（施事性）的关系，并将分句切分成 IS 和 V（O）两部分。IS 是分句的话题，因为分句的起语和主语一般都是提供已知信息的，应划分在一起，被视为分句的句首部分，是分句述题 V（O）的叙述基础，这样就可解决韩礼德在分析主位时留下的问题。

思维得有个出发点，句子就有个起始点，分句的起始点像似于思维的出发点。人们在表达思想时，首先要对说话的起点作连续的选择来扩展成句。思维的起点就决定了语言表述中的句首部分——话题——是分句叙述内容的起点。若思维的起点以施事体为出发点，分句就会以动作发出者为话题，也就是句子的主语，这时话题与主语合二为一，也就是常见的“SV(O)”句型。若思维的起点以时间或地点为出发点，则句子的话题就以表时间或地点的词语开头。例如：

[209] Long long ago, the Chinese made the four great inventions.

[210] In London there reigns a complete absence of really reliable news.

句子始于话题，结于述题。一个句群要对话题做出连续的选择，对话题连续的选择反映了思维出发点的连续选择，因此话题与思维存在像似性。话题像似性可定义为：分句的话题像似于思维的起点。分句的述题就像似于思维的认知过程。

据此，从语序上可将分句切分为两部分：句首部分和接续部分；从信息结构角度也可将分句切分为二：话题部分和述题部分。句首部分一般就是“话题部分”，它由“起语和／或主语”构成，是叙述的出发点，也是全句的支撑点，往往表达已知信息；接续部分指其后的述题部分，由“谓语和／或宾语”构成，是表述的核心部分，是传递新知信息的正常部位。这样分析既简便又合理。

笔者认为语言核心句型从信息结构角度可切分成两个部分：IS+V（O）。IS 是话题（英语术语暂定为 Thesis，简称 T），V（O）为述题（英语术语暂用 Express，简称 E），以区别当今语言学界所常用的“主题—述题 Topic–Comment”，因为它们所指范围有所不同。这样可用 TE = IS + V（O）来表示分句的信息结构。

我们可从不同角度将分句切分如下：

（1）思　　维：　　起始点　　　　认知过程

（2）分句语序：　　句首部分　　　接续部分

（3）信息结构：　　话题部分 T　　述题部分 E

（4）核心句型：　　起语 + 主语 IS　谓语 +（宾语）V（O）

将语言的核心句型 ISV（O）切分成 IS（话题 T）+ V（O）（述题 E）两部分，这也符合马泰修斯（Mathesius）从分句信息结构角度研究“表述基础 + 表述核心”时的初衷：表述基础是话语中双方已知的信息或在有关语境中不言自明的内容，表述核心指的是说话者要表达的新信息。在交际中人们常把已知信息作为表述出发点，把传递的新信息作为表述的核心。“双方已知信息或在有关语境中不言自明的内容”应当包括起语和主语这两个部分，而不仅仅是分句的第一个成分，因为一般来说它们都是话语交际双方所共知的内容。如此切分，才符合马泰修斯的初衷，也符合人们的认知规律。

分句一般将已知信息作为表述的起始点，以此入手，引出新信息，这就像似于人们“从熟到生”的思维顺序。吕叔湘先生在《汉语语法论文集》一书中早就指出这一现象（该书是 20 世纪 40 年代写的）。他分析了两个汉语句子：

［211］榻上坐着一个老子。　　　　（施事退后）
　　　　大树大皮裹，小树小皮缠。（受事提前）

然后他指出：这两种词序确实出于同一心理，上句是把心中所无的事物暂且捺住，先从环境说起，然后引出那个未知的事物；下句是把听者心里已有的事物先提出来，然后加以申说：

> 总之，是要把已知的部分说在前，新知的部分说在后，由“熟”而及“生”。（1984：468）

英汉两种语言的大部分句子是按照“由熟及生”“从已知信息到新信息”的顺序组句的。句首部分的起语和施事主语多为已知部分，可预见性较高，这种像似关系在西方民族和汉族中是具有共性的。

在第一章中笔者列举了许多国内外知名学者、专家对语言符号像似性作出的精辟论述，让我们对像似性有了一个新的认识。大家一致认为：语言中既有像似性的一面，也有任意性的一面。随着研究的不断扩大和深入，在全世界的语言中所发现的像似性现象越来越多，而且比传统上所认识的要多得多。

语言中这种普遍存在的像似性现象，实际上反映了人类的共同本质。这正如古希腊时期的斯多葛学派哲学家的一句名言：

> 语言的外部形式是人类本质内在普遍性的反映。

同样，人类的共同本质和思维方法必然会在语言中体现出来。理性主义和语言普遍主义都持有这一观点：

> 人类有普遍的思维结构，人类语言的深层结构就应是相同的，这就是早期的语言符号像似性的理论基础。

ISV（O）核心句型和话题述题的划分，是与人类的一般思维顺序相吻合的。思维有个起始点，它是思考的基础，是认知的出发点，从明显的、已知的信息入手，然后述及新知的内容，或由施事者发出动作，然后动作到达对象。这就是布拉格学派和韩礼德所述的“从已知信息到新知信息”的一般常见顺序，也就是吕叔湘所说的“从熟到生”的顺序。在这一点上，人类语言存在较高的像似性。

但各民族的思维方法是不尽相同的，不同语言的内部结构也是不尽相同的，因而跨语言的话题与思维的像似性也会有不同的对应情况。英汉两种语言在核心句型ISV（O）上所衍生出的基本句型也会不尽相同（王寅，1998a），特别是句首主语的变化。汉语“无主句”较常见，常从客体表述事件，英语句子（除祈使句外）则需要有主语。这是英汉两种语言句首部分与思维出发点的像似性发生差异的主要原因，英汉两种语言在话题像似性方面也就不可能完全对应一致。英汉两种语言有的话题是对应的，有的是不对应的，主要有以下四种原因。

一、话题像似性与思维起始点有关

现实是认知的基础，认知是语言的基础。西方民族和汉族对某些现象的观察点及认知程序不同，组织语句的方法就会有差异，在分句的出发点上也会不同，分句话题的着落点也就不同。这从上文所举例句便可看出。又如：

[212] 过街时越小心越好。

[213] 不努力就会失败。

这两句译为英语则须加入必要的主语：

[214] You cannot be too careful in crossing the street.

[215] One will fail unless one works hard.

通过对比可见，汉族的思维往往从“事件或物体”开始，客体在前；而西方民族往往从“人”开始考虑，因而分句多是行为主体在前。

二、话题像似性与结构完整性有关

话题像似性还要受英汉各自语言句法形态和规则的约束。由于英语句子结构较为完整，一个句子通常要有主语，而汉语无主句较多，这就决定了英汉两种语言在话题上不可能完全对应，上述例子也正说明了这一点。将汉语省略的主语补进去，满足了英语结构完整性的要求，也就将英语句子的话题转换成了主体话题，例句见上。

汉语并不注重句法结构形式上的完整，只要上下文句义清楚，省去句中各种成分是一种常见现象，因而汉语中意合法现象较为普遍（王寅，1990，1994）。正是由于汉语具有意合法性质，句子成分可灵活使用，句型变化也就较多，句中主语、宾语等成分，只要不损害句义，皆可省去，但谓语一般不省（吕叔湘，1979：130）。而英语中形合法现象较为普遍，为使句子在形式上符合逻辑，保持结构完整，绝大部分句子都不能没有主语。及物动词后面不能没有宾语，即使没有合适的主语或宾语，也常常要拉出一个诸如 it、this、that 的单词来作为形式主语或形式宾语填补上，以满足基本结构形式完整的需要（例略）。不管汉语怎么省略，英语句子的句法结构都是相对完整的。

三、话题像似性与语序灵活性有关

通过对英汉语序像似性的对比分析，我们发现有以下两种情况：在 SV（O）结构内，汉语语序显得比英语灵活；在分句顺序上则相反。下文对此展开叙述。

（一）句型的内部结构

在 SV（O）结构内，汉语语序显得比英语灵活。汉语主、谓、宾三者所表达的语义顺序相对显得较为灵活，位置的多变尚属常见现象，且具有“无标记性”特征。英语这三者的位置也可相对发生变化，如与正常的“无标记性”的 SV（O）语序相比，就具有“有标记性”特征了。如下面几句汉语例句①：

［216］我们打败了美国队。

1　　2　　3

［217］我们把美国队打败了。

1　　3　　2

胡裕树（1962：367）将“把美国队”分析成介词结构作状语。笔者取赵元任（1979：47）、吕叔湘（1984：475）两位先生的说法：“把”为介词，只有把宾语提前的作用。该句可分析成：SOV。

［218］美国队被我们打败了。

3　　1　　2

胡裕树（1962：368）将“被我们”分析为介词结构作状语，笔者取吕

① 汉语例句中 1 为主语，2 为谓语，3 为宾语。

叔湘先生（1984：476）的说法："被、叫、让"作介词，有引导主语的作用。有人将之视为"宾踞句首"，笔者拟将句首成分视为"起语"，该句可分析成：ISV。

［219］打败美国队的是我们。

2　　3　　1

"打败美国队"是动宾结构，作全句的起语，在"是"前省去主语：人／队……该句可分析成：I（S）VO

同样一个命题，在汉语中却有这4种起句方式，其原因主要是：

（1）人类往往遵循"从已知到新知"或"从熟到生"（吕叔湘，1984：469）的思维顺序，［218］—［220］这3句的起语都是已知信息；

（2）强调某一成分，如［221］。

笔者主张可用菲尔墨（Fillmore，1968）的格语法理论来分析汉语这种现象，在深层结构上，它们同是施事格（我们）、动作（打败了）、受事格（美国队），但在表层结构上出现了4种表达方法。可以说，前3个分句在汉语中是十分常见的，具有"无标记性"特点。倘若将这4个分句按汉语的语序译为英语，就"标记性"而言，会有不同情形：

［220］ We beat the US team.

［221］ ? We, the US team, beat.①

［222］ The US team was beaten by us.

［223］ ? Beat the US team, we.

① "？"在此表示本句不符合英文语法，下同。

［221］和［223］两句被接受的程度较低，即使被接受了，也是高标记性句子。［222］句也是有标记性的句子。通过对比可发现，在基本保持原义和标记性特征的情况下，汉语分句 SVO 语序显得比英语要灵活。

（二）分句层面

在分句顺序上，英语语序则比汉语显得灵活。英语有很多分句既可置于句首，也可置于句中或句末，语序与时序像似度较低；而汉语语序与时序像似度较高，这样英汉两种语言的话题难免就会不对应。例如：

［224］I am all astonishment when I reflect on the great achievements you have made.

而汉语是按时序组织句子的：

［225］你们取得了伟大的成就，一想到这一点，我就感到非常惊奇。

这充分说明了英语中没用自然语序（即语序与时序像似）表达时，汉语一般须将其转换成自然语序。这也就形成了英汉两种语言话题的非对应性现象。

四、话题像似性与句型有关

英汉两种语言各自都有很多特殊句型和惯用法，如英语中有存在句、强调句、倒装句等。另外，英语中被动态比汉语多，这就造成了两种语言话题存在较多的非对应性。例如：

	英 语	汉 语
[226]	It is well known that…	众所周知……
[227]	It is generally agreed that…	大家都同意……
[228]	It has been admitted that…	人们都承认……

有时，汉语的两个分句为了取得对偶的效果，往往要切换话题，而其对应的英语表达，为了更加简洁，可变换语态来保持同一话题：

[229] 他在追踪别人，别人也在追踪他。

[230] He was hunting and being hunted.

第六节　句式像似性

一、序言

句式像似性可定义为：组词成句的方式像似于民族的思维定势和社会文化风俗。

就英汉这两种语言而言，英语中的低级阶结构、浓缩套叠句式像似于西方民族的多层面集约型思维方式；汉语中的高级阶结构、流水散连句式像似于汉族的单层面展开型思维方式。

句式像似性主要讨论语言横组合（如组词、排句）方式与认知方式之间的像似关系。由于西方民族采用多层面集约型的思维方式，因此英语表达中多取较低级阶的结构单位，常将多层信息融合在一个单位里加以表述，常以一个主谓结构为中心，带上其他的主谓结构作各种从句，形成了树状分叉式的多层套叠句式。汉族多采用单层面展开型的思维方式，因此汉语表达中多取较高级阶的结构单位，常将多层信息展开叙述，恰似流水一般，形成节节短句，汉语表达就多呈流水散连句式。

英语既然采用了浓缩套叠型的句式，则必然要注重形式，使用各种形态标志（如连接词语）将套叠句式之间的种种关系表明清楚。这就是我们所说的英语多用“形合法”组句的特征，例如：

［231］Is the claim of the G. & C. Merriam Company, the world's greatest dictionary maker, that the preparation of the work cost $3. 5 million, that it required the efforts of three hundred scholars over a period of twenty-seven years, working on the largest collection of citations, ever assembled in any language – is all this a fraud, a hoax?

与西方民族相比，汉族在思维上常采取概念简单线性相连，单层面展开型思维方式，因此反映在语言上，句子组合多呈流水散连型。上一英语句子可汉译为：

［232］G & C 麦里姆公司大概是世界上最大的字典编纂者。它声称这项编纂工作耗费三百五十万美元，花费二十七年时光以及三百名学者的辛勤努力。他们对所有语言中搜集到的最大量的引语进行了加工，难道它声称这些是为了欺骗和愚弄人们吗？（译文为三句，两个句号，一个问号。）

又如：

［233］As we lived near the road, we often had the traveler or stranger visit us to taste our gooseberry wine, for which we had great reputation, and I profess, with the veracity of an historian, that I never knew one of them to find fault with it.（我家就住在大路边。过路人或外乡人常到我们家作客，尝尝我们家酿的醋栗酒。我们家的酒很有名气，我敢说，尝过的人没有挑剔过。我这话像历史学家的话一样靠得住。）（一句译为四句）

另外还须提到，英语多用抽象词语，而汉语在同义表达时常用具体词语。抽象思维是一种高级思维，是在具体事物的基础上加以概括而成的，相对于具象思维来说，它具有更浓缩的特征。英语的抽象思维主要体现在大量使用抽象名词，使得含义概括、指称笼统。例如：

［234］I sensed a wrongness around me.

［235］我觉得周围的事情有些不正常。

如仅说成“我感觉到周围有错”，并没有把意思表达明白。把抽象的“有错”，转换成具体的“事情有些不正常”，表达既通顺又清楚。

［236］Was this the realization of an anticipated liability?

［237］你有没有预料到你必须做这件事？

将原句中的抽象词化解成具体词，这就比译为“可预料到的责任感的实现”要好多了。

这并不是说汉族的抽象思维比西方民族差，而是在考虑问题时汉族更倾向于使用具体化的形式。英语中的Americanism若译为"美国主义"，则会使人感到不知所云，含义太广，不如将之说得具体一点，如美国用语、美国发音、美国腔、美国习俗、美国方式等，可具体视上下文而确定。

二、低级阶句式与高级阶句式

用结构主义的语言学研究方法对句法进行描写时，语言的句法结构可分为若干单位。不同语言会有不同数量的结构单位。语言学家一般都认为，英语与汉语大致都有五个句法结构单位：

词素（字）、词、词组、分句、句子。

西方民族和汉族在组合使用这些语言结构单位表述思想时，方法是不尽相同的。在表达同一思想时，英语多用较低的句法结构级阶，这像似于西方民族在思维上常采取多层面集约型思维方式；汉语多用较高的句法结构级阶，这就像似于汉族在思维上常采取概念简单、线性相连的思维方式。

通过英汉句式结构与译文的比较，可以发现在同义表达时英语结构级阶低、含义多，汉语则多用较高级阶的单位（即较大的单位）。在将英语译成汉语时，往往将其较低一级的单位转换为较高一级的单位加以表达，如英语的词往往译成汉语的词组或分句，或英语的词组往往译为汉语的分句或句子，而英语的分句可译为汉语的句子或句群，英语的一个句子可译成汉语的几个句子即句群。这种在英译汉时常见的结构单位的升级现象可以用下图表示：

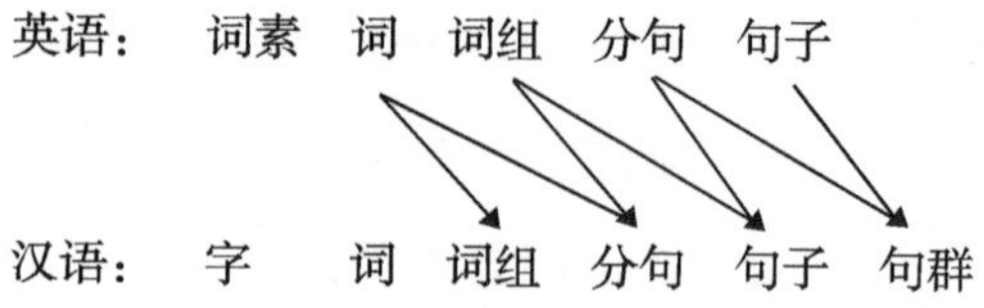

图 4.2　英译汉常见结构单位的升级现象

（一）词 → 词组

［238］I have a surprise for you.

［239］我有一件让你想不到的礼物要送你。

（二）词 / 词组 → 分句

有时浓缩在某个英语单词里的丰富内涵，很难用一个汉语词语表达清楚、叙述通顺，此时可将这类词语所含的丰富内容从句中拉出来，单独加以表述，将其丰富的内涵用一个分句来从容不迫地展开叙述。

［240］You are talking delightful nonsense.

［241］你虽信口胡诌，但倒也蛮有情趣。

［242］She went into a silent rage when someone picked up Alexandra.

［243］当有人抱起亚历山大，她就默不作声，以表示愤怒。

如果将 a silent rage 译为“沉默的愤怒”，会使人感到太含蓄，言犹未尽。汉语只有采用较高级阶的结构单位展开讲述，才能将浓缩其间的含义表达清楚。至于将英语中的名词词组转译为汉语的动词词组，这种现象更是俯拾即是、司空见惯。汉语中这种动词词组，也可视为缺少或省略主语的句子。或从另一角度看，动词词组是由动词加上名词词组构成的，因而也是比英语的名词词组的结构单位升高了一级。例略。

（三）分句 → 句子；句子 → 句群

有时英语中的一个分句（即从句或小句），如按常规译法难以表达通顺时，则可将分句的部分内容从主结构中抽出，单独成句。也就是说，英语的一个句子被译为汉语的几个句子（即句群）。例如：

［244］You must have understood from my conversation the first time that I was upset and also very disappointed in you, and that nothing you could say could help in the least—because what are all those words if what they say isn't enough for a little sacrifice on our part to do what is really the right thing for all concerned.

这一整句共含有 9 个分句，可译为：

［245］你应该在我的第一次谈话中理解到，我是很难过的，而且对你感到失望。你随便怎么说都丝毫没有用处，因为，如果他们所说的那番话不足以使我们做出一点牺牲，而去做些对大家都真正合适的事，那又有什么用呢?

实际上在英语原文中大多是从句套从句，结构复杂的复合句，还有很多叠床架屋、累赘冗长的长句。对这些句子的翻译，往往都可采用转译为汉语句群的办法。这里，原文一句，仅用了一个逗号和句号；而译文用了一个句号，一个问号，六个逗号。

英语用逗号之处，是绝对不能用句号来替换的；用句号之处，也是绝对不能用逗号来替换的。这两个标点符号各有用途，用法分明，马虎不得，越组代庖，断然不可。而汉语中这两个标点符号的区别不如英语的大，何处用逗号，或以句号代之，要求不甚严格，在很多用逗号的地方用一句号，语法上不犯大错，意义上也不会产生很大误解。从这个意义上来说，汉语语篇中的句子比英语的句子就更多了。

三、套叠句式与散连句式

美国的格林（Green）和比约克（Bjork）等心理语言学家认为（转引自伍铁平，1994：11）：

> 人的整个心理活动结构是树形状态的，许多树形图加在一起构成“心理森林（mental forest）”。

他们这种结论可能是基于对英语等西方语言的分析作出的。英语的套叠句式正像似于西方民族的树状分叉式多层面集约型思维。而汉族的思维方式是概念简单、线性相连，常将多层信息像流水一般展开叙述，汉语的散连句式正像似于汉族的单层面展开型思维。

上节论述了英语的分句往往要译成汉语的句子，英语的句子往往要译成汉语的句群，汉语句法单位常高于英语。这也说明了英语长句较多，在一个主结构上附着几个次要结构，即一个主要分句再带上一些从属分句。本节将详细讨论英汉句式中套叠句和散连句的区别。

（一）英语套叠句式分析

在英语中这种分句套分句、句中有句、套叠式组合的现象俯拾即是，有时整整一段话或整整一页就是一句，这就使得英语句子的结构显得错综复杂、叠床架屋。因此这种现象可被称为“套叠句”结构，一个句子中含有若干层面的分句，以其中一个分句为主干，其他分句附着其上，构成了一个多层面式的复合结构。这种套叠式多层面结构也可被形象地叫作“葡萄型”结构，好像葡萄一样在短短的主干上长着很多小枝的葡萄串；或叫作“分叉型”结构，即从主句上某个概念或某个词处分出叉来，加以单独描述，一整句中可以套叠很多层面的概念。例如：

［246］Never before have I seen anyone who has the skill John has when he repairs engines which are imported from Germany.

该句共 21 个词，但套叠了 5 个分句。在较短的主要分句（Never before have I seen anyone…）上挂着 4 个从属分句。一个英语句子共有 1 个主要分句和 4 个从属分句，包含了 5 个层面的内容。

（二）汉语散连句式分析

汉语是一种非形态语言，在组词成句时不必像英语那样，对构句有严格的形式要求，而只是按语义和逻辑关系联结在一起，呈散连铺排组合状。在一个长句或一段话语中，意义上有一个主要描述对象，叫“话题”，然后对之加以说明，叫“述题”。汉语的述题部分常常采用多个词组（如主谓结构、动宾结构、名词词组、形容词词组等）或短句直接铺排而成，一个接一个地往下叙述，内容一点一点地向下展开，概念的叙述是采用散连句的表达方式。而且，这种散连句往往较短，很少有叠床架屋式的套叠结构。

这种散连句，像竹竿一样一节一节地通下去，因而汉语又常被形象地叫作“竹竿型”语言，也可被形象地称为“一线型”结构，即沿着一条思维的直线简单向前延伸，逐步展开（王寅，1990，1994）。例如：

［247］躺在床上。

上句可视为一个句子；

［248］休息一会儿。

上句也是一个句子；

［249］再继续学习。

上句也是一个句子。把这三个句子直接合起来，又可构成一个大句子：

［250］躺在床上休息一会儿再继续学习。

再如：

［251］独有这一件小事，却总是浮在我眼前，有时反更分明，叫我惭愧，催我自新，并且增长我的勇气和希望。（鲁迅《一件小事》）

这就是一个典型的散连句，话题是“一件小事”，述题部分是由几个短语或短句松散连接而成，节奏鲜明，简洁流畅。

当代广告中常用的四字结构，也是一个典型的例子。在宣传一个产品时，厂家往往会连用下列一些术语：

［252］造型美观，款式新颖，规格齐全，质量优良，色调雅致，价格合理，服务周到……

若仔细分析，它们都是一些主谓结构的短句，本身就是一个小句子。这些四字结构可自然地、简单地、不加任何修饰地连接在一起使用，而没有使人感到句法不妥、结构松散，反倒使人觉得结构对称、音韵优美。

汉语的这种节节短句的连排方式，可达到一种韵律简劲、起伏有致的效果，同时也体现出句法和修辞的有机结合，确实给人一种简洁流畅、富于音韵美的感觉。汉语的神韵与气势好像正是来自这种短促有力、疏连自如、形离而神聚的语句。

（三）英汉句式结构框架对比

汉语的这种节节短句常为一个主谓结构，对复杂概念的表达常常是断句另起，在形式上好像是流散铺排的，如：

SV（O）——SV（O）——SV（O）……

如此流水式地展开叙述，话题与述题并列递进，但其意义都是内在相连的，因而给人以形离而神聚的印象。现再举一例从句法结构上分析：S 即主语，用单线标出；V 即谓语，用双线标出：

［253］胡未灭，鬓先秋，泪空流，此生谁料，心在天山，身老沧州。

汉语这种“SV（O）— SV（O）— SV（O）……”散连式的表达方法，是顺着线性并列推进扩展的，在形式上疏散排列，在结构上无“叠床架屋、拖泥带水”的现象，在内容上却紧密相连、逐层表述，令人回味无穷，确实给人以一种起落有致、节奏明快的感觉。

而英语采用的是套叠句结构，是一种分句套分句、句中有句的组合结构。其与汉语的线性散连结构不同，是以台阶式方法构句的，如：

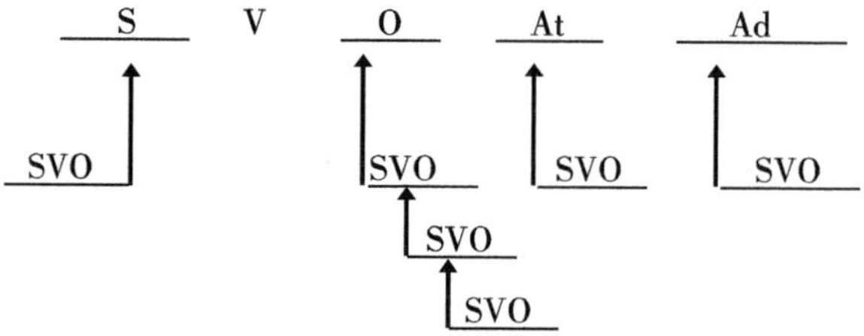

图 4.3　英语句法层级结构（At 为定语，Ad 为状语）

下一层面的 SVO 结构可充当上一层面的 S（主语）或 O（宾语）或 A（状语），如：

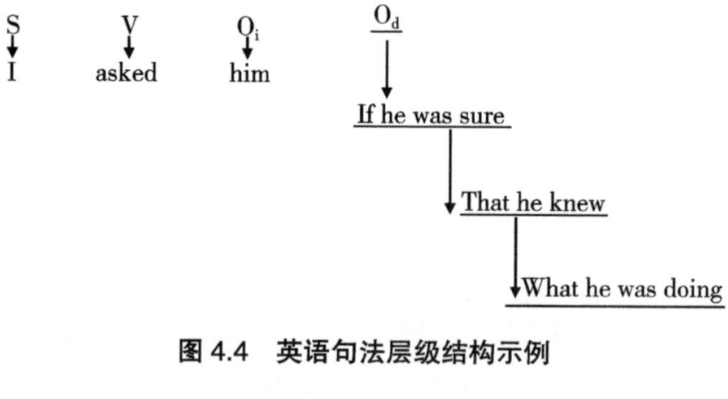

图 4.4　英语句法层级结构示例

在将上述广告用语译成英语时，不可按汉语表达成节节短句，而须突出一个主要信息，将之定为主要结构，再将其他意义用短语或分句附着到这个主要结构上去，例如：

［254］这种产品不仅质量优良，造型美观，款式新颖，而且设计合理，结构简单，维修方便，因而使用广泛，誉满全球。

［255］Not only is this product of super quality with handsome appearance and fashionable style, but it is also simple in structure and easy in manufacture, which finds a wide application and wins a world-wide reputation.

英语采用的是“形合法”的组句方式，其连接词语很丰富，使用频率又高，因此英语的句法结构中使用各类连接词语，把各类分句挂在主句之上，从而形成这种“套叠句”结构。而汉语可采用“意合法”，省去连接词语，因此其句法结构看上去呈线性散连状，一个短句接一个短句，像竹竿子一样一节一节地通下去。英语这种“套叠句”表达式与汉语的“散连句”表达式之间的差别，可称为“葡萄型”与“竹竿型”或“台阶型”表达式与“一线型”表达式之间的差别，确实是两种语言的一个显著区别。因此在英汉互译时应当高度注意这点区别，做好“葡萄 VS 竹竿”之间的转换，充分考虑到从句套从句的从属现象。句子较长的多层面表达特征与流畅性的散连句式的表达特征之间的互换，切不可混杂在一起，讲出“洋泾浜”或“土泾浜”这样不伦不类的语句来。在将英语“套叠句”译为汉语时，应将其各层意思化整为散，用几个短句分别译出，例如：

［256］There stood a little beggar, yellow, ragged and unshaven.

如译成：

［257］那儿站着一个瘦小而又面黄，衣服破破烂烂的，没剃胡须的乞丐。

就远不如译成：

［258］那儿站着一个乞丐，他身材矮小，面黄肌瘦，衣衫褴褛，满脸胡须。

在汉译英时也必须注意同样的问题，切不可把汉语的节节短句，都简单译为英语的节节短句，这会使英文味道丧失殆尽，如同嚼蜡，淡然无趣。例略。

英语喜欢使用“套叠句”结构，说明西方民族喜欢将众多信息仅用一句话就表达出来，这也反映了他们在思维上所采用的一种概念套叠，即树形图一样的思维方法。而汉语喜用“散连句”，这也反映了汉族的思维特征：一个概念接一个概念，步步为营，层层表述，如流水一样展开表述。在将英语的“套叠句”变化成汉语散连式的节节短句时，应将层层含义逐个交代，然后按逻辑次序和意义轻重妥当排列，这才符合汉语表达习惯。

语言符号与其所指的意义之间既有像似性的一面，也有非像似性的一面。多彩的世界、复杂的认知，必然会有丰富的语言表达形式。各语言之间在采用像似性表达手法时，也必然会存在程度上的差别。

像似性对于了解语言和思维的关系有着重大的意义。正是不同民族在思维和认知上存在差异，才导致了语言表达形式的不同，导致了不同语言的像似度及像似方式的不同。反之亦然，不同语言之间的像似度及像似方式的不同也反映了操不同语言的民族在思维与认知上的差异。

文中所论述的语言符号句法像似性现象，对于我们英语的教与学，特别是对于掌握句法结构规律有着重要的指导意义。

第五章　像似性与文体学

文体学研究语言使用环境和技巧、对读者产生特定效果的语言变体。语言符号像似性是研究语言符号在音、形或结构上与其所指之间存在映照性相似的现象。语言使用者为达到某种特定的文体效果，可以运用或违反像似性原则来实现这一目的，同时，像似性原则亦可反映文体特征。

正如前文所述，当前国内外语言学家对语言符号像似性现象作了较为详尽的论述，所有这些论著立论明确、说服有力、例证充分，旨在说明语言符号的能指和所指间的理据性、可论证性，即像似性。语言学家都同意这样的说法：语言符号既具有“任意性”，也具有“像似性”。既然语言中有如此多的像似性现象，语言使用者为取得特定的文体效果，就不可避免地会将像似性原则视为一种修辞手法大加运用。语言符号像似性与文体学关系必然密不可分。

本文拟论述像似性几条主要原则（数量像似性、顺序像似性、标记像似性、距离像似性）与文体特征之间的关系。

第一节　数量像似性与文体特征

语言符号的数量像似于概念的数量，语言符号的复杂程度像似于概念的复杂程度，即语言单位的数量和复杂程度与其所表示的概念的数量和复杂程度成正比像似，与使用率、生熟度、可预测度成反比像似。张德禄（1999：44，1998：50）指出：

韩礼德认为文体是前景化，而前景化是有动因的突出。突出也可从数量角度进行观察和分析，可将其视为数量上的显耀，某一规则或现象高频率出现，便会取得突出的效果。

因此，突出和前景化，都可以从数量上加以分析，一句话中某部分语符增加或语句数量增加，所表达的概念就会增加，因而这部分内容就凸显出来；对某一词语或某一结构的多次使用，会取得“突出的效果”。如：

［1］Millions of young people who are keen on knowledge are expecting this book.

They are expecting this book.

第一句主语部分语符数量较多，起到了突出作用，同时也表明其信息是不可预测的。后面信息的重复也意在凸显“盼望得到该书”。

建立某一文体特征往往是以“高频率出现”为基础的。数量的高频率出现是取得“突显”的有效手段之一，因此数量像似性原则是实现文体特征的主要原则之一，如“词语重复、结构重复”等。

［2］Thomas Edison wore many caps during his life. First when he was just a working boy, he wore work caps of many kinds. Later in life he became a famous inventor, then he wore the caps of many famous schools and colleges. But his most important cap was his thinking cap.

我们明显可感觉到这段话反复使用 cap 一词，意在强调“帽子”。第一句的中心词就是 many caps，最后一句以 but 转折，更加突出 thinking cap 的分量，很显然文章接着将要重点叙述 thinking cap。若能把握住高频出现的 cap 一词，我们就能很快掌握该段的中心思想，在阅读中就会形成预测能力，阅读时就会感到流畅多了。

在马丁·路德·金 1963 年 8 月 28 日所作的演讲中，他一连串的重复使用了很多词语，例如：

4 个“four hundred years later”

6 个“go back to”

8 个“I have a dream（that）”

8 个“let freedom ring”

这种重复，既使得语句具有排比特征，显得优美；更使整个演讲铿锵有力，鼓舞人心。难怪马丁·路德·金的演讲成为公认的名篇，为后人所传诵。

同一结构的反复使用也会取得极佳的修辞效果，例如：

［3］It is rather for us to be here dedicated to the great task remaining before us — hat from these honored dead we take increased devotion; that we here highly resolve that these dead shall not have died for in vain, that this nation under God, shall have a new birth of freedom; and that government of the people, by the people, for the people, shall not perish from the earth.

这是林肯 1863 年 11 月 19 日所作的著名的 *Address at Gettysburg* 的最后一句话，其中用了 4 个同位语从句，以说明 task 的内容，置于全篇讲话的结尾，以表示任重而道远的含义。这 4 个同位语从句，从数量上来说，同一语法结构的连用，大大增加了表达分量，确实达到了强调任务艰巨、责任重大的修辞效果。

再看最后的 3 个平行结构：the government of the people、by the people、for the people 既简洁又优美，结构匀称，书写工整，实现了音韵上的节奏美，具有极大的语言感染力，难怪会成为传世明言。

至于排比（数个以上的相同结构）、对偶（数量相等，结构相同）、反衬（数量相等、结构相同、意义相反）等修辞格，都是词语或语法结构在数量上的重复，以求对比鲜明，强调“突显”某一重要信息，表达一种强烈的感情，同时，也使得音韵具有节奏，朗朗上口，大大增加了语句的表达力。

从数量像似性定义可知，句子的长短与繁简也像似于单位句子所表达概念的多与少。因此词汇密度也是与文体特征密切相关的。短句所含词语数量较少，句法结构也显得较为简单，信息含量低，概念也较为明了，往往表达了一种简洁明快、干净利落的文风。语句短小精悍、短促有力，能取得加速节奏、生动活泼的修辞效果。

长句所含词语数量较多，句法结构显得较为复杂，信息含量高，概念也较为复杂，往往表达了一种庄重细腻、丰富多彩的文风。语句冗长、叠床架屋、逻辑关系庞杂，能取得描述详尽、表达细腻、高雅庄重的修辞效果。

[4] And in like manner, what is called seeing the world, entering into active life, going into society, traveling, gaining acquaintance with the various classes of the community, coming into contact with the principles and modes of thought of various parties, interests, and races—their views, aims, habits and manners, their religious creeds and forms of worship,—gaining experience how various yet how alike men are, how low-minded, how bad, how opposed, yet how confident in their opinions; all this exerts a perceptible influence upon the mind, which it is impossible to mistake, be it good or be it bad, and is popularly called its enlargement.

这一长句前 7 行都可算作主语部分，就是后面 all this 的具体内容，共有 4 个并列部分：

（1）七个动名词并列，是后面 all this 的具体内容：seeing，entering，going，traveling，gaining，coming，gaining；

（2）八个复数名词并列作 coming into contact with 的宾语：principles，modes，views，aims，habits，manners，creeds，forms；

（3）三个复数名词并列作 thought 的定语：parties，interests，races；

（4）六个 how 作 experience 的同位语，说明 experience 的具体内容。

这一英语句子可译成：

［5］我们也同样看待下列事实：如经历世面，参加工作，进行社交，到各地旅游，结识社会各阶层，接触各党派、各行业、各种族的思想原则与方法以及他们的观点、目的、习惯和风俗、宗教信条与拜神方式，积累经验，知晓了人有很多异同之处，知晓了人是多么卑鄙、多么丑陋，互相倾轧，固执己见。所有这一切都在心智上发挥相当明显的影响。不容否认，无论这是好事还是坏事，都可以称作智力的开阔。

又如：

［6］And yet this notion is I conceive, a mistake, and my present business is to show that it is one, and that the end of a Liberal Education is not mere knowledge, or knowledge considered in its matter; and I shall best attain my object by actually setting down some cases which will be generally granted to be instances of the process of enlightenment or enlargement of mind, and others which are not, and thus, by the comparison, you will be able to judge for yourselves, Gentlemen, whether knowledge, that is, acquirement, is after all the real principle of the enlargement, or whether that principle is rather something beyond it.

这一长句在原文中自成一段，该句含四个并列分句：

（1）第一个并列分句为主系表结构，带有一个插入语“I conceive”；

（2）第二个并列分句也是主系表结构，表语 to show 又带两个 that 引导的宾语分句；

（3）第三个并列分句是主谓宾结构，其中 cases 带一个定语分句。others（= the other cases）又带一个省略的定语分句；

（4）第四个并列分句也是主谓宾结构，judge 后有两个 whether 引导出两个宾语分句。

这一英语句子可译成：

［7］然而我认为这是一种错误的看法。我眼前的工作就是要指出这是一种错误，而且要说明一般教育的目的不只是传授知识，为此我将举些实例来说明大家所公认的心智的启蒙与开阔，并举出其他实例说明大家所公认的没有这些特征的智力。至此，先生们，通过比较，大家会自己做出判断，即是否知识（辛苦的获取）是智力开阔的真正原则，或者是否还有更深层次的涵义。

某种心境可以由某种文风表达出来。简单的概念可用轻描淡写的手法，明快的节奏可用简短的语句加以描写。复杂的思维可用细腻的描述手法，深远的意境可通过结构复杂的长句来表现，互为补充，各司其职，相得益彰。请看例［8］①：

① 摘自《桥》，〔南斯拉夫〕莱托米尔·达米雅诺维奇著，〔南斯拉夫〕娜达·玛尔柯维奇·李翻译，载《读者》1996年第六期。

[8] 这里，那边，已变得越来越嘈杂，克林顿再次的强硬言辞令我感到他们会把我们全炸死。想到这儿，我入睡了。清晨，醒来想的第一件事是：昨天夜里，他们炸了什么？

这是一个长短句结合使用的段落，最短的句子就 2 个字，有 3 句；4 个字的句子有 3 句。短句显得干净利落，短促，节奏快。整天挨炸，又怎能不令人紧张气愤，心跳加快？最长的句子 23 个字。长句表达了丰富的内容，复杂的含义。这一长句念起来还真得要憋一口气，可使人感到紧张的战争气氛笼罩大地，令人窒息。这段文章，长短句结合使用，真是恰到好处，巧妙地运用了两种句式所能表达的文风特征，营造了一种特殊的既令人紧张、又令人窒息的修辞效果。

如果一段语篇中用的限定词语、形容词数量较多，则可表现作者追求一种精细描写，或想求得华丽的文体。表达语气的词语较多出现或过低使用，也会形成一种有效的突出手段。某类句型在同一语篇中数量上的突显，也会形成一种文体特征，例如：

疑问句太多，可能会与调查问卷、采访提纲之类的文体有关；
祈使句较多，可能会与说明书、指令等文体有关；
陈述句较多，则可能表明是叙述文、说明文之类的文体。

标点符号的使用量也与一定的文体有着较为密切的关系。对于标点符号使用的数量，人们一般都会有一个正常的标准。如语篇中的逗号、句号数量较多，则表明主要用陈述性语气描写，语篇往往属于记叙文或说明文。

如果语篇中问号、感叹号使用较多，则表明作者又在使用另外一种文体，是为其特殊的目的服务的。如果逗号、句号使用量大于正常使用量，则说明句子较短；如果小于正常使用量，则表明句子较长。如果语篇中引号使用较多，则可能是对话式的语篇。当然，标点符号的省略使用，也是服务某一修辞需要的。例如：

［9］TELL ALL THE TRUTH BUT TELL IT SLANT

by Emily Dickison

Tell all the Truth but tell it slant
Success in Circuit lies
Too bright for our infirm Delight
The Truth's superb surprise
As Lightning to the children eased
With explanation kind
The Truth must dazzle gradually
Or every man be blind—

［10］**要说出全部真理，但不能直说**

［美］艾米莉·狄金森（江枫 译）

要说出全部真理 但不能直说——
成功之道在迂回
我们脆弱的感官承受不了真理

过分华美的宏伟
像用娓娓动听的说明解除孩子
对于雷电的惊恐
真理的强光必须逐渐释放
否则人们便会失明——

汉译保留了英诗不用标点的文体特征。无标点正表明作者思绪没有完结、没有停顿、比较流畅，而且突出了真理没有疆界的含义。张德禄（1998：111）指出：

由于诗歌省略了标点符号，每一行诗句就有一个往下的“推力”，推动着读者读下去。

这种“推力”就可以吸引着读者的注意力和兴趣。这种无标点创作方法在汉语中亦有运用（载《英语知识》1999 年第二期）：

［11］**因为有了你**

董宏量

因为有了你
岁月不再呻吟
所有被侮辱被损害的人
都找回了自己的尊严
因为有了你

真理不再陌生

弯曲的膝盖开始挺直

失血的思想开始红润

世界突然变得如此缤纷

因为有了你

生活不再沉闷

紧闭的门窗一一打开

四面阳光

八面来风

鼓满了我们敞开的衣襟

因为有了你

步伐不再迟钝

我们开拓 我们耕耘

每个日子都有了新鲜的色彩

每个季节都有了独特的丰韵

因为有了你

人们不再贫困

开花的不仅仅是富强

还有爱情

还有信念

还有多姿多彩的憧憬

啊——

小平——邓小平

多么伟大又多么朴实的姓名

因为有了你

我们便掌握了自己的命运

便有了旗帜路标

有了震荡世界的钟声

没有标点的诗，意在体现没有停顿的思路，没有终结的语篇，可一直叙说下去，这就象征着邓小平的丰功伟绩说也说不完这个主题。整个诗歌所创造出的句法意象，产生了一种“推力”，使得思想更为流畅。形式满足了思想表达的需要。

在将外来词语译为汉语时，初次使用往往加上引号。有了引号，相对于没有引号，符号增多了，以示其舶来性质，是较为生疏的信息。例如鲁迅作品中的外来词音译后往往加上引号，如：

［12］费厄泼赖（fair play 意为“公平交易”）《论“费厄泼赖”应该缓行》

［13］摩登（modern 意为“时髦的”）《理水》

［14］泼赖妈（primer 意为“初级读本”）《琐记》

［15］阿尔特肤尔（old fool 意为“老傻瓜”）《肥皂》

［16］烟士披离纯（inspiration 意为“灵感”）《并非闲话》

［17］幺匿（unit 意为“单位”）《难得糊涂》

［18］海乙娜（hyena 意为“土狼”）《狂人日记》

藏语中的“香格里拉”，意为世外桃源，在借用该词时往往加上一个引号。例如：1998 年 11 月 13 日的《齐鲁晚报》第 15 版，标题中的“香格里拉”用了引号，在文章中此词也加了引号，如：

［19］我们应该如何保留这块“香格里拉”。

这四个字，从字面上看不出人们所熟悉的所指含义，记者为示其是音译的舶来词语，因而将其加个引号。引号中的术语往往是借用某些说法来指新近之事，带了引号的词语所指的新近含义与原来的所指含义之间虽有某种共通之处，但两者间的关系可预测性较低，用比喻性的方法将两者联系起来，既具有形象性又有新鲜感，可使文字更生动，达到引人注意、发人深思的目的。例如 1998 年 11 月 13 日及 14 日、16 日、17 日《齐鲁晚报》上几则报道的标题：

［20］邛崃校园盛行“死亡游戏”

［21］老母猪“见义勇为”去救人

［22］我当“守门员”（指门卫值班）

［23］室内装修“正规军”，也难让人放心

［24］“恐韩症”何时了（球赛经常输给韩国队，谐音“恐寒症”）

［25］为人体打“补丁”（医疗人体器官）

［26］人到中年“心病”多（指心理疾病）

［27］玩“调包计”假尼姑行骗

［28］中小饭店“查体”结束

这里的“死亡游戏”是大家所不熟悉的事，用在标题中确实具有吸引读者的效果。后来，1998 年 11 月 22 日的《中国商报》对此事件再次报道时，这 4 个字就没放在引号中了：

［29］四川邛崃一些校园近日流行一种死亡游戏……

随着这种游戏被越来越多的人所了解，它逐渐成为人们熟悉的事物，也就没有必要再加引号了。

“见义勇为”一般是人之所为，现借用来指老母猪，真新鲜！这里的两个引号，正表明了记者的此番用意。又如，《齐鲁晚报》1999 年 6 月 6 日的报道：

［30］北约将出动 4.7 万人“维和”

［31］南斯拉夫阿族分离主义武装分子被谑称为“科索沃解放军”

这些带引号的词语都表达出了一种特殊的讽刺含义。

上面几个例子仅是笔者信手所得，只从三天的同一家报纸中摘来，可见引号表达新鲜信息的现象很常见。记者正是运用了引号中词语与新近事物之间的“不可预测性”这一特征，来达到新闻报道具有新奇性的效果，以吸引读者。

语符数量像似于角色关系和文体风格。一般来说，在陈述同一信息时语符数量越多，角色关系就越远，所用文体也就显得越正式。相互关系比较熟悉，地位接近的交际双方所使用的语言符号量比关系不熟悉的、地位差异较大的所用语言符号量要少。许多人亦已注意到了，夫妻之间的语言缩减和省略程度会比其他角色关系交际时的程度要高。朱永生（1997：28）的一段话（详见第四章第二节第 2 点第 4 条）则是对这种像似性现象作出的概括性总结。

根据赫尔和赫尔（Hill and Hill，1978：128）的调查，在爪哇语中，问：

［32］你现在是吃米饭还是木薯？

该问句可分别使用6种语域，随正式程度的增加，音节数量依次从14个增加到22个。在纳瓦特尔语（Nahuatl）中，一个简单的祈使句“告诉我”，随着4个语域正式程度的增加，音节数量从4个增加至9个。

从认知语言学和体认语言学角度讲，语符数量的增加，会增加“认知距离”，加长的语言符号使听话人受到这一“语包”或“包装”的保护，这就如同靠身体距离来维持交际双方的社会距离一样。在对加长语言符号进行信息处理时，就需要较多的时间和较复杂的认知过程。因此一般来说，语符长度像似于认知距离和正式程度，也就像似于礼貌程度，这条原则可称为“语域像似性（the iconicity of speech register）”，例如“禁忌语”这一普遍语言现象，在不同的语言社团中都有。在绝大多数社团中谈到“性、死”等词语时，都要格外小心。它们常常被列为禁忌语，多用委婉语取而代之。当然，我们很难进入人们的内心世界来仔细观察禁忌语是如何伤害人的，但回避使用禁忌语已成为交际双方的语言常识和社会常识。一般来说，委婉语在形式上较长，在语域上较正式。语符形式长，把那些不愉快的东西掩盖在一些冗余符号之中，采用迂回说法，将禁忌内容“包装”在冗余语符之中，这就形成了“保护性语包”，可避免直接说出不愉快的事物，从而也就避免直接所指，不会产生直接联想。讲话人把“难以言出”的实际所指内容“包装（envelope）”在额外的语符之中，形成语包，讲话时仅是模糊一提，顺带而过，听者往往来不及打开“语包”，从而就不会产生确切所指和不愉快联想，也就不会引起反感。我们可采用一些式子来表示上述这种关系，如：

X　　（某命题或禁忌概念）

X’ = X　（为随意体，用于非正式场合）

X’’ = AXB（为委婉语，用于正式和礼貌场合）

当 X 为某一命题或禁忌概念时，或用在亲友、熟人之间时，实际交际语符量 X’，等于或约等于表达 X 所需最少符号量；而用于“正式、礼貌、委婉、含蓄”场合时，实际交际语符量 X’’ = AXB（A、X、B 的顺序不限），X 被隐藏在一些特意附加的语符 A、B 之中，形成一个 AXB 语包。这也可用来说明英语用词较多的虚拟语气比较礼貌委婉的原因。

试比较英语中的一些委婉词语：

[33] secretary（秘书）　administrative assistant（行政助理人员）
dustman（清道夫）　sanitation man（卫生人员）
strike（罢工）　industrial action（工业行动）
criminal（罪犯）　social misfit（不适应社会环境者）

医生在给病人透露坏消息时，政客们在讨论敏感问题时，外交家们在谈论国际大事时，无不施展含糊其词之能事，其真正信息隐藏在迂回曲折的词语之中，这就需要语言交际者思维敏捷，从复杂的、冗余的话语中准确地分辨出核心信息。

至于各类“重复、反复、叠用、赘言（冗余）、节略、散珠”等也是数量像似性原则的具体运用。某些语符和特征的重复、反复或重叠出现，必然就传递了较多的信息；语符少于应出现的正常数量，也会产生特殊的修辞效果，文体特征由此而生。

第二节　顺序像似性与文体特征

语言单位排列顺序也可反映文体特征。各语言都有较为固定的正常组词成句的顺序，顺应正常语序是一种无标记现象，违反正常语序为有标记现象，倒装所具有的修辞色彩也是显而易见的。例如英语中将宾语置于句首，就会使得句子具有较强的标记性。英语的基本语序与汉语一样，原型结构为：

起语 + 主语 + 谓语 +（宾语）

I　　S　　V　　（O）

当起语就是句子主语时，前两项合并为一项，也就是常见的英汉两种语言的“主 + 谓 +（宾）”句型。这一基本语序像似于思维顺序，也反映了现实动作的正常顺序：从施事者开始，发出动作，再到动作所及对象。而在一些其他语言中，如日语，宾语是置于谓语之前的，在这一点上日语的像似性较低。

如果该用正常的 ISVO 排列的语句不以这一顺序排列叙述，则违背了正常的表达顺序，反映了一种认知程序上的倒置表达，某部分的信息则得到了强调和突出，使语句具有特定的文体风格。例如：

[34] Across the river lies a newly-built bridge.

[35] To this class of substance belong glass, rubber, etc.

[36] Behind the rubber industry of today lies an interesting story of one man’s search and of his great discovery by accident.

前两句分别强调了句首的内容，第三句尾重现象十分明显，从而使得句末的信息得到了强调，同时与下文所述故事取得衔接。

如果及物动词前面不是施事者，而是动作所及的对象，此时受事比施事更具有主题性，语言使用者则利用这种结构来达到强调受事的修辞目的。

[37] Bell invented the telephone.

[38] The telephone was invented by Bell.

显而易见，这两句话所强调的信息重点是不同的。

各语言中的句法成分排列次序与现实生活中动作发生的先后顺序之间存在着不同程度的像似性，如果一种语言的语序像似于实际动作发生的时间顺序，可将这种语言称作“绘画式”语言，语言就像绘画一样按实际情况来编排语言单位的顺序。如果在一种语言的语序中既有顺序像似性现象，又有违反顺序像似性的现象，可将这种语言称为“蒙太奇式”的语言，这就好像电影导演根据剧情发展、表现技巧、个人风格等需要，可把各组镜头按时序或不按时序加以剪辑和组合而成。汉语中语序与时序的像似性程度比英语高。

[39] I was going to touch the machine, but the man cried, “Hands off!” and I let it alone.（我要去摸机器，但有人喊道：“请勿动手！”于是我就没有碰它。）

[40] The sea thundered on, over and past, and as it roared by it revealed a hideous sight.（狂澜霹雳，隆隆滚远，波涛汹涌后，眼前一片惨状。）

上述两例句说明英语和汉语都具有语序像似性。试看下面一个例句：

［41］I am all astonishment when I reflect on the great achievements you have made.

①　②　③

这句话表达了三层意思，其实际发生顺序为③②①，而汉语须按照时间顺序来安排语序，因此汉语应表达为：

［42］你们取得了伟大的成就，一想到这一点，我就感到非常惊讶。

从上面所举例句可见，汉语往往是按照时间顺序来编排语序的。再如：

［43］他走进来笑着对我说了声谢谢。

这个句子有六个动作："走、进、来、笑、对、说"。必须是先"走"，然后是"进"，才能"来"，接着把面转向我，"对我"，这时才开始"说"。这几个动作是有严格时间顺序的，汉语的句序准确地反映了现实生活中动作发生的先后顺序；这几个动作的发生顺序也就决定了汉语的句序，以"临摹"的方法将其排列成句，断然不可随便更改句序，否则就为错句。

"走进来"是一个连贯的动作，其中的时间间隔较短，因此在"走进来"中间就不可能插入"笑"这个动作，如不可说：

[44] * 走笑进来

[45] * 走进笑来

而“笑”这个动作却可发生在“走进来”之前，也可发生在“对我”之前，也可发生在“对我”之后，正是该动作相对时序的随意性，决定了这一句子成分排列有以下三种可能性，可表达成以下三句话（为便于与英语相对照，分为 5 个动作）：

[46] 他笑着 走 进来 对 我 说 了声谢谢。
① ② ③ ④ ⑤

[47] 他 走 进来 笑着 对 我 说 了声谢谢。
① ② ③ ④ ⑤

[48] 他 走 进来 对 我 笑着 说 了声谢谢。
① ② ③ ④ ⑤

这三句话都是正确的，这是因为句中几个动词的顺序直接反映了现实生活中“笑”这个动作与“走进来”“对我”“说”这三个动作的相对顺序：

[49] 笑着走进来对我说

[50] 走进来笑着对我说

[51] 走进来对我笑着说

也正是由于它们是完全符合现实逻辑的，与实际动作顺序相吻合，才决定了这三个汉语句子是正确的。若将这三句译成英语，则会全然不见汉语所表达的时间顺序：

[52] He came in smiling and said thanks to me.

② ③ ① ⑤ ④

[53] He came in and smiled then said thanks to me.

① ② ③ ⑤ ④

[54] He came in and said thanks to me with a smile.

① ② ⑤ ③ ④

可见，英语的语序与汉语语序是不对应的，这是由于英语的语序与实际生活中的时间顺序是不完全对应的。

语篇的句子可以按照动作的顺序来组织，也可以按照重要性顺序来组织，还可以按照位置顺序来安排，等等，这些都是顺序像似性原则在语篇中的具体体现。例如有一篇文章的标题为：

[55] *Aeroplanes: Yesterday, Today and Tomorrow.*

从这个标题就可知道，文章将以飞机发展的顺序来组织信息，从飞机的过去说到今天，再预测其未来的发展情况。在很多叙事文体中常用正叙方法来组织信息，正叙就是对顺序像似性的运用，例如：

[56] Although it might have happened anywhere, my encounter with the green banana on a steep mountain road in the interior of Brazil. My ancient Jeep was straining up through spectacular countryside when the radiator began

to leak, ten miles from the nearest mechanic. The overheated engine forced me to stop at the next village which consisted of a small store and a scattering of houses. People gathered to look. Three fine streams of hot water shot from holes in the jacket of the radiator. “ That’s easy to fix,” a man said. He sent a boy running for some green bananas. He patted me on the shoulder, assuring me everything would work out. “Green bananas, ” he smiled. Everyone agreed...

At that moment, the boy returned with my green bananas. The man sliced one in half and pressed the cut end against the radiator jacket. The banana melted into a glue against the hot metal, plugging the leaks instantly. Everyone laughed at my astonishment. They refilled my radiator and gave me extra bananas to take along. An hour later, after one more application of green banana, my radiator and I reached our destination. The local mechanic smiled. “Who taught you about the green banana?” I named the village.

这段语篇除开头一句之外，其余各句都是按照时间顺序安排的。

另外，倒叙和插叙是对顺序像似性的违背，也不失为一种叙事手法，例如（选自 *New Concept English*，Book Two，Passage 34）：

［57］Ted Robinson has been worried all the week. Last Tuesday, he received a letter from the local police. In the letter he was asked to call at the station. Ted wondered why he was wanted by the police, but he went to the station yesterday and he is not worried any more. At the station, he was told by a smiling policeman that his bicycle had been found. Five days ago, the policeman told him, the bicycle was picked up in a small village four hundred miles away.

It is now being sent to his home by train. Ted was most surprised when he heard the news. He was amused too, because he never expected the bicycle to be found. It was stolen twenty years ago when Ted was a boy of fifteen.

在这个小故事中，有倒叙，有正叙，也有插叙。

文体学中所讨论的“渐升法”与“渐降法”，实际上也是按概念由轻到重或由重到轻的顺序排列来获得修辞效果的，这显然是顺序像似性原则的具体运用。例如：

[58] He gambled recklessly and lost his friends, his family and his life.（渐升法）

[59] The hurricane interrupted transportation，ruined the crops, and left thousands of people homeless.（渐升法）

[60] The hurricane left thousands of people homeless, ruining the crops and interrupting transportation.（渐降法 ）

在一段文章中也会按照重要性的顺序来组织语句，例如：

[61] If you are interested in buying a pair of contact lenses, be prepared to pay $200 or more. Generally there are three main reasons why people want contact lenses. You may need them because the cornea of your eye is misshaped and ordinary glasses are not satisfactory. If so, you will be in the group that comprises 1 to 2 percent of contact lens wearers. But you may want them for a sport, avocation, or vocation. Perhaps you’re a baseball player, a boxer, a

swimmer, an aviator, or perhaps you're engaged in an industry where flying particles may endanger your eyes. If you get your contact lenses for one of these reasons, you are in the same group with about 20 percent of the users. But if for some reason you feel that glasses are handicapping your appearance and you'd rather have invisible glasses, you'll have lots of company. About 79 percent of lens users hope to improve their looks.

这段语篇就是按照重要性顺序来编排的，从 1% 到 2%，再到 20%，直至 79%。

在语篇的开头常出现主题句（topic sentence），其后是一连串的论证句，或叫支持句（supporting sentences），这种语篇结构顺序与人们的"演绎型（deduction）"思维方法相似。若主题句出现在一个语篇的结尾，其前是一些说明性的论证句，这种语篇结构顺序则与人们的"归纳型（induction）"思维方法相似。如果在一个语义连贯的段落里，主题句出现在段中，则是"归纳型"思维方法和"演绎型"思维方法结合使用的反映。

［62］

Topic Sentence Many countries helped to develop the automobile. The
Supporting internal combustion engine was developed in Austria, and
Sentences of France was an early leader in automobile manu-
Diminishing facturing. But it was in the United States after
Importance 1900 that the automobile was improved
most rapidly. As a large and growing
country, the United States needed

cars and trucks to provide
transportation in places
not served by
trains.

[63]

If the
Supporting wind becomes
gusty after a period
Sentences of calm, you should seek
shelter. The sky needs careful watching
too. Gradual darkening and "boiling" clouds
should quicken your pace. Lightning and thunder
are common enough storm indicators, but few people
realize that the lightness of the lightning is not nearly as important
as the number of lightning flashes. The signs of an oncoming storm
are many, and a person' s life may depend on his ability to interpret them.

[64]

Supporting Despite the
fact that cars from
Sentences Germany and Japan are
flooding the American Market,
Ford, General Motors and Chrysler are
hiring more workers than ever before. The flood of

cheaper foreign cars has not cost American auto workers

Topic Sentence their jobs as some experts predicted. Ford operates as far as Asia

and General Motors is considered Australia' s biggest

Supporting employer. Yet GM has its huge American

work force and hires hundreds of people

Sentences every day to meet the needs

of an insatiable

society.

第三节　标记像似性与文体特征

标记性从无到有的顺序像似于认知的自然顺序及组词的一般顺序；有标记性像似于额外意义，无标记性像似于可预测的信息。无标记项比有标记项具有更一般化的意义，用于更广泛的语言环境中。带区别性特征的有标记的语言成分比其对应的无标记成分表示着额外的、不寻常的意义。胡壮麟（1996：4）指出：

> 语言形式上的标记性是以像似性为基础的，即对语言符号和所指之间自然顺序的理解。

雅可布逊（Jakobson，1966：270）一句常被引用的名言，以及海曼（Haiman，1980：28）对标记性和额外意义之间的关系所作的论述（详见第四章第四节）都说明了形态上的标记性像似于语义上的标记性这一较为普遍现象。笔者将其表述为：

有标记项像似于额外意义。

用有标记语言项代替无标记语言项时，便会偏离常规，可产生突出效果，使语句带上一定的文体色彩。

无标记项	有标记项
（1）wide（high, deep, big,old…）	narrow（low, shallow, small, young…）
（2）单数	复数
（3）基数词	序数词
（4）动词原形	过去式、过去分词、现在分词
（5）形容词／副词原形	形容词／副词比较级、最高级
（6）陈述句	疑问句
（7）肯定句	否定句
（8）陈述语气	虚拟语气
（9）主动句	被动句
（10）简单句	并列句、复合句
（11）现在时	过去时、将来时
（12）一般体	进行体、完成体
（13）正常语序	倒装语序
（14）一般语句	书面语句、文学语句、修饰性语句
（15）正常搭配	异常搭配

（还可继续列下去）

问年龄时如说：

［65］How old are you?

则为无标记用法，若问：

［66］How young are you?

则为有标记用法，就体现出某种语气，产生某种文体效果。

书面语句和文学语句相对于口语而言，句子较为规范、正式，文体变化也较多，当属“有标记”范畴。

另外，大写、斜体、黑体、下加线、变换字体等都是对常规的一种偏离，使其有了有标记特征，从而达到了“突出、强调、醒目”的目的。例如该用小写时用了大写，或反之，就是一种偏离和突出，就具有了某种文体特征。在许多拼音文字中，句子开头用大写字母，标记一个句子的起始；专有名词第一个字母大写，为有标记项，表示特指意义。请看下一例句（摘自 *National Geographic*，January 1981：42. 这里的 blast 指美国华盛顿州圣海伦斯火山喷发时的大爆炸）：

［67］The blast was big, Big, BIG.

3 个 big，先三个字母全部小写，然后 B 大写，作者觉得意犹未尽，表达得还不够，然后 3 个字母全部大写。3 个 big 在书写上逐步升级，表明作者在认识程度上逐步升高，以体现其威力之大（相当于广岛原子弹爆炸力的500倍）。又如：

［68］The king didn’ t know what to do. He asked the princess: “What shall I do with this man?” And she answered: “Let him marry me.”

“**WHAT**?” cried the king.

“**WHAT**?” cried the twelve brothers.

两个WHAT既大写又用黑体，强调语气显而易见，充分表现了国王和他12个兄弟的惊讶之状。

违反正常搭配也会产生有标记形式，使之具有修辞效果。英语中的Zeugma（轭式修饰法），汉语中的拈连，都属于这种现象。一个符合正常用法，另一个不符合正常用法，背离了常规，修辞效果由此而生。例如：

［69］At noon Mrs Turpin would get out of bed and humour, put on kimono, airs and the water to boil for coffee.

在这一例句中同时运用了两个轭式修辞格，取得了很好的修辞效果：

（1）get out of bed为正常搭配，而get out of humour（心情不佳）为不正常搭配；

（2）put on kimono（穿上和服）和put on airs（摆架子）为正常搭配，而put on water则违反逻辑，为不正常搭配。

又例：

［70］He couldn't pull it. Both were naked. Two naked men. Stripped of clothes. Stripped of names. Stripped of nationality. Stripped of their khakied selves .（他不能扣动扳机，两人都赤身裸体，两个赤裸的人——剥去了衣服，剥去了姓名，剥去了国籍，剥去了他们着卡其布军服的本性。）

顺着 stripped of clothes 一直往下说，后面的 stripped of names，stripped of nationality，stripped of their khakied selves，就是一连 3 个轭式搭配用法，虽说搭配不正常，但是从前面的 stripped of clothes 连下来的表达，这种搭配使用别具一格，因而使人觉得新颖。

汉语中类似英语轭式修辞格的现象称作“拈连”，指当把甲、乙两件事并提的时候，为了提高表达效果，故意把只适用于甲事物的词也用于乙事物，而在一般情况下乙事物是不能用这个词的。例如：

［71］从小就会推车，可那时是赤臂滚钉板，推得腰弓背弯，推不完的冤深仇重，推不完的苦难；如今推的是啥？推的是胜利，推的是希望，越推腰背越直，越推心越甜。（王颖《车轮滚滚》）

文中借着“推车”，就用“推”一直往下叙说。

英语中的 I am，he is 是正常搭配，为无标记用法，若说成：he were，I were 则为有标记用法，表示一种虚拟含义。正因为在形式上 he were，I were 是一种违反语法规则的矛盾用法，在正常情况下是不存在的，所以，这种不存在的句法结构就像似于其概念在现实中不存在，虚拟含义由此而生。

“重言法（Hendiadys）”也是一种由违反常规用法而形成的修辞格。

一般来说，平行结构表现了平行的概念，并列的结构表现并列的意义，主从结构则往往表现了语义有主有次。如果用并列结构来表示主次含义，则是对常规的一种偏离，使得平行结构就有了有标记特征。例如用句［72］代替句［73］：

［72］cups and gold

［73］golden cups

如果在需用有生命名词短语充当及物动词的主语时，换用了无生命名词短语，则违背了正常搭配用法，为有标记用法，拟人化效果由此而生。例如：

［74］Edelweiss, edelweiss, Every morning you greet me.
Small and white
Clean and bright
You look happy to meet me.（出自 *The Sound of Music*）

对雪绒花进行拟人化的描写（greet, look），将它写活了，使人倍觉亲切。

英语句子典型的信息结构：

已知信息 + 新知信息

已知信息在前，再由此引出新知信息，这也就是吕叔湘先生所说的“由熟到生”的顺序，符合人们正常思维的顺序，具有无标记特征。如果违反这一典型顺序，则是一种偏离，就使得顺序结构具有标记性，从而获得文体特征。

“幽默、讽刺”等修辞格也是运用标记像似性原则的结果。周广林（1992：551）指出：

所有的语言幽默技巧都是对语言的超常使用。

这里所说的“超常使用”，实际上就是让某语言项带上“有标记特征”。出于塑造艺术形象和渲染气氛等的需要，将某些词语违背常规，用于某特定的语境之中，故意对其进行“别解”，正如：

有意对词语的意义作歪曲的解释，或者临时赋予一个词语以原来不曾有的新义的辞格。（傀宝元，1994：282）

“歪曲的解释”就是在表达中借用语言相似、字词形式相同或部分词素一致等条件，故意临时改换某个词语的基本意义，或赋予某个词语以新义的方法，也就是使原词语偏离其常规用法，直接与原义发生摩擦，使之带上“有标记特征”。因此标记像似性原则是进行“别解”，获得幽默的一种重要修辞格。如：把当今某些父母处处为子女着想，说成是“孝子”。将偏离常规的偏正结构用法，别解成动宾结构，还颠倒辈分，将父母说成“子”，自然使得这一表达具有幽默和讽刺的意味。又如：将拖鞋戏说成“空前绝后”，将办案人员收礼后就为其办案，说成是“物理”（有物就有理），等等。

运用标记像似性原则来取得幽默和讽刺的效果，往往可通过跨语域用词的方法来实现：

（1）褒词贬用，贬词褒用　　［75］狠狠表扬某人一顿

（2）古词今用，今词古用　　［76］回禀大人：向上级汇报

（3）卑体庄用，庄体卑用　　［77］别来无恙乎

（4）大词小用，小词大用　　［78］置之死地而后生：玩命

（5）词义移用　　［79］非公莫入：男人可进

这都是词语的感情色彩和文体色彩的暂时位移，偏离原词语域的常规。若能恰当地使用这些技巧，就能给人耳目一新的感觉，增强语篇的表达效果。

成语的习惯搭配使用与其固定意义之间的关系是一种无标记用法关系，如换用其中个别字词，取得其他意义，便可引人注意，给人留下深刻印象，以达到广告宣传的目的。例如：

［80］趁早下“斑”

［81］请勿“逗”留

［82］九“酒”归一

［83］“骑”乐无穷

［84］一“明”惊人

［85］默默无“蚊”

［86］“闲”妻良母

［87］无可替“带”

［88］百“衣”百顺

［89］以“网”情深

英语中的成语：

［90］every inch of a gentleman

也曾被人换说成：

［91］every other inch of a gentleman（不完全是个君子）

莎士比亚也曾改用成语，将：

［92］a horse of the same color

换说成：

［93］a horse of another color（完全是另外一回事）

修辞格中诸如修辞性问句、反诘句、曲言、反义、代换、矛盾法等手法，都是具有有标记特征的。

第四节　距离像似性与文体特征

语符距离像似于概念距离。语符距离与其所表达的概念距离之间成正比像似；语符融合像似于概念融合，语符分隔像似于概念分隔（参见第四章第一节）。

［94］Y-o-u，Y-e-s，B-b-b-big…

模写法中用上述形式来表示拉长的语调，就是一种距离像似性现象的运用。又如，狄更斯在 *Domby and Son*（《董贝父子》）中有这样一句话：

［95］How, is, my, lit, tle, friend? How, is, my, lit, tle, friend?

由于在形式上每个音节都用逗号隔开，每个音节就应重读，而且每个音节读起来所延续的时间也是基本相同的，使得这句话大大具有节奏感，好像可以合着节拍，一个音节一个音节地往下念。当我们仔细阅读原文时就会发现，狄更斯在这里正是要用这种形式来模拟闹钟的滴答声。语言形式上的等距离表达方法像似于闹钟滴答声之间的距离。

本节拟重点论述社会距离对语言运用的直接影响，语言文体风格像似于社会距离。语言是一种社会现象。刘世生（1998：48）指出：

文献作品实际上就是社会语篇。…… 因此，所有语篇都是社会结构的一部分。

语言会深深地打上社会文化的烙印，与社会文化之间就必然会有像似性。例如，社会距离不可避免地会影响语言的运用，在语言表达中反映出来。

文体与社会距离之间存在较高程度的像似性：正式的、复杂的、较长的语句像似于较远的社会距离；随意的、简单的、较短的语句像似于较近的社会距离。客气的语句意味着社会距离的疏远。在表达同一命题时，使用的语言单位量越多，说话者就显得越客气，社会距离就越大。出于礼貌、委婉、含蓄的需要，思想表达就不那么直率，语符就会增多，形式也会复杂化，参见本章第一节。

在一组同义词中，往往有些单词比较正式，有些则比较通俗；有些是专门术语，有些是大众用词。它们分属于不同的语域，语言使用者会选用恰当的词来表达他们之间恰当的社会距离。例如，国会议员在大会上的正式发言，与熟人在街头会面时的聊天，他们必然会选用各自不同的语域。前者要用正式的词语，以适合身份，保持其间的社会距离；后者也是如此，否则就会出现“用词不当”的情况。如前者故意使用一个十分不雅的字眼，后者用了一个十分正式的词语，就会达到一种“有标记”的语用效果，这会引起人们的特别注意，产生额外的语用效果。

交谈者身体之间的距离，是社会距离的一种“隐喻（metaphor）”。身份较高者之间的谈话往往会保持身体间的一定距离，往往不会靠得很近；而熟人间的聊天，他们之间的距离往往会靠得很近。比如一对情人，他们聊天时一般会“亲密无间”，所谓“卿卿我我”就是这个意思。这种社会现象可谓普遍现象。在跨文化交际中，常常有因为在交谈时对身体距离认识不一致而产生误会的现象。

修辞学中常用的“融合、迂回、插入、整散结构”等手法，也是距离像似性原则的具体运用。

第五节　从像似性角度论述文体学的可能性

从上述分析可见，文体学与像似性之间存在十分密切的关系。王守元（1994：256）指出：

> 从某种意义上讲，像似性以批评家和语言学家都未能阐明的方式对表达选择产生了深刻的影响。（下划线为笔者所加）

像似性作为一种修辞手段，一直在为人们所广泛使用，语言使用者会时常运用或违背像似性原则来达到修辞效果，取得文体特征。我们今天应当对这一“都未能阐明的”现象作出论述。

莫卡诺夫斯基（Mukarovsky）将文体视为前景化（style as foregrounding），韩礼德将文体视为突显（style as prominence），布拉格学派的斯彼策（Spitzer）将文体视为对常规的偏离（style as deviation）。从上述分析可见，“数量的高频出现”“语句中特殊和显赫的位置”“有标记特征”都是取得“前景化”和“突显”的最有效手段之一。语言符号一旦在数量和位置上偏离了正常情况，也自然就使得这些语言项具有了“有标记特征”，因此“数量像似性、顺序像似性、距离像似性、标记像似性”正是体现文体特征的四种主要原则。

实话实说是一种对现实用像似性手法的描写，而夸张（扩大夸张、缩小夸张、超前夸张）则是一种违背现实像似性的描写手法。

夸张是一种故意言过其实，从主观出发，违反事实，夸大或缩小事物形象或某种性质及程度，借以突出事物的某种特征，抒发作者某种强烈情感的修辞格式。夸张也可视为一种对“性质、状态、功能”等在数量上的违背。人们都已习惯现实生活中的事物，一旦违背现实，便会十分突出醒目，吸引人们的注意力，激发丰富的想象力，发人深思，令人回味，达到一种形象而又感人的修辞目的。例如：

［96］打个喷嚏，顶风臭十里。

［97］白发千丈。

［98］五岭逶迤腾细浪，乌蒙磅礴走泥丸。

［99］朝如青丝暮成雪。

［100］I don’t know why you like him. I think he’s a bit of a fool.（属缩小夸张）

［101］Hamlet: I loved Ophelia: forty thousand brothers could
Not, with all their quantity of love, make up my sum.（属扩大夸张）

当然，对现实无限的夸大，过分违背像似性，也往往会造成浮夸文风。南朝刘勰在《文心雕龙》中说：

夸而有节，饰而不诬。

因此切实掌握好像似性原则，用好夸张手法，可使语言形象生动，文句感人，收到良好的语言表达效果。

所有隐喻修辞，也是以像似性为基础的。从像似性角度可对隐喻下如下定义：在本体和喻体之间必须具有一个或多个像似点。如将“雪”比喻成“盐”，像似点为“颜色”；如将“雪”比喻成“柳絮”，则像似点为“颜色、形貌”。可列式如下：

	本体	喻体	像似点
[102]	雪	盐	颜色
[103]	雪	柳絮	颜色＋形貌
[104]	报复	穿玻璃小鞋	视觉＋感觉
[105]	香烟	棺材钉	效果＋形状
[106]	瀑布	银河	形状＋颜色＋位置

再进一步从一些常用修辞格来说，“各类重复、反复、叠用、赘言（冗余）、婉言、节略、散珠”等是数量像似性原则的具体运用；“渐升、渐降、倒装、预现、追叙、倒叙、部分模写手法”等是顺序像似性原则的具体运用；“融合、迂回、插入、整散结构”等是距离像似性原则的具体运用；“修辞性问句、反诘句、轭式、拟人、拟植物、拟动物、拟神、曲言、讽刺、反义、代换、矛盾法”等是标记像似性原则的具体运用。至于“拟声、摹形、象征、比喻、暗示、移就”等更是显而易见的像似性原则的运用。上述是从微观角度来分析的。再从宏观角度来说，语言文体风格像似于“以言行事、以言取效”的原则。王守元（1994：256）指出：

事实上，文学广义上可被视作是像似性的，其形式可以以多种方式模仿它所反映的现实。

其实这一论断也适用于非文学语篇。

现将上面所叙述的种种修辞格与像似性的关系小结如下：

表 5.1 修辞格与像似性的关系

像似性原则	修辞格及文体特征
数量像似性	重复（连续重复、间接重复、平行重复、首语重复、尾语重复、首尾重复）、反复、叠用、赘言（冗言）、婉言、节略、散珠、对称、排比、反衬、禁忌语、迂回说法、词汇密度、标点数量、简单句、复合句、长句、短句、角色关系、夸张（扩大夸张、缩小夸张、超前夸张）
顺序像似性	正常语序、倒装语序、正叙、倒叙、渐升、渐降、已知信息 + 新知信息（由熟到生）、松散句、圆周句（掉尾句）
标记像似性	大写、斜体、黑体、下加线、变换字体、轭式、拈连、重言、拟人、拟动物、拟植物、拟神、幽默、讽刺、别解、修辞性问句、设问句、反诘句、曲言、反义、代换、矛盾
距离像似性	摹写、字符距离、词语间距、社会距离、交谈者距离、融合、插入、迂回、整散结构

由此可见，数量像似性、顺序像似性、标记像似性、距离像似性这四条原则可包含绝大部分的修辞格及其他文体特征，因此，用像似性理论来论述文体学是可行的。

从像似性角度研究文体学可算是一个新课题，可考虑以像似性为视点，以认知语言学、像似性理论和文体学理论为基础，完善某些修辞术语的定义，重新给修辞法分类，系统论述文体学中的像似性修辞手法。

笔者意在抛砖引玉，欢迎同行学者继续研究，不妥之处，敬请批评指正！

参考文献

[1] ANDERSEN H. Diphthongization [J]. Language, 1972 (48): 11-50.

[2] ANTTILA R, EMBLETON S. The Iconic Index: From Sound Change to Rhyming Slang [M] //SIMONE, RAFFAELE (ed.). Iconicity in Language. Amsterdam: John Benjamins, 1994.

[3] BEHAGHEL O. Deutsche Syntax: Eine Geschichtliche Darstellung. Band 4: Wortstellung. Periodenbau [M]. Heidelberg: Carl Winters Universitätsbuchhandlung, 1932.

[4] BLOOMFIELD L. Language [M]. New York: Holt, 1933.

[5] BOLINGER D. Contestar vs. Contestar [J]. Hispania, 1956: 39, 106.

[6] BOLINGER D. The Form of Language [M]. London: Longmans, 1977.

[7] BYBEE J L. Diagrammatic Iconicity in Stem-inflection Relations [M] // HAIMAN J (ed.). Iconicity in Syntax. Amsterdam: John Benjamins,

1985.

[8] CHAÎNE M B. Notions de langue égyptienne [M] . Librairie Orientaliste P Geuthner, 1938.

[9] CHOMSKY N. Language and Mind [M] . Rev. Ed. NY: Harcourt, Brace & World, 1972.

[10] CHOMSKY N. Language and Nature [J] . Mind, 1995.

[11] DERRIDA J. Of Grammatology [M] . Maryland: Johns Hopkins University Press, 1973.

[12] DERRIDA J. Speech and Phenomena [M] . Maryland: Johns Hopkins University Press, 1976.

[13] DIXON R M W. A Method of Semantic Description [M] //JAKOBOVITS L & STEINBERG D (ed.) . Semantics. Cambridge: CUP, 1971: 436-471.

[14] DUBOIS J. Competing Motivations [M] //HAIMAN J (ed.) . Iconicity in Syntax. Amsterdam: John Benjamins, 1985.

[15] FÉVRIER J. Histoire de l'écriture [M] (《文字史》). Paris: Payot, 1959.

[16] GIVÓN T. Iconicity, Isomorphism and Non-Arbitrary Coding in Syntax [M] //HAIMAN J (ed.) . Iconicity in Syntax. Amsterdam: John Benjamins, 1985.

[17] GIVÓN T. Mind, Code and Context [M] . Hillsadale, NJ: Academic Press, 1989.

[18] GIVÓN T. Syntax: A Functional-Typological Introduction [M] . Vo1.2. Amsterdam: John Benjamins, 1990.

[19] GIVÓN T. Functionalism and Crammar [M]. Amsterdam: John Benjamins, 1995.

[20] GREENBERG J H. Some Universals of Language, with Special Reference to the Order of Meaningful Constituents [M] //GREENBERG J H (ed.). Universals of Language. Cambridge, Mass: MIT Press, 1966: 73-113.

[21] HAIMAN J. The Iconicity of Grammar: Lsomorphism and Motivation [J]. Language, 1980: 56.

[22] HAIMAN J. Iconic and Economic Motivation [J]. Language, 1983: 59.

[23] HAIMAN J. Natural Syntax [M]. Cambridge: CUP, 1985a.

[24] HAIMAN J. Iconicity in Syntax [M]. Amsterdam: John Benjamins, 1985b.

[25] HALLIDAY M A K. An Introduction to Functional Grammar [M]. London: Arnold, 1985.

[26] HARTMANN R R K, STORK F C. 语言与语言学词典 [M]. 黄长著，等译. 上海：上海辞书出版社，1981.

[27] HILL K, HILL J. Honorific Usage in Modern Nahuatl [J]. Language, 1978: 54, 123-155.

[28] HOCKETT C. The Origin of Language [J]. Scientific American, 1960: 203, 88-96.

[29] JAKOBSON R. Quest for the Essence of Language [J]. Diogenes, 1965.

[30] JAKOBSON R. Implications of Language Universals for Linguistics

[M] //GREENBERG J (ed.). Universals of Language. 2nd ed. Cambridge, MA: MIT Press, 1966: 263-278.

[31] JESPERSON O. A Modern English Grammar on Historical Principles [M] .Vo1. 3. London: Allen & Unwin, 1961.

[32] KIRSNER R S. Iconicity and Grammatical Meaning [M] //HAIMAN J (ed.). Iconicity in Syntax. Amsterdam: John Benjamins, 1985.

[33] LEECH G N. Principles of Pragmatics [M]. New York: Longman, 1983.

[34] LI C N, THOMPSON S A. Mandarin Chinese: A Functional Reference Grammar [M]. Berkeley & Los Angeles: University of California Press, 1981.

[35] LYONS J. The Origin of Language: Speech and Language [M] //LYONS J (ed.). Natural Language and Universal Grammar. Cambridge: CUP, 1991: 73-95.

[36] MACWHINNEY B. Hungarian Language Acquisition as an Exemplication of a General Model of Grammatical Development [M] //SLOBIN D I (ed.) .The Crosslinguistic Study of Language Acquisition. Hillsdale, NJ: Lawrence Erbaum Associates, 1985.

[37] PEIRCE C S. The Philosophy of Peirce [M] //BUCHLER T (ed.). New York: Harcourt, Brace, 1940.

[38] PINKER S. The Language Instinct [M]. New York: Penguin Books, 1994.

[39] QUIRK R. A Comprehensive Grammar of the English Language [M] //王国富等，校译. 英语语法大全. 上海：华东师范大学出版社，

1989.

［40］ROBINS R H．普通语言学概论［M］．李振麟，胡伟民，译．上海：上海译文出版社，1986.

［41］SAPIR E．Language［M］．New York：Harcourt，1921.

［42］SAUSSURE F D．Course in General Linguistics［M］//BALLY C & SECHEHAYE A（ed.）．高名凯，译．北京：商务印书馆，1996.

［43］SHAPIRO，MICHAEL．The Sense of Crammar［M］．Bloomington，Indiana：Reimer，1983.

［44］SLOBIN D I．The Repeatcd Path between Transparency and Opacity in Language ［M］//BELLUGI U, KENNEDY M S（ed.）．Signed and Spoken Language：Biological Constraints on Linguistic Form. Weinheim：Verlag Chemie，1980.

［45］SLOBIN D I．The Origins of Grammatical Encoding of Events［M］// DEUTSCH W（ed.）．The Child's Construction of Language. London：Academic Press，1981.

［46］SLOBIN D I．Universal and Particular in the Acquisition of Language［M］// WANNER E, GLEITMAN L R（ed.）．Language Acquisition：The State of the Art．Cambridge：CUP，1982.

［47］SLOBIN D I．The Child as Linguistic Icon-maker［M］//HAIMAN J （ed.）.Iconicity in Syntax．Amsterdam：John Benjamins，1985.

［48］TIERSMA P M．Local and General Markedness［J］．Language，1982（58）：832-849.

［49］TUDGILL P．Sociolinguistics［M］．New York：Penguin Books，1974.

［50］VERHAAR J W M. On Iconicity and Hierarchy［J］. Studies in Language，1985.

［51］WIERZBICKA A. Lingua Mentalis［M］. New York：Academic Press，1980.

［52］WITKOWSKI S, BROWN C. Making Reversals and Cultural Importance［J］. Language，1983（59）：569–582.

［53］ZIPF G K. The Psychobiology of Language［M］. New York：Houghton Mifflin，1935.

［54］洪堡特. 论人类语言结构的差异及其对人类精神发展的影响［M］. 姚小平，译. 北京：商务印书馆，1997.

［55］罗兰·巴特. 符号学原理［M］. 黄天源，译. 南宁：广西民族出版社，1992.

［56］马克思，恩格斯. 马克思恩格斯全集（第三卷）［M］. 北京：人民出版社，1960.

［57］斯大林. 马克思主义和语言学问题［M］. 北京：人民出版社，1971.

［58］ШНИЦЕР Я.Б.（什尼采尔）Иллюстрированная всеобщая история письмен［M］（《图解文字通史》）. С.-Петербург：издание А.Ф. Маркса，1903.

［59］伊斯特林 BA. 文字的产生和发展［M］. 左少兴，译. 北京：北京大学出版社，1987.

［60］维特根斯坦. 逻辑哲学论［M］. 张申府，译. 北京：北京大学出版社，1988.

［61］维特根斯坦. 哲学研究［M］. 李步楼，译. 北京：商务印书馆，1996.

[62] 詹姆逊. 语言的牢笼 [M]. 钱佼汝, 译. 南昌: 百花洲文艺出版社, 1995.
[63] 陈保亚. 论解释哲学的语言转向 [M] // 中国博士后社科前沿问题论集, 北京: 经济科学出版社, 1997.
[64] 邓炎昌, 刘润清. 语言与文化 [M]. 北京: 外语教学与研究出版社, 1989.
[65] 戴浩一 (James H-Y. TAI). Temporal Sequence and Chinese Word Order [M] //HAIMAN J (ed.). Iconicity in Syntax. Amsterdam: John Benjamins, 1985.
[66] 戴浩一. 以认知为基础的汉语功能语法刍议 (下) [J]. 叶蜚声, 译. 国外语言学, 1991 (1).
[67] 丁金国. 汉英对比中的理论原则 [J]. 外语教学与研究, 1996 (3).
[68] 杜文礼. 语言的像似性探微 [J]. 四川外语学院学报, 1996 (1).
[69] 冯之林. 思维语 [J]. 现代外语, 1997 (2).
[70] 高名凯. 语言学概论 [M]. 北京: 中华书局, 1963.
[71] 葛传椝. 英语惯用法词典 [M]. 上海: 上海译文出版社, 2002.
[72] 胡裕树. 现代汉语 [M]. 上海: 上海教育出版社, 1962.
[73] 胡壮麟. 美国功能语言学家 Givón 的研究现状 [J]. 国外语言学, 1996 (4).
[74] 胡壮麟. 系统功能语言学近况 [J]. 外国语, 1998 (1).
[75] 胡壮麟. 英汉对比研究的动向 [M] // 刘重德, 主编, 英汉语比较与翻译. 青岛: 青岛出版社, 1998.
[76] 季国清. 语言的本质在"遥远的目光"中澄明 [J]. 外语学刊, 1998 (3).

［77］苗枫林．国家公务员写作辞典［M］．济南：山东友谊出版社，1997．
［78］李秀琴．语言学研究的当前动向——第 15 届国际语言学家大会述评［J］．国外语言学，1992（4）．
［79］李兆同，徐思益．语言学导论［M］．乌鲁木齐：新疆人民出版社，1981．
［80］刘世生．西方文体学论纲［M］．济南：山东教育出版社，1998．
［81］韩泉欣．文心雕龙直解［M］．杭州：浙江文艺出版社，1997．
［82］陆国强．现代英语词汇学［M］．上海：上海外语教育出版社，1983．
［83］吕叔湘，朱德熙．语法修辞讲话［M］．北京：中国青年出版社，1979．
［84］吕叔湘．汉语语法论文集（增订本）［M］．北京：商务印书馆，1984．
［85］倪宝元．大学修辞［M］．上海：上海教育出版社，1994．
［86］潘文国．汉英语对比纲要［M］．北京：北京语言文化大学出版社，1997．
［87］戚雨村．语言学引论［M］．上海：上海外语教育出版社，1985．
［88］沈家煊．句法的像似性问题［J］．外语教学与研究，1993（1）．
［89］沈家煊．类型学中的标记模式［J］．外语教学与研究，1997（1）．
［90］沈家煊．语法研究的分析和综合［J］．外语教学与研究，1999（2）．
［91］涂纪亮．当代西方著名哲学家评传［M］．济南：山东人民出版社，1996．
［92］王德春．语言学教程［M］．济南：山东教育出版社，1987．

[93] 汪榕培，李冬. 实用英语词汇学［M］. 沈阳：辽宁人民出版社，1983.
[94] 王守元，张德禄. 文体学词典［M］. 济南：山东教育出版社，1996.
[95] 汪子嵩，张世英，任华，等. 欧洲哲学史简编［M］. 北京：人民出版社，1972.
[96] 王存臻，严春友. 宇宙全息统一论［M］. 济南：山东人民出版社，1988.
[97] 王寅. 英语句法系统纲要及练习［M］. 北京：学术书刊出版社，1989.
[98] 王寅. 英汉语言宏观结构区别特征［J］. 外国语，1990（6）.
[99] 王寅. 英汉语言宏观结构区别特征（续）［J］. 外国语，1992（5）.
[100] 王寅. 简明语义学辞典［M］. 济南：山东人民出版社，1993.
[101] 王寅. 英语词汇速记教程［M］. 北京：科学普及出版社，1996.
[102] 王寅. 从话题像似性角度谈英汉句型对比［J］. 山东工业大学学报，1998（2）.
[103] 王寅. "现实—认知—语言"三因素间的反映与对应滤减现象［J］. 四川外语学院学报，1998（3）.
[104] 王寅. 标记象似性［J］. 外语学刊，1998c（3）.
[105] 王寅. 论象似性与语言世界观［J］. 语言与文化研究，1998d（5）.
[106] 王寅. 一论语言符号与社会文化之间的象似性；二论语言符号与社会文化之间的象似性；三论语言符号与社会文化之间的象似性［M］// 毕研韬主编，跨文化交流研究. 北京：中国文联出版社，1998e.

[107] 王寅. ICONICITY 的译名与定义 [J]. 中国翻译，1999a (2).
[108] 王寅. 滤减象似性与语言符号象似性 [J]. 外语学刊，1999b (2).
[109] 王寅. 从社会语言学角度看象似性 [J]. 四川外语学院学报，1999 (2).
[110] 王寅. 论语言符号象似性 [J]. 外语与外语教学，1999 (5).
[111] 吴克礼. 语言学：21 世纪展望 [J]. 外语研究，1999 (2).
[112] 伍铁平. 语言学是一门领先的科学 [M]. 北京：北京语言学院出版社，1994.
[113] 许国璋. 语言符号的任意性问题 [J]. 外语教学与研究，1988 (3).
[114] 许国璋. 文明与文化 [J]. 外语教学与研究，1990 (2).
[115] 严辰松. 语言临摹性概说 [J]. 国外语言学，1997 (3).
[116] 杨自俭，李瑞华. 英汉对比研究综述和构想 [J]. 外国语，1990 (3).
[117] 杨自俭，李瑞华. 英汉对比研究论文集 [M]. 上海：上海外语教育出版社，1990.
[118] 杨自俭. 英汉语言文化对比研究和翻译理论建设 [M] // 刘重德，主编，英汉语比较研究. 长沙：湖南科学技术出版社，1994.
[119] 叶蜚声. 语言学纲要 [M]. 北京：北京大学出版社，1981.
[120] 张韵斐. 现代英语词汇学概论 [M]. 北京：北京师范大学出版社，1986.
[121] 张志公. 现代汉语 [M]. 北京：人民教育出版社，1982.
[122] 张德禄. 韩礼德功能文体学理论述评 [J]. 外语教学与研究，1999 (1).
[123] 张德禄. 功能文体学 [M]. 济南：山东教育出版社，1998.

[124] 张敏. 认知语言学与汉语名词短语［M］. 北京：中国社会科学出版社，1998.
[125] 章振邦. 新编英语语法［M］. 上海：上海译文出版社，1981.
[126] 赵世开. 现代语言学［M］. 上海：知识出版社，1983.
[127] 赵世开. 美国语言学简史［M］. 上海：上海外语教育出版社，1989.
[128] 赵元任. 汉语口语语法［M］. 吕叔湘，译. 北京：商务印书馆，1979.
[129] 周广林，徐侗. 幽默小百科［M］. 上海：上海社会科学院出版社，1992.
[130] 朱永生. 有关语域的几个问题［J］. 山东外语教学，1987（4）.
[131] 朱永生. 试论语篇连贯的内部条件（上）［J］. 现代外语，1996（4）.
[132] 朱永生. 试论语篇连贯的内部条件（下）［J］. 现代外语，1997（1）.
[133] 朱永生. 话语基调的含义与主要内容［J］. 外国语，1997（1）.

附录一

古代象形文字举例

表 1　部分原始象形汉字表

汉　字	象形图案	意　义
人		人的侧视形
元		“元”字上从人字形，所以“元”即首（头）
大		人伸开双手的正面形
立		像人立于大地之上
天	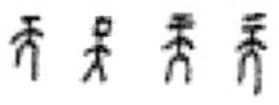	“大”人的头上加一横指天
心		像心形
比	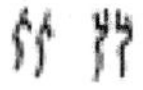	像两人赛跑时的形状
交		人两腿交叉形
夭	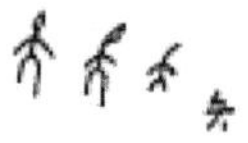	人倾头形
口		张开口的嘴型

（续表）

汉　字	象形图案	意　义
甘		口中含物之形
耳	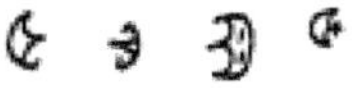	像耳形
眉		目上眉毛形
齿		口中的齿形，止为声部
手	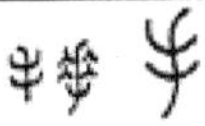	像手的形状
走	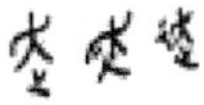	像人摆臂行走形
日		像太阳形，中间一点表示日光
月		像半月之形
明		日、月合起来就明
雨		像雨点自天而落
水	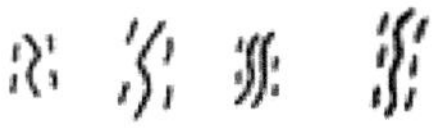	像溪水流动之形
山	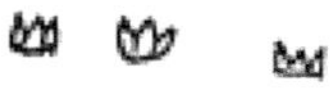	像山峰并立
木		像树形
米	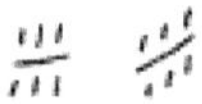	像米粒形
竹		竹枝叶并立形
牛		牛头部前视形
火		像火焰形
焚		焚烧树形

表 2　埃及用来表示具体意义的词的图形表词字（图形—意义 / 字）

图形	意义 / 字	图形	意义 / 字	图形	意义 / 字
	枭		男人		口
	鹰		女人		城
	狮		手		房屋
	公牛		手掌		山
	兔		手指		水
			脚		芦苇
					链环
					篮子

表 3　苏米尔表形字

图　形	意　义	图　形	意　义
	眼		火把
	林		面包
	山		天
	弓		船
	竖琴		人

表 4　克里特两类表形字

图形 A　B	意义	图形 A　B	意义
	人	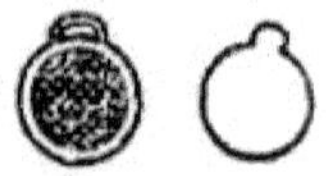	筛子
	目		船
	叉手		公牛
	斧		山羊
	门		狗
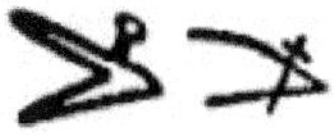	犁	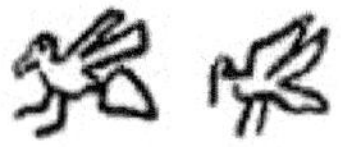	蜜蜂
	七弦琴		穗
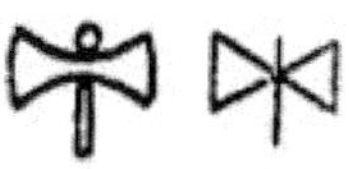	双刃斧		树
	高脚瓶		晨星
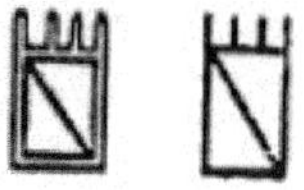	宫殿		月
			山

附录二

从社会语言学角度看语言像似性

王　寅

摘要： 语言符号像似性理论是对索绪尔任意说的挑战和补充。本文首次将语言符号像似性与社会语言学结合起来，探讨语言与社会文化中诸多现象之间的像似性关系，重点论述了5条原则：句法顺序像似于文化观念，词语化像似于社会亲疏程度，方言差异像似于地域距离，语言风格像似于社会阶层，词语长度像似于社会敬崇程度。

关键词： 社会语言学；像似性；英汉对比

一、序言

当今语言学研究出现了如下趋势：哲学方向从经验主义转向理性主义，心理研究由行为主义转向心理主义。目前占据西方语言学主导地位的两大学派——生成学派和认知学派便是这种转向的有力证明[①]。

美国著名语言学家乔姆斯基（Chomsky，1928—）所创立的转换生成语法（Transformational-Generative Grammer，简称 TG）是对索绪尔所创立的结构主义（包括描写主义）语言学派的一场革命，一反昔日仅对语言加以描写和归纳的传统方法，转而研究语言的生成机制和形式规律，将理性主义的哲学研究方法革命性地用于语言研究之中。认知学派也是以理性主义为出发点，从认知角度去探索语言结构的意义（但不否定其后的经验论）。“认知”就是人感知世界和对世界的万事万物形成概念的方式，以及在此基础上形成的心智中的认识，这就是认知语言学的研究基础。虽然两大学派都在运用理性主义的研究方法，但对语言的见解仍存在不少分歧，例如TG 语法认为语言和句法是自治的，即人们的大脑中有个专管语言和句法的机制（宁春岩称之为“肉疙瘩”），原则上独立于其他的知识和技能（如吃喝拉撒尿、数理化知识等）；而认知语言学派认为语言和句法不是自治的，它们与人类的其他认知能力是一体的，不是独立存在的，语言本身的结构范畴跟人类认知周围的非语言世界的结构范畴相类似，这就是说，语言的形成是有理据的，因此像似性理论就成为认知语言学中一个重要的研究领域。

像似性理论是对索绪尔任意说的一次最大的挑战，同时也是一个有力的补充（王寅，1999），它有力地揭示了语言符号与其所指（外部世界、

① 这是 20 世纪末写的文章，当时的认识是将认知语言学与乔氏的 TG 理论之间的关系看得更为紧密，认为前者是在后者的影响下出场的。但笔者在 21 世纪初访问美国的雷科夫（Lakoff）和兰盖克（Langacker）之后，在认识上有所变化。他们声称认知语言学是对乔氏 TG 革命的又一场革命，我们经过这些年的研究认识到，认知语言学是结合了经验论和唯理论的一种语言学理论。笔者近年来提出的“体认语言学（Embodied-Cognitive Linguistics）”更是强调语言的“体验性”，这就与乔氏的“唯理论”产生了重大区别。

概念结构、经验结构）之间存在种种相似的现象。本文拟将像似性研究与社会语言学研究结合起来，论述语言符号与社会现象（即非语言世界）之间的像似关系。

语言学家都接受这样的观点：语言是一种社会现象，与社会文化的关系密不可分。索绪尔（Saussure，1996：43）指出：

一个民族的风俗习惯常会在它的语言中有所反映。

以安东尼·梅耶（Antoine Meillet，1866—1936，索绪尔的得意门生）为首的社会学派认为：

各种语言的发展和演变与他们在历史上、文化上和社会上的环境有极其密切的联系，语言对于认识社会起着重要的作用，反过来社会在一定程度上又制约着语言的发展。

语言这一“社会性质”就决定了语言表达与社会文化之间必然存在像似性。社会环境、文化观念、风俗习惯等对语言产生了根本性的影响，这实际上就是一种“社会文化—语言符号”之间的对应像似的关系。朱永生（1987，1997）在论文《有关语域的几个问题》和《话语基调的含义与主要内容》中论述了语境的三个因素：

（1）话语范围（field of discourse）

（2）话语基调（tenor of discourse）

（3）话语方式（mode of discourse）

以及话语基调的内容和对交际的影响。文中介绍了格里高利（Gregory）的观点：话语基调包括交际情景中讲话者与受话者之间的关系和讲话者的交际意图。他把话语基调分为个人基调和功能基调。马丁（Martin，1992）进一步论述了话语基调的三个主要内容：地位、接触和情感。例如交际双方社会地位的悬殊，往往使语言交际中的一方处于相对主导的位置，使另一方处于相对顺从的位置，这样，就会在交际中影响到语音、语法、词汇、篇章语义和交流模式。因此，语言符号的形成和运用与社会文化因素密切相关，它们之间存在理据性。

笔者（1998，1999）继沈家煊（1992）、杜文礼（1996）、严辰松（1997）等学者就语言符号像似性发表论文之后，也相继发表了12篇论文对之加以论述，并拟将符号像似性定义为：

符号在音、形或结构上与其所指之间存在映照性相似的现象。

本文拟从5个方面简述语言符号与社会文化之间的像似性现象。

二、句法顺序像似于文化观念

现代语言学家几乎无一例外地认为，现代英语中的末端重量原则是影响 英语句子线性排列的一个重要的结构原则（金积令，1998：28），这种句法顺序取决于西方民族的文化传统和思维定势。西方民族的文化传统认为社会是由个人组成的，重视“自我精神”，提倡“自我奋斗”，这就形成了“先从自己说起，先近后远，逐步展开”的思维定势，这种文化观和思维定势决定了英语的一般语序“由近及远，由轻及重，先短后长，先简单后复杂”，说得形象一点，就像一个正三角（△）几何图形，如英语中地点、时间等概念基本都是按照从小到大的顺序排列，例如：

［1］No.15 Downing Street，London，United Kingdom

［2］He was born in a small village near Jinan，Shandong Province，People's Republic of China.

认知语言学认为，时间是空间的隐喻，英语中空间的这种排列方法也决定了时间的排列顺序，例如：

［3］on the morning of 15，February，1979

汉语则应按照"从大到小"的顺序排列，上三例的汉译为：

［4］英国，伦敦，唐宁街 15 号

［5］他出生在中国山东省济南附近的一个小村庄。

［6］1979 年 2 月 15 日的上午

英语中的其他句法顺序也体现出"自我为中心"的文化传统，这种像似性反映在英语的很多固定词组中：

［7］this and that，these and those，here and there，now and then...

例子详见第四章第四节第 5 点，它们也可用"标记像似性"作出合理解释。

汉文化中的社会关系一般体现了“先大后小、先上后下、先尊后卑”的顺序，如汉语中一般都说：

［8］上下、 大小、 高低、 天地、 前后

先后、 老少、 长幼、 尊卑、 左右

这种观念及说法还反映在其他很多的表达之中，诸如：

［9］大大小小、 前前后后、 一前一后、左顾右盼

大中型企业、中小学

高不成，低不就

天时、地利、人和

救死扶伤

……

在“救死扶伤”中涉及两个事件“救死”和“扶伤”。试想一下，在“快要死了的人”和“受伤的人”这两者中，显然前者更重要，因此汉语就将“救死”置于前面，而英语表达则采用“尾重”原则，译为：

［10］Cure the wounded and save the dying.

汉文化中人们在处理人际关系时也是领导在前（比较：西方有“女士优先”的习俗）、父母在上、长辈为尊。另外，中国旧社会历来有“男尊女卑”的封建思想，这种思想在汉语中打下了深深的烙印，在语言表达上

一般都是男在前、女在后，例如：

［11］男男女女、不男不女、男女老少、男大当婚女大当嫁

男女平等、父母、兄妹、哥哥姐姐

……

在讲英语的社团中并没有“先大后小”的文化观念，虽说在西方社会中有“女士优先”的习俗，但这种社会习俗并没有完全映射到语言表达顺序中，除了句［12］：

［12］Ladies and gentlemen

此外，英语中还说：

［13］man and woman

boys and girls

Adam and Eve

……

汉语中这种“先大后小”的观念不仅反映在词法层，也反映在句法层，排列顺序一般遵照如下顺序：

由远及近，先主后次，前重后轻。

说得形象一点，呈倒三角（▽）形状（例句详见王寅，1990，1992）。

汉语这种“前部重量”句法顺序，主要取决于汉族的“先大后小”的文化观和思维定势。正如上文所述，自古以来在汉族文化体系中就形成了“尊君孝亲”的文化观。这种文化观与“从积极（positive）到消极（negative）”的思维定势交织在一起，形成了汉文化的一个精神支柱，决定了汉语“PN 集”组词顺序：“从积极到消极，从大到小，从重到轻。”例见第四章第三节。

这种倒三角结构，将重要的信息排在句首，给人一种“先入为主”“重要的先说”的感觉。而英语句法往往呈正三角结构，将重要的信息放在句末，给人一种头轻脚重的感觉。英汉两种语言这种句法顺序上的差异，还与后续性思维方式和前置性思维方式有关，也与句子的落脚重点有关。

三、词语化像似于社会亲疏程度

所谓词语化（lexicalization），就是用一个单词来表达某一意义。通过对一些社会亲疏程度与词语化之间关系的研究可以发现：紧密的亲属关系就用具体的单词来表达，关系疏远的、不重要的就用词组来表达。

［14］son，daughter，father，mother

如英语用［14］中的单词表示紧密关系，而关系相对远一点的就用词组来表示，如：

［15］son-in-law，daughter-in-law，the wife of my husband’s wife（妯娌）

在汉文化中，妯娌们可能是居住在一起的，关系当然算得上比较紧密，就有相应的词语；而在西方文化中，孩子结婚后一般都离开父母单独居住，也就不会出现像汉文化中同住在一起的“妯娌”这样亲密的关系，当然也就没有表示这种关系的单词了。

又如汉语中有“亲家公、亲家母”这类词语，因为这种社会关系在中国人的生活中算亲密关系，他们之间是经常交往的，而在西方社会中却算比较疏远的人际关系，平时没什么交往，在语言中也就没有与其相对应的单词，如实在要表达，只能用较长的短语来表达：

［16］the fathers of husband and wife

［17］the mothers of husband and wife

在20世纪中叶，俄语中表示妻子的兄弟还要用专门的单词（шурин），因为那时妻子的兄弟作为家庭成员的一分子，与大家住在一起，关系紧密；后来当他们不住在一起时，关系就疏远了，这个词也就退出了历史舞台，取而代之的是词组（brat zheny）。随着这种亲属关系重要性的丧失，这一单词也就随之消失了（Trudgill，1974：28）。

澳大利亚土著民族Njamal用mama表示一种简单的亲属关系：“父辈男性”，根据上下文的不同，它相当于英语中的father，uncle，male cousin of parents等。由此可见，Njamal民族不像我们的社会，需要区分“父亲”和“父亲的兄弟”，这实际上就反映了他们的一种生活方式。

四、方言差异像似于地域距离

地域距离相差越大，语言的差异也就越大。如：与伦敦英语差异最大的，毫无疑问就要算苏格兰东北部的 Buchan 人。在中国，山东人用山东方言尚能与用陕西方言的陕西人交谈，而与用广东话的广东人就无法交谈。居住在大城市里的人，充分享受着各种优越条件，居住在市郊的人次之，居住在偏僻地区的人更次之，因此他们的平均文化程度依次为：

住在大城市的人 > 住在市郊的人 > 住在偏僻地区的人

他们所使用的语言标准程度一般也是以此序列递降的，因此，居住在大城市里的人与居住在偏僻地区的人所使用的语言间的差异要大于与市郊的人所使用的语言的差异。这也是语言差异与地域距离成正比像似的现象。

反过来，从方言差异上我们也能辨别一个人的地域距离。英语中有句名言：

[18] A man is known by the company he keeps.

此句有点相当于汉语中“物以类聚，人以群分”的说法。从社会语言学的角度看，我们完全可以说成：

[19] A man is known by the dialect he speaks.

人们都有这样的生活常识，从一个人所说的方言就能判别他所生活的地域离自己近还是远，他是什么地方的人。在中国是这样，在国外也有类似的情况。在中国，从一个人所使用的方言可大致辨别他是南方人还是北方人。即使同是北方人，还能分清隔得不远的北京人或天津人。

在非洲加纳的某一个郊区，有讲 80 多种不同语言的当地人，他们就是靠所使用的不同的母语（而不是靠其他任何方法）来识别各人所属的种族或部落的（Trudgill，1974：60）。在加拿大，也是靠语音来区分两大主要种族的。在美国的芝加哥，即使都是美国公民，也要看他们是否讲纯正道地的英语来区分他们是德国人、波兰人、瑞典人还是意大利人。这些都充分说明：方言差异程度与地域距离的远近之间存在成正比的像似性。正如王德春（1987：382）所说：

语言的地域差异显示出地理距离。

五、语言风格像似于社会阶层

社会阶层差异增大，其语言风格（包括发音、词语、句法等）差异也相应增大，这种差异往往反映在语言的文白差异和标准度差异上。社会阶层地位的高低会在言语交谈或写作中不可避免地留下痕迹。社会地位较高的人往往比社会地位较低的人讲出的语言更文雅、更标准。特拉吉尔（Trudgill，1974：34）说：

The internal differentiation of human societies is reflected in their languages.（人类社会的内部分层会反映在他们所讲的语言之中。）

在英国，从上层人讲的 RP 到下层人士所用的地方口音，存在着一个连续的变体。英国教育社会学家伯恩斯坦（Bernstein）通过研究不同阶层人士所使用的语言，区分出两套语码：

（1）复杂语码（elaborated code）

（2）限制语码（restricted code）

前者较后者的句子结构更加复杂，形容词也运用得较多。据称，中产阶级的孩子会使用这两种语码，而劳动阶级的孩子仅会使用后者。

不同的社会关系和社会距离决定选用不同的词语和语体，不同的词语和语体也可反映出不同的社会关系和社会距离。王德春（1987：388）指出：

语言的社会差异显示出人的社会距离。

一般来说，社会地位上的差异越大，其语言风格差别也就越大。地位高的人往往受到的教育较好。受过高等教育的人，所用语言也就更加标准，更加文气。他们接受新词语的能力，特别是外来语、音译词要大大优于文化程度不高的人。现代都市人在用汉语交际时自觉或不自觉地会加上“bye-bye”“OK”，在郊区就不大听得到，在偏远地区就更少有人用这样的词语了。

由此可见，社会地位决定着语言风格，语言风格的差异也可显示出人们的社会阶层的距离。从一个人的正常言谈（装腔作势除外），可看出他所受到的教育程度，大致辨别他所从事的职业及所处阶层。我们常说的句［20］［21］也就是这个道理。

［20］这讲的是行话。

［21］三句不离本行。

六、词语长度像似于社会敬崇程度

布朗和莱文森（Brown and Levinson，1978）早就指出：

礼貌会话中语符长度的增加，像似于社会距离的增加（参见 Haiman，1985：290）。

一般来说，对于社会地位比较高的人，如长辈、上级，就用比较尊敬的词语，其语言单位相对来说就比较长；而对于平辈或下级，一般就用简体形式的词语，其语言单位相对来说就比较短。在世界很多语言中，表示敬体的形式所使用的语言单位往往比表示简体的形式所使用的语言单位的数量要多，客气的语言总是比较长的，结构也比较复杂。如在德语、俄语、法语、西班牙语中，第二人称的复数形式（Sie，вы，vous，usted）为尊称，第二人称的单数形式（du，ты，tu，tu）为简称。这几对代词开始只是单复数的语法区别，后来用作语言的敬简体形式的区别：对权势地位较高的用复数形式表示尊称，对地位较低的用单数形式表示平等或轻视。再后来，这两个形式在表示亲疏关系时又有了分化，单数形式表示亲昵而随意，复数形式表示疏远而有礼貌（王德春，1987：389）。汉语中的第二人称单数表示尊敬的用法是“您”，比起一般用法的“你”在结构上也较为复杂。

在日语中，敬体形式往往也比简体形式长，如：简体 だ（是）的敬体形式为 です，简体 ではない（不是）的敬体形式为 でございません。

客气的语言总是比较长，结构也比较复杂，如下列几句话，基本表示的是同一个意思：pass me the book，但语气不同。一般来说，词语越多，结构越复杂的句子，语气也越客气。

［22］Pass me the book.

［23］Please pass me the book.

［24］Will you pass me the book?

［25］Would you please pass me the book?

［26］Would you mind if you pass me the book?

［27］Would you please be kind enough to pass me the book?

从上可见，随着各句表达长度的渐渐增加，其客气程度也逐步增强。若从这一观点来考虑，也就不难解释在英语中为什么虚拟语气总比陈述语气要客气礼貌，因为英语中的虚拟语气总比陈述语气用词多，结构也较为复杂。

汉语在20世纪20年代经历了一场史无前例的新文化运动，白话文逐步替代了古汉语，历经百年，人们对语言文体形成了一种新观念：正式语言和敬语表达，形式往往多对称，成语典故、四字结构较受欢迎，再夹杂着些许文言文、古代用词，会让语言表达显得更为文雅，正式性的程度自然就会高一点。我们知道，古汉语比白话文更为简练，能省则省。因此，根据杜布瓦（Dubois，参见 Haiman，1985：343）的“竞用动因假设（competing motivations hypothesis）”可知，我们的祖先在古汉语中大力倡导“经济原则”，它在竞用过程中胜于“像似原则”。

七、像似度与跨语言像似性问题

（一）像似度

符号的像似性有一个程度问题。照片与实物的像似度会高于绘画，绘画与实物的像似度高于表意符号（如交通标志等），表意符号与实物之间的像似度又高于语言文字。这种关系可记作下列表达式：

照片 > 绘画 > 表意符号 > 语言文字

像似度再高也不可能是百分之百的绝对一样，照片毕竟不能完完全全地反映实物的全部；像似度再低的语言文字也存在像似性现象。近年来，语言学家对符号像似性从词语的音形平面到句法平面的研究，使得符号像似性逐步形成了一个完整的体系。

（二）跨语言像似性问题

各语言中的像似性情况很不一致。甲语言有的像似性在乙语言中可能有，也可能没有；甲乙两种语言中同时都有某一像似性现象的情况并不多见。两种语言在某种相似现象上的像似度会存在较大的差异，表音文字与表意文字的像似性就有着很大的区别，像似度也有很大的不同。

英汉两种语言社团在生活、环境、社会关系中所反映出的语言像似性差异，体现着两种社团人群有不同的认知概念结构，也反映着思维中有不同的像似方式。

像似性对于了解语言、思维和社会有着重大的意义。笔者（1998）在《论像似性与语言世界观》一文中首次提出了语言世界观多元论的观点及滤减现象，也能用来解释跨语言间的像似性问题。正是不同民族在思维和认知上存在差异，才导致了语言表达形式的不同，导致了不同语言间的像似度及像似方式不尽相同。反之亦然，跨语言像似度及像似方式的不同，也反映了操不同语言的民族在思维与认知上的差异。

参考文献

[1] HAIMAN J. Iconicity in Syntax [M]. Amsterdam：John Benjamins，1985.

[2] MARTIN J R. English Text [M]. Philadelphia：John Benjamins Publishing Company，1992.

[3] SAUSSURE F. Course in General Linguistics [M]. 高明凯，译. 北京：商务印书馆，1996.

[4] TUDGILL P. Sociolinguistics [M]. New York：Penguin Books，1974.

[5] 杜文礼. 语言的像似性探微 [J]. 四川外语学院学报，1996（1）.

[6] 金积令. 汉英词序对比研究 [J]. 外国语，1998（1）.

[7] 沈家煊. 句法的像似性问题 [J]. 外语教学与研究，1993（1）.

[8] 王德春. 语言学教程 [M]. 济南：山东教育出版社，1987.

[9] 王寅. 英汉语言宏观结构的区别特征 [J]. 外国语，1990（6）.

[10] 王寅. 英汉语言宏观结构的区别特征（续）[J]. 外国语，1992（5）.

[11] 王寅. 从话题像似性角度谈英汉句型对比 [J]. 山东工业大学学报，1998（2）.

[12] 王寅. 标记像似性 [J]. 外语学刊，1998（3）.

[13] 王寅. “现实—认知—语言”三因素间的反映与对应滤减现象 [J].

四川外语学院学报，1998（3）.
［14］王寅. 论语言符号像似性［J］. 外语与外语教学，1999（5）.
［15］王寅. 滤减像似性与语言符号像似性［J］. 外语学刊，1999（2）.
［16］严辰松. 语言临摹性概说［J］. 国外语言学，1997（3）.
［17］朱永生. 关于语域的几个问题［J］. 山东外语教学，1987（4）.
［18］朱永生. 话语基调的含义与主要内容［J］. 外国语，1997（1）.

（原载《四川外语学院学报》1999年第2期）

附录三

英汉话题像似性对比

王　寅

摘要：语言符号像似性是指语言符号在音、形或结构上与其所指之间存在映照性相似的现象。话题像似性是指句首部分像似于思维起点。思维有个起始点，句子就有个出发点。笔者认为句首部分包括两大成分：起语 + 主语，可将这两大成分称为“话题”。本文首先将英汉两种语言的核心句型归纳为起语 + 主语 + 谓语 + 宾语，然后论述英汉两种语言从这一核心句型各元素组合所衍生出的汉语 8 种基本句型和英语 4 种基本句型。话题像似性还要受语言形态、句式结构和语法规则等的约束，西方民族和汉族思维出发点上的差异和句法结构上的不同导致了一个核心句型衍生出不同数量的基本句型，导致了两种语言的句首部分与接续叙述不完全对应的现象。笔者将汉语诸如“饭吃了吗？”也按这一核心句型加以分析，以避免汉语主语分析复杂化。

关键词：像似性；起语；英汉对比；主位—述位

一、语言符号像似性

21世纪最有影响的世界著名语言学家、现代语言学的奠基人索绪尔彻底摆脱了英美传统中根深蒂固的经验论和实体论，实现了语言研究内指论的转向，即我们所说的“关门打语言”，从而创立了结构主义语言学派。他的这一理论对现代语言学做出了划时代的贡献，流行之广，影响之深，在语言学史上是罕见的。但索绪尔过分强调语言系统的内部关系，而忽视了语言形式和客观外界、思维规律之间的关系（詹姆逊，1995：6）。他在1916年的《普通语言学教程》中就指出：

> 能指和所指的联系是任意的……语言符号是任意的。

并将这条原则视为“头等重要的”，“支配着整个语言的语言学”（1996：102—103）。因此在传统语言学中，长期以来认为语言符号的能指与所指之间无对应关系，语言具有任意性的特点。

持与语言符号任意观相反意见的是理据派，在20世纪也得到了重大发展。索绪尔本人虽也提到了与之相反的看法——语言不是完全任意的，而是里面有相对的道理（1996：110），但他主要持任意观，且将其视为语言的首要原则。近年来，语言学家们通过观察、总结、归纳和研究，发现语音与意义，词形与意义，乃至句法结构与意义和概念结构之间存在很多这样那样的理据性联系，有很多像似之处。特别是近年来认知语言学中所讨论的语言符号像似性（iconicity），实际上就是理据派的代名词。这种像似说是对传统任意说的一次最大挑战。

我国许多学者在他们的著作和论文中，对语言符号理据性有较为详尽的论说。我国著名语言学家许国璋先生于1988年发表了“语言符号的任意性问题”一文，较为全面地提出了对任意性的否定性论证，指出了语言符号与其所指意义之间存在 iconicity，并首次在国内将该术语译为“像似性”。以后很多学者，诸如沈家煊、杜文礼、严辰松、丁金国、项成东、侯国金、文旭及笔者本人，都就语言符号像似性问题进行了论述。笔者在《四川外语学院学报》1998年第3期发表的《“现实—认知—语言”三因素间的反映与对应滤减现象》一文中，从语言世界观的角度论述了语言符号像似性的哲学基础以及像似性的必然性和局限性；在《外语学刊》1998年第3期的《标记像似性》一文和《中国翻译》1999年第2期的《ICONICITY的译名与定义》一文中对像似性作出权益性定义，参见文首摘要。这使得人们进一步认识到：语言符号任意说再也不是一统天下了，在能指与所指之间，即物质外壳与所指意义之间确实存在着各种各样的理据，即像似性现象，两者之间的结合确实是可以论证的。而且对其进行论证比简单接受任意说更为重要，更有意义。

二、英汉核心句型与话题像似性

在传统语法中，我们一般都将英汉两种语言的句型分析描写成“主谓宾（SVO）”结构，认为这是最基本、最常见的一种句型①。但我们发现，在句子的主语前常有其他成分，传统语法将其析为状语、插入语等，很多人认为它们是次要成分（吕叔湘，1979：129）。

对于分句的主语，我国很多著名学者也各有所见。吕叔湘（1984：

① 随着20世纪末西学东渐思潮的兴起，马建忠在其所著的《马氏文通》中，模仿拉丁语法的范畴和模式建立起汉语语法分析的体系。自此以后，研究者就移植和使用了主语、谓语、宾语的术语和概念来分析汉语句子。

466）在论述汉语的主语和宾语究竟应如何分析时指出：

我说通行的分析体系实际上是参合施受和位置这两个标准而成的。

后来他（1984：469）又说：

要是觉得这样不合适，也不妨不用“主语”和“宾语”这两个名称，改称“起语”和“止语”。

可是，对于学习语言的人来说，“主语”“宾语”这样的术语实在是太流行了，在外语学习中时常又离不开它。笔者现拟既保留传统的“主语、谓语、宾语”的说法，也启用“起语”这一术语，来指主动句施事性主语前面的部分，或无施事性主语句中谓语前的部分。根据这一基本思路，笔者基于汉语和英语分句的基本句法结构和信息结构，拟将其核心句型简洁地概括为（可简称为 ISVO）：

起语 ＋ 主语 ＋ 谓语 ＋ 宾语
I（nitial）S（ubject）（V）erb　O（bject）

现对该核心句型作如下说明：

（1）核心句型当以主动句为基础，被动句的谓语动词前的受事性成分划归“起语”。

（2）由于英语属主语突显型语言，汉语属话题突显型语言，这一核心句型中的主语在英汉两种语言中的含义稍有不同。英语的主语具有决定性的语法功能，词类比较单一，可识别性强，涵盖面较广（包括心理主语、语法主语、逻辑主语），因此还保留英语主语的传统分析法；而将汉语的主语仅限定于施事性上，非施事性的可划归“起语”。如：

［1］自行车骑走了。（加底线部分为起语，下同）

［2］天气晴朗。

另外，将汉语的主语限定在施事性上，就意味着汉语分句的主语只能由名词或代词来担当，这就与英语中担当分句主语的成分一致起来。

（3）将主动句施事性主语前的成分都视为起语，一个分句的起语可能有不止一个意群单位，如：

［3］上个星期三下午在学校的大礼堂门口我见到了一位来自美国的教授。

（4）如分句前只有施事性主语，则起语与主语合二为一，为常见的 SVO 句型。

（5）核心句型 4 个成分的相对位置可有多种变化，详见第三节。

（6）该核心句型从句法结构上可切分为二：句首部分和接续部分；从信息结构角度也可切分为二：话题部分和述题部分。句首部分就是“话题部分”，由“起语和 / 或主语”构成；接续部分指其后的述题部分，由“谓语和 / 或宾语”构成。一般来说，分句谓语前的成分视为话题，包括起语和 / 或主语，是叙述的起始点，往往包含着已知信息。谓语及其后的成分是接续部分，是表述的核心部分，是传递新知信息的正常部位。这样，核心句型就应当包括两个部分：IS + VO。IS 是话题，即 thesis，用 T 表示，是包含已知信息的叙述起始点；VO 是传递新知信息的表述核心部分，即 express，用 E 表示。这样核心句型的信息结构可表述为“TE”，分别由 IS 和 VO 构成，即：

TE = IS + VO

根据这一核心句型的信息结构，本文拟将话题像似性定义为：

分句的话题部分像似于思维上的起始点。

现分别从以下几个角度综述这一核心句型：

（1）思维顺序：　起　始　点　+　认　知　过　程

（2）核心句型：　起语 + 主语　+　谓语 + 宾语

　　　　　　　　I + S　　　　　V + O

（3）句法划分：　句首部分　+　接续部分

（4）信息结构：　话题部分（thesis）+　述题部分（express）

（5）主 / 述位对比：Initial + Subject　+　Verb + Object

　　　　　　　　主位　　　　　述位

（主位仅为起语的一部分）

笔者将英汉两种语言的核心句型概括总结成 ISVO 这一模式，并将其信息结构分为 T + E（即 IS + VO）两部分，有以下几个好处：

（一）结合内容和形式，考虑施受和位置

语言就是一个信息和结构的结合体，我们分析语言时，也就可从信息框架与句法结构两个方面来分析。按布拉格学派和韩礼德的观点，从信息框架上，分句可分析成“主位—述位”；从传统的句法结构上，可将句子分析成 SVO。现笔者将这两种分析方法结合起来，即将内容分析法和形式分析法结合起来，这也符合吕叔湘（1984：466）所说的“参合施受和位置两个标准”。Li 和 Thompson（1976）提出了主语—主题类型学，并认为汉语是主题突显型语言（topic-prominent language），英语是主语突显型语言（subject-prominent language）。主题—述题（topic-comment）结构是汉语的一种基本句子结构，在描写汉语句子结构时，除了“主语、宾语”这种语法关系之外，还应当包括“主题、述题”这样的概念关系。这一核心句型正体现了他们的思想。

在汉语中，将话题置于句首是一种常见的语句结构。正如屈承熹（1993：155）所指出的：

> 现代汉语在很大程度上是以话题为主的语言。

赵元任（1979：45）在《汉语口语语法》一书中说：

> 主谓这种句子（即使把被动的动作也算进去，把“是”也算进去）的比例是不大的，也许比 50% 多不了多少。因此，在汉语里，把主语、谓语当作话题和说明来看待，比较合适。

以话题开头的句子在汉语中已占半壁天下。汉语有 50% 的主谓句，还

有 50% 的话题句，将两者合并归纳成“起语 + 主语 + 谓语 + 宾语”也就大致概括了汉语句子结构的基本面貌。同时，笔者认为这一核心句型也大致符合英语的句子结构。

根据韩礼德（1985：38）的看法：在 topic-comment 的分析法中，topic 仅是 theme（主位）的一部分，所指的范围比较窄。笔者就依据这一观点，仍将 theme 译为主位，topic 统一译为主题；本文使用“话题部分—表述部分（TE，即 Thesis-Express）”，以便与这些术语区别开来。

（二）符合思维和认知程序

思维中的一个命题，是“客观对象”和“主观描述”相结合的产物，两者的关系就是“起始点”和“认知过程”的关系。这反映在语言表达中，分句就有个话题作为出发点 T，然后再接对其加以表述的部分 E。人们在说话或写作时，首先要对说话的起点作连续的选择，并将其扩展成段。思维的起点就决定了语言表述中句首的话题，其为分句叙述内容的起点。分句的话题像似于思维的起始点，分句的表述部分就像似于思维的认知过程。

将语言的核心句型切分成 TE（IS + VO）这两个部分，也符合马泰修斯从分句信息结构角度研究表述基础和表述核心时的初衷，当今语言学界常称之为：

主位（Theme）和述位（Rheme）

我们知道，表述基础是话语中双方已知的信息或在有关语境中不言自明的内容，表述核心指说话者要表达的新知信息。在语言交际中通常是把已知信息作为表述出发点，把传递的新信息作为表述的核心。这相当于吕叔湘早年所说的“由熟及生”。在英汉两种语言中，句首部分的起语和施事主语尝试交换双方的已知信息，它们可预见的程度较高，这也是这两种语言的共性。

（三）符合模式须具有高度的抽象性、概括性、生成性的特征

这一模式具备较高的概括性，根据它可生成英汉两种语言（我们认为，这也适用于其他语言）中的绝大多数基本语句。

（四）利于语言间的共性比较

这一核心句型也有利于英汉两种语言的句型对比研究，可避免汉语中将起语与主语混为一谈。既有利于中国人学英语，也有利于外国人学汉语。

（五）避免汉语主语分析复杂化

分析汉语的主语是个令人头痛的问题，现笼统地将句首成分说成“起语和/或主语”，不必再一一细分成状语、宾语倒装、外位成分、游离成分、各种主语等，有利于避免汉语句首成分分析难以一致这一问题，可使复杂化的汉语主语分析简单化。

三、英汉核心句型成分组合模式对比

英汉两种语言在实际使用中可根据需要，选择这一核心句型中的成分组合搭配，形成各自的基本句型。

（一）汉语8种基本句型及与英译对比

1. 全部成分：I + S + V + O

[4] 从外貌上看，他一定有40多岁了。

起语　　主语　谓语　宾语

［5］Judging by his appearance, he must be over forty.

主位　　　　主语　谓语　表语

［6］近几年来，人们认为吸烟有害健康。

［7］In recent years, people consider smoking dangerous to health.

2. 起语就是主语：［ I = S ］+ V + O

起语就是主语，这就是英汉两种语言中常见的“主谓宾（SVO）”句型。（例句略）

谓语动词后可接双宾语（SVO_iO_d），以及宾语后接补足语（SVOC）则可视为该句型的变体。主系表结构也可被视为这种句型。

3. 省去主语：I +（S）+ V + O（圆括号中指省去的成分，下同。）

汉语句子常常可将主语省去，而英语句子的主语一般不可省去。

［8］几乎每天（我们）都看电视。

［9］Almost every day we watch television.

或：

［10］We watch television almost every day.

4. 省去起语和主语：（I）+（S）+ V + O

［11］吃饭了？

［12］Have you had your meal?

在3.1.3及3.1.4两句型中，汉语省去了主语，而英语不可没有主语。

5. I + S + V +（O）

[13] 这是否属实，我无法说。

[14] Whether it is true or not, I can' t say.

6. [I = S] + V +（O）

[15] 我以后再说。

[16] I will say something later.

7. I +（S）+ V +（O）

[17] 1974年（我）毕业了。

[18] I graduated in 1974.

[19] 有句话（我）当讲不当讲？

[20] Is it right to tell you something?

将“1974年”分析成起语，从时间入手表达思想，省去了施事主语，这无论是从逻辑上讲还是从结构上讲，都是合乎情理，易于接受的。

8.（I）+（S）+ V +（O）

[21] 该走了。

[22] It is time to go.

[23] 行。

[24] That' s OK.

英语中省去主语的“祈使句”可与汉语的句型4、句型8相同，如：

［25］句型 4：Read the sentence!

［26］句型 8：Stand up!

在英语中除了祈使句外基本上就没有这类句子了，而汉语中省去主语的句子却是大量的，因此英语中的句型 4 和句型 8 不能与汉语相提并论，故笔者在下表中打了问号。现将英汉两种语言的基本句型列表对比如下：

表 1　英汉两种语言的基本句型列表

	汉　语	英　语
1	I＋S＋V＋O	I＋S＋V＋O
2	［I＝S］＋V＋O	［I＝S］＋V＋O
3	I＋（S）＋V＋O	?
4	（I）＋（S）＋V＋O	?（祈使句）
5	I＋S＋V＋（O）	I＋S＋V＋（O）
6	［I＝S］＋V＋（O）	［I＝S］＋V＋（O）
7	I＋（S）＋V＋（O）	?
8	（I）＋（S）＋V＋（O）	?（祈使句）

（二）基本句型变体

英汉两种语言在这些基本句型的基础上还会有其他的句型变体：

1. 宾语部分的变化

在句型 2 的基础上会产生双宾语和复合宾语的句型，即 SVO_iO_d，SVOC：

［27］I will tell you something later.

2. 主系表句型

主系表句型可被视为句型 2 的一种变体形式，所不同的是，在句型 2 中用的是实意动词，而在主系表句型中用的是连系动词。吕叔湘（1984: 544）说：有一种说法认为“是”跟一般动词没有什么不同，后头的名词是它的宾语。

3. 语序上的变化

在 ISVO 核心句型中，I 与 S 的相对语序是固定的，I 在前，S 在后。但由于汉语中主语的位置具有较大的灵活性，施事主语可能在谓语之后，如：桌旁坐着一位教授。英语中也有这样的句型：

[28] Besides the desk sat a professor.

S、V、O 这三者的相对位置灵活多变，特别是在汉语中，位置的多变属常见现象，且具有“无标记性”特征。英语这三者的位置也可相对发生变化，如与正常的“无标记性”的 SVO 语序相比，就具有“有标记性”特征了。如下面几句汉语[①]：

[29] 我们翻译了这篇文章。

1　　2　　3

[30] 我们把这篇文章翻译了。

1　　3　　2

① 汉语例句中 1 为主语，2 为谓语，3 为宾语。

（“把”为介词，可将宾语提前，分析成：SOV。）

[31] 这篇文章被我们翻译了。

3　　1　　2

（“被、叫、让”作介词，引导主语。分析成：ISV。）

[32] 翻译这篇文章的是我们。

2　　3　　1

[“翻译这篇文章”是动宾结构，作全句的起语。分析成 I（S）VO。]

同样一个命题，在汉语中却有这 4 种起句方式，其原因主要是：

（1）人类思维“从已知信息到新知信息”的顺序。如 [29]、[30]、[31] 这三个分句的起语都是已知信息；

（2）强调某一成分，如 [32] 句。

倘若将这 4 个分句按汉语的语序译为英语，就“标记性”而言，会有不同情形：

[33] We translated this article.

[34] ? We, this article, translated.

[35] This article, by us, translated .

[36] ? Translated this article, we.

通过对比可见，在基本保持原义的情况下，汉语分句的 SVO 语序显得比英语要灵活。

四、英汉话题像似性对比

申小龙（1988：13）说：

> 一个篇章就是开而合、合而开、收而放、放而收的不断展开又不断收合的统一过程。

一个句子也是一个相对的开与合。一个句子开于话题，合于表达，“它有头有尾地叙述着一个事件，或有纲有目地发表一个判断”。ISVO核心句型正是与西方民族和汉族思维的开与合的顺序相吻合。思维上有个起始点，然后以此为出发点进一步加以表述，因此英汉两种语言就有了这一共同的核心句型。这两种语言在这一核心句型上所衍生出的基本句型却有不同，特别是句首主语的变化。汉语“无主句”较为常见，而英语句子（除祈使句外）则必须要有个主语，这是英汉两种语言句首部分与思维出发点的像似性发生差异的主要原因。英汉两种语言在话题像似性方面就不可能完全对应，英汉两种语言有的话题是对应的，有的是不对应的，主要原因如下：

（一）话题像似性受制于思维起始点

体认语言学认为，体验和认知是语言表达的基础，由于汉族在思维视点上与西方民族有同也有异，这就使得汉语分句和句群的话题与英语相比，有同也有异。对某些现象观察点的不同，造成了分句出发点的差异，两种语言分句话题的着落点也就出现了不同。这从上文所举例句便可看出。

汉语常采用非施事主语性的话题作为分句的起语，说明了汉族常从客体开始描写。这种用法自古有之，如：

［37］学而不思则罔，思而不学则殆。（孔子）

若将其译成英语，往往多从主体开始说起：

［38］He who learns but does not think, is lost; he who thinks does not learn is perilous.

（二）话题像似性与结构完整性有关

话题像似性还要受各自语言的句法规则的约束。由于英语句子结构较为完整，一个句子通常要有主语，而汉语无主句较多，这就决定了英汉两种语言在话题部分和表述部分不可能完全对应。在汉译英时，应充分考虑英汉两种语言的这一区别，处理好英汉句子话题的转换，注意将汉语的无主句译为英语的有主句。例：

［39］出外度一个长假，费用太大不用说，而且也太忙。

可译为：

［40］We are too busy to take a long vacation, not to mention the fact that we can not afford it.

汉语并不注重句法结构形式上的完整，只要在上下文中句义清楚，省去句中的主语或其他成分就是一种常见的现象，因而汉语中意合法现象较为普遍（王寅，1990）。而英语中形合法现象较为普遍，为使句子在形式上保持结构完整，其绝大部分句子都不能没有主语。及物动词后面不能没有宾语，即使没有合适的主语或宾语，也常常要拉出诸如 it，this，that 等来作为形式主语或形式宾语填补上，以满足形式完整的需要，如上面的例句：

［41］It’s time to go.

［42］That’ s OK.

［43］I will talk about it later.

（三）话题像似性与话题的统领性功能有关

英语属形态语言，注重句子结构的完整性，在表达中句子不离主语，句与句之间常用连接词语。在连贯性的话语中，分句之间的话题在上下文中须有一定的照应规律。汉语属非形态语言，不太注重句法结构形式上的完整，只要语句在意思上连贯，前言可搭后语，则无须强求句法结构的完整性，句子主语的语法功能不是很重要。可是作为话题的起语和 / 或主语，在实际交际中不仅起提示或提供信息范围的作用，而且在语篇上还具有统领性的功能，可控制随后与之相关的语句，从而使得汉语中出现大量的无主句。现先看《红楼梦》第三回中的一段文字：

［44］这个人打扮与众姑娘不同，彩绣辉煌，恍若神妃仙子：头上戴着金丝八宝攒珠髻，绾着朝阳五凤挂珠钗；项上戴着赤金盘螭璎珞圈；裙边系着豆绿宫绦，双衡比目玫瑰佩；身上穿着缕金百蝶穿花大红洋缎窄褃袄，外罩五彩刻丝石青银鼠褂；下着翡翠撒花洋绉裙。一双丹凤三角眼，两弯柳叶吊梢眉，身量苗条，体格风骚，粉面含春威不露，丹唇未启笑先闻。

这段话的第一个分句的起语“这个人”，即是该分句的话题，也是其后几个分句的话题，它在语篇上具有控制性功能。汉语这种话题统领性功能，是汉语出现大量无主句的主要原因。同时亦可将汉语语句从信息结构角度切分为话题和表述，既具有重要意义，也切实可行。

（四）话题像似性与语序灵活性有关

现从分句内部的语序和分句之间的顺序来分析：

1. SVO 的语序

学界普遍认为，英汉两种语言的基本句型都为 SVO，但就一个分句的 SVO 而言，汉语的语序显得比英语更灵活，汉语分句内的“施事、动作、受事”比英语具有更灵活的语序排列方式，英汉话题像似性也就产生了差异（例句见前）。

2. 就分句的相对位置而言

根据分句之间的相对位置来说，英语的顺序比汉语灵活，语序与时序像似度较低；而汉语的语序与时序像似度较高。这样，英汉两种语言的起语难免会不对应。例如：

[45] When he heard the good news, his face beamed with joy at once.

此句也可说成：

[46] His face beamed with joy at once when he heard the good news.

而汉语须按时间顺序表达成：

［47］他一听到这个喜讯，便立即喜形于色。

这类例句都充分说明了英语分句没用自然语序（即语序与时序像似）表达时，汉语一般须将其转换成自然语序。这也就形成了英汉两种语言话题的非对应性。

3. 话题像似性与句型有关

英语主要属于形合法语言，与其相比，汉语主要属于意合法语言，它们各自都有很多句法特点、特殊句型和惯用法。根据形合法可知，英语表达中“语法逻辑连接词（grammatical-logical connector）”使用比较多，这就决定了英语句首的连接成分出现的频率要比汉语高。英语句子要有个主语（祈使句除外），而汉语不一定（赵元任认为汉语句首的主语和话题几乎各占一半），这又成为英汉两种语言句首成分产生差异的主要原因之一。另外，英语中的被动语态比汉语用得多，这也会导致两种语言话题的非对应性现象，例如：

［48］	英　语	汉　语
	It is said...	据说……
	It can be seen...	可见……
	It is well known that...	众所周知……

五、是起语，还是主语或宾语？

将汉语的主语限定在施事性上，将句首部分的话题分析成起语和/或主语后，可使汉语很多句子的分析变得简单。如汉语语法分析中经常讨论的一种句型：

［49］活干了吗？饭吃了吗？

有人把“活、饭”分析为受事主语，“干、吃”分析为谓语（吕叔湘，1984：536），可这在逻辑上讲不通。它们在语义上实际是动宾关系，有人据此将“活”等句首词分析成逻辑宾语。因而有的学者提出汉语是一种 SOV 语言。

笔者拟将此类句子分析为汉语的第 7 种句型：

起语 +（主语）+ 谓语 +（宾语）

这句话的深层意义为：关于“活”，（你）干了吗？关于“饭”，（你）吃了吗？这在汉语中是一种十分常见的无标记性句型，在英语中没有与之相仿的句型。将这一类汉语句子译成英语时，可译成正常的无标记性的“主谓宾”疑问句式：

［50］Have you done that job?（ISVO）

［51］Have you had your meal?

将汉语这类句子分析成句型7，至少有以下3点好处：

1. 符合汉语多用无主句的规律

上面这几个例句中的施事主语“你/他/你们/它们/张三……”往往都是省去的，这从其相对应的英语译句可见，须将隐在深层结构中的主语译出来。

2. 跳出汉语纯依靠位置分析“主谓”的框架

把“活、饭”分析为起语，也就摆脱了一定要把谓语前的成分分析成主语的约束（张涤华，1988：563），免得分析成主语后，主谓之间的关系过于牵强附会。

3. 避免句子分析复杂化

将它们分析成起语，可使句子句首成分分析简单明了、切实可行，避免句首成分复杂化。笔者认为，吕淑湘（1979：158）提出的外位成分、游离成分、非游离成分等都可归入“起语”。胡裕树（1962：373）所说的句子特殊成分，如全句的修饰语、提示成分、独立成分等也可归入“起语”。

六、担当起语的成分

（一）汉语起语的成分

汉语中能充当起语的成分可谓五花八门，如名词、代词、数词、形容词、副词、动词、介词短语、感叹词、句子等，例如：

[52] 这条路早就该修了。 （名词）

[53] 他，我真拿他没办法。 （代词）

[54] 漂亮的，我认为并不一定是好的。 （形容词）

[55] 一百万美元，这不是一个小数字。 （数词）

[56] 看英语小说，这可以大大扩大我的词汇量。 （动词短语）

[57] 在科学界名流中，他是后起之秀。 （介词短语）

[58] 唉，算了。 （感叹词）

[59] 我们工厂能生产这个产品不容怀疑。 （分句）

[60] 橙子太酸不能吃。 （主谓短语）

（二）英语起语的成分

英语的主语一般用名词、代词或分句，但充当英语起语的词类，似乎没有限制，也可是短语或句子，如：

[61] These four letters I'd like to send by ordinary mail, and this one by registered mail. （名词短语）

[62] Very grateful we are for your help. （形容词短语）

[63] Up went the arrow into the air. （副词）

[64] To tell you the truth, I won't change my mind. （动词短语）

[65] With a face all smiles he told me that the village expected a good harvest. （介词短语）

[66] What he has once heard he never forgets. （分句）

由于英语动词有屈折变化形式，因而比汉语就多出“现在分词、过去分词、独立结构”等作起语的情况，例略。

从上面的对比可见，对担当英汉两种语言的起语成分似乎没有限制，起语在英汉两种语言中的词性广泛性上是趋于一致的。这也说明了西方民族和汉族在行文组句时，对句子的起点成分无选择性这一点上是一致的。

七、结语

笔者通过英汉话题像似性方面的对比研究，初步得出以下 5 点结论，请各位同行批评指正：

（1）将语言的核心句型归纳成“起语 + 主语 + 谓语 + 宾语（ISVO）”似更为妥当，话题包括起语和 / 或主语，其所指范围比“主位”大。英汉两种语言（乃至世界上绝大多数的语言）都可从这一“核心句型库 ISVO”中提取要素组合成各自语言的基本句型。

（2）汉语基本句型变化比英语多。汉语可从这一核心句型提取要素组合出 8 种基本句型，而英语只能组合出 4 种，这主要是汉语无主句较普遍所致。

（3）英汉两种语言充当起语成分的广泛性趋于一致，但在话题与思维的像似点上既有共同之处，也有差异，这既与思维方式有关，也与英汉两种语言的句型结构有关。

（4）将汉语语法分析中经常讨论的一类句型“活干了吗？”分析成无主句，“活”为起语，属本文所列第 7 种基本句型。

（5）可将汉语句首的“状语、逻辑宾语、外位成分、游离成分、非游离成分、全句的修饰语、提示成分、独立成分”等都划入“起语”成分，避免汉语句法分析过于复杂化。

参考文献

[1] 赵元任. 汉语口语语法[M]. 吕叔湘，译. 北京：商务印书馆，1979.

[2] FIRBAS J. Thoughts on Functional Sentence Perspective，Intonation and Emotiveness[J]. Brno Studies in English，1985（16）：11–48.

[3] HALLIDAY M A K. Notes on Transitivity and Theme in English[J]. Journal of Linguistics，1967（3）：1.

[4] HALLIDAY M A K. An Introduction to Functional Grammar[M]. London：Edward Arnold，1985.

[5] LI C N, THOMPSON S A. Subject and Topic：A New Typology of Language[M]//CHARLES N LI（ed.）. Subject and Topic.Austin：University of Texas Press，1976.

[6] SAUSSURE F. Course in General Linguistics[M]. 高明凯，译. 北京：商务印书馆，1996.

[7] 方琰. 试论汉语的主位述位结构[J]. 清华大学学报，1989（2）.

[8] 方琰. 浅谈汉语的“主语”——“主语”“施事”“主位”[M]//胡壮麟，主编. 语言系统与功能. 北京：北京大学出版社，1990.

[9] 胡裕树. 现代汉语[M]. 上海：上海教育出版社，1962.

[10] 胡壮麟. 美国功能语言学家 Givón 的研究现状[J]. 国外语言学，1996（4）.

[11] 胡壮麟. 语篇的衔接与连贯[M]. 上海：上海外语教育出版社，1994.

[12] 吕淑湘，朱德熙. 语法修辞讲话[M]. 北京：青年出版社，1979.

［13］吕淑湘．汉语语法论文集［M］．北京：商务印书馆，1984.
［14］申小龙．中国句型文化［M］．长春：东北师范大学出版社，1988.
［15］石定栩．汉语主题句的特性［J］．现代外语，1998（2）.
［16］王桂珍．主题、主位与汉语句子主题的英译［J］．现代外语，1996（4）.
［17］王寅．简明语义学辞典［M］．济南：山东人民出版社，1993.
［18］王寅．英汉语言宏观结构区别特征［J］．外国语，1990（6）.
［19］伍铁平．语言学是一门领先的科学［M］．北京：北京语言学院出版社，1994.
［20］向明友．Thematic Structure in Modern Chinese［M］// 胡壮麟，方琰，主编．功能语言学在中国的进展．北京：清华大学出版社，1997.
［21］张德禄．从文化与功能的角度解释汉语的语序［M］// 胡壮麟，方琰，主编．功能语言学在中国的进展．北京：清华大学出版社，1997.
［22］张涤华，胡裕树，张斌，等．汉语语法修辞词典［M］．合肥：安徽教育出版社，1988.
［23］朱永生．试论语篇连贯的内部条件（上）［J］．现代外语，1996（4）.
［24］朱永生．试论语篇连贯的内部条件（下）［J］．现代外语，1997（1）.

附录四

从后现代哲学的人本观看语言像似性

——语言学研究新增长点之六：像似性的哲学基础与教学应用

摘要：语言与哲学密切相关，不同时期的哲学理论都直接影响着语言研究的发展方向，特别是后现代哲学所强调的人本主义，为文学和翻译研究开辟了一片新天地，而语言学则深受结构主义和TG理论的影响，对其反应略显迟缓。认知语言学（Cognitive Linguistics，简称CL）和体认语言学（Embodied-Cognitive Linguistics，简称ECL）正是在这样的时代背景下应运而生的，认为语言是在人的体验和认知作用下形成的，必须依据“现实—认知—语言”的人本性原理来研究。因此CL和ECL致力于寻求语言表达背后的人性化认知机制，在此理论框架下必然得出“体验性”和“像似性”的论断，语言基于“互动体验”和“认知加工”而形成，语言表达像似于人的认知方式，也在其作用下在某方面和某种程度上像似于现实世界，这充分体现了后现代哲学的人本主义精神。本文主张以此为基础深入分析语言表达之所以然的原因和机制，特别是像似性机制，这不仅是后现代人本观的一个发展，也为理论语言学带来一片新空间，同时对应用语言学也具有直接的指导意义。

关键词：后现代哲学；人本观；认知语言学；体认性；像似性；语言教学

一、语言与哲学：从探索真理的方向谈起

哲学的核心内容是论述人与自然的关系，穷究性探索人类对客观真理的思考，透过现象看本质，这就是古希腊哲学家笔下的“形而上学”。自古希腊以来，哲学家们就一直在不断地追问人与自然之间的关系，持续地探索“What is the world?”以及基于其上所演绎出的各种其他问题。对这个问题的解答就必然涉及“存在与思维”“感性与理性”“客观与主观”之间的关系，这亦已成为西方 2000 多年哲学史中长期争论不休的主题，不同的时期以及不同的哲学流派对这些关系有不同的进路和解答（参见王寅，2008：表 2）。

从古希腊到 20 世纪 40 年代，这三对关系的区分一直是西方哲学的基石。自苏格拉底提出二元区分，旨在划清“不可感知、永恒不变、完善之至的形式”与“可感可知、变化无常、不完善的实体”之间的界限，柏拉图、亚里士多德等也基于此建立了自己的理论体系，哲学思辨的主流就围绕追求客观真理而舍弃人的主观因素展开，采取单向性思考方式。中世纪也基本遵循此进路，近代哲学进入认识论时期，笛卡尔于 17 世纪将该观点从理论上确立为“二元论”，并将其视为逼近真理的必经之路，演绎出“笛卡尔范式”，其核心思想还是竭力排除人的因素，为追求客观真理而建立

一套没有个人偏见、不受传统影响的方法。语言论转向后的逻辑实证主义也竭力排除人文因素，力图通过实证的、逻辑的方法来诠释和描写客观真理，提出了意义的真值对应论和真值条件论等。

可见，西方哲学家们在漫长的2500多年中为寻得客观真理，主要采取了两个对立的进路，要么选择“感性”这一端，要么选择“理性”这一端，从而形成了两种对立的认识观：

（1）认识过程被诠释为独立客体向着主体的单向运动，过分强调外界对于人的经验和认知所具有的决定性作用，否定人的主观能动性或理性的重要性，并且提出了这一“客向主”单向运作中的“镜像原则”，即客观世界在人们心智中呈镜像般反映关系。

（2）认知过程被诠释为“主向客”的单向运动，过分强调理性思维的作用，排斥感性经验或否定个人价值。由于“理性”常被视为人区分于动物的参照标准，这就引出了“天赋说”“先验说”“超验说”。

众多哲学家沿着这样的认识论进路演绎出了各种各样的哲学观点和流派，这就是Lakoff & Johnson（1980，1999）把西方哲学研究中单向性的感性主义和理性主义都归结为“客观主义（Objectivism）”的主要原因，并针锋相对地提出了“非客观主义（Non-objectivism）”的“体验哲学（Embodied Philosophy）”。在（后）现代哲学中，有些学者发现这种单向思考存在很多缺陷，便开启了双向思考的研究进路，从施莱尔马赫、狄尔泰，到杜威、梅洛·庞蒂、施密茨、普特南，以及我们所熟悉的瑞士学者皮亚杰，提出并不断完善了主客互动论，并得到了很多学者的响应。有了“互动”，就可将传统的单向运思模式扩展成双向运思模式，强调人在认识自然世界过程中可发挥主观能动性，我们的心智不可能像镜子一样只是反映客观外界，其间必有人的参与，人们的价值观、主观能动性是不可避免的，这就可解释为什么会存在认知上的差异、思维上的分歧和语言上的不同。

到了后现代时期，胡塞尔、海德格尔、伽达默尔等觉得“人本性［‘人文主义（又叫人道主义、人文性）’，作为哲学术语是指欧洲14—16世纪文艺复兴时期新兴资产阶级反封建的社会思潮。经常与其相混用的另一术语‘人本主义’则与德国唯物主义哲学家费尔巴哈首创的哲学理论‘人本学（英语为anthropology，常译为人类学）’有关，他赋予人本学以新内容：研究人的哲学、关于人的学说，又叫‘新哲学’。据此，我们拟采用‘人本性’这一术语，而不主张用‘人文性’］”在主客互动论中还没有得到应有的强调，他们在现象学理论框架中大力倡导回归“生活世界”，弘扬“人本主义”。德里达的解构主义更是强调人和理解的主观性、意义的不确定性，语句的意义是人们在阅读中赋予符号某种解释而产生的，从而使得理解的主体性获得了空前的重视。哈贝马斯进一步发展了他们的思想，重点论述了“主体间性（intersubjectivity）”，将“理解”视为主体间的相互对话和相互理解①，并针对“真值对应论”提出了著名的“共识真理观”，语句的真假值不取决于它是否与客观外界对应，而取决于主体在相关社群规范制约下所能达成的共识，意义理解主要是一种主体与主体之间的关系。下图大致标注了西哲在主客方向性以及人本性上的发展简史。

---

① 人们不禁要问，世界有无“绝对真理”？凭经验论和唯理论那样的方法能否获得它？我们先说自然科学，因为人们一般认为自然科学论述的内容当属于客观真理，可是回顾一下人类科学史我们就可发现，所谓的“绝对真理”仅是一个美好的假想而已。在哥白尼之前，人们一直将托勒密于2世纪建立的“地球中心说”视为真理，中世纪的经院哲学又将其与宗教教义结合起来，使其成为不可动摇的信念。这一神话终被哥白尼打破，恢复了世界的本真面目。牛顿于17世纪建立的力学三定律，曾被视为物理学的基础，终于随着爱因斯坦的相对论逐步流行而重新被认识。太阳系公认有九颗行星，但当今的天文学家宣布“第九颗行星已不见踪影”，等等。自然科学尚且如此，更不用说人文科学了。那些自然科学中的可靠定律，也不是仅通过经验论或唯理论的单向运思所能获取的。

古希腊、中世纪、近代、现代 ＋ 后现代 ⇐ 反思后现代

本体论　认识论　语言论 / 主客　主主　SOS①

单向 ——→ 双向 → 双向 → 主客主多向互动

排斥人　人 → 激进人本性　体验人本观

证据：《枫桥夜泊》40 篇英语译文

图 1　哲学研究中的方向观

二、后现代哲学：直接影响语言研究

我们知道，英语语言文学有三大方向：文学、翻译和语言学，前两者早已将后现代哲学思想（反传统、反基础、反理性、反中心、意义不确定等）以及人本观融入本领域的研究之中。

后现代哲学较早被引入后现代主义文学创作和评论中，前者为后者提供了坚实的理论基础。翻译界对后现代思潮的反应也十分迅速，因为该理论迎合了翻译工作者的心理需求，使他们认识到自己不再是传声筒、留声机、录音机、搬运工、反光镜、转述者，他们所从事的翻译工作在后现代哲学的观照下，被理解为“再创作”，他们一改“仆人”的身份，

---

① 笔者（2008）在对后现代激进人本观反思的基础上提出了体验性人本观，进而建构了 SOS（Subject — Object — Subject）理解模式。我们还以同一首唐诗《枫桥夜泊》有 40 篇不同的译文为例，证明了后现代哲学所倡导的激进人本观有过头趋向。这 40 篇不同的译文实际上就是 40 个人对同一篇古诗有不同理解的结果，但不管怎么阅读这 40 篇译文，我们发现这些人并没有跳出张继所大致描述的范围作无端发挥，放纵理解，随意翻译。同样一个“枫桥夜泊”，没有人将其译为“廊桥遗梦”“蓝桥魂断”“康桥别了”，他们都在张继所设定的范围中作有限的发挥。因此后现代哲学所强调的“One hundred readers will produce one hundred Hamlets”是有误导作用的，可能让人类再次陷入“巴比塔”之窘境，我们依据 SOS 理解模式主张在其后再增添上半句：“but they are still Hamlets.”对此，笔者将另文论述。

摇身变为“主人”，戴上了“征服者”的华盖。读者反应论（费什）、接受理论（伊泽尔）、目的论（莱斯和弗米尔）等对翻译理论产生了重要影响，因此“翻译就是再创作”“译者须有自我风格”“读者利益至上”等观念得到空前张扬。

语言学界似乎对后现代哲学思潮反应较为缓慢，这主要受到索绪尔和乔姆斯基理论的影响。我们知道：结构主义语言学所倡导的语言内指论转向，将语言视为一个封闭系统，排除人文因素，遵循“关起门来打语言”的原则。TG 学派虽提及了人、人的心智，但最终还是以客观主义哲学观，特别是笛卡尔的天赋观、二元论，现代“形式主义”方法为圭臬，再次创造了一个无视主体因素的神话。

（系统）功能语言学虽主张从语言交际功能的角度来审视语言，考虑到人在社会交际中的需求，体现出一定的人本性，但未能从人的“互动体验”和“心智加工”角度深入探索语言的成因、意义和理解。真正能体现后现代人本性的语言学理论当数认知语言学（CL）和体认语言学（ECL），基于体验哲学的 CL 和 ECL 是对上述传统语言理论的超越，该理论具有重要的历史意义，实践着后现代哲学的人本精神，顺应了整个人文学科的发展趋势，充分强调语言的体验性和人本性，以“人化的语言”为旗帜，将语言研究融入后现代哲学的大潮。因此，随着 CL 和 ECL 的登场，这一语言学发展滞后的现象得到一定的缓解。

体验哲学的核心内容与西方后现代哲学唯物观和人本观的倾向完全一致，意在真正实现“人的回归”，把人（含人的经验、存在、价值、语言、人和现实的关系）视为整个哲学的中心内容，从而把探讨世界和事物的存在转变成探讨人的生存、实践（包括人的体验、认知、意识、感情等），并以此为出发点来论述哲学上的毕因论（being 的音译，又译：本体论、存在论、是论、有论）。体验哲学所提出的三项基本原则：

心智的体验性、
认知无意识性、
思维的隐喻性，

也充分体现了这一基本原理。基于此 CL 和 ECL 强调语言是人们在对客观外界进行互动体验和认知加工的基础上形成的，即遵循了“现实—认知—语言”的基本进路，认为语言是体认的结果。这就应了康德的一句名言：

We see things not as they are but as we are.（我们所看到的事物不是事物本身的形态，而是我们所认为的形态。）（参考 Radden and Panther，2004：28）

马克思（1844）在《1844 年经济学哲学手稿》中指出，自然界是：

humanized nature（人化的自然界）

我们据此可将语言定义为：

人化的语言。

这样，ECL 就以人为中心，将“现实世界、人的认知、语言符号”这三要素置于同一框架下思考，其中包含了哲学中三个转向所关心的主题——毕因论、认识论和语言论，也囊括了莫里斯（Morris）符号三分法的内容：

（1）句法：符号与符号的关系；
（2）语义：符号与世界的关系；
（3）语用：符号与人的关系。

这也正是我们认为 ECL 具有前沿性、充分性和解释力的原因。

三、认知 / 体认语言学基本原理：直接指导语言教学

基于体验哲学和后现代人本性建立起来的 ECL 信守：

现实—认知—语言

研究进路，将语言视为人们经过对现实世界的互动体验和认知加工的结果，充分彰显了语言研究中的人本性原理。因此，ECL 旨在挖掘语言表达背后的人的认知机制，强调语言表达是在人的“体验”和“认知”作用下形成的。李红儒（2001，2002，2003，2005）对其作出了较为系统的论述，值得我们好好学习。若从这个角度来说，语言就是依据人的认知方式和交际目的，依据人的概念化方式和人眼中的世界形态而形成的，词语反映了说话人的形象，在此理论框架下必然得出语言具有像似性的结论，且这一结论也完全符合后现代哲学的人本观。像似性理论是对后现代哲学人本观的发展，为理论语言学开辟了一片新天地，可望成为语言研究的新增长点，同时也对应用语言学具有十分重要的指导意义，这就是本文副标题的含义。

注意，CL 和 ECL 理论框架中所讲的像似性，不是传统意义上所说的“语言符号”与“客观世界”之间简单的二元关系，其与任意性的争论也不是“自然派”与“规约派”之争的简单延续。因为这两种观点都是客观主义哲学观的产物，与西方哲学 2000 多年的感性论与理性论，特别是认识论中的经验论和唯理论一样，都旨在排除人的主观因素，当属客观主义哲学观，在处理语符与意义之间的关系时也遵循着相同的研究思路，直接将“语符”与“世界”联系起来，都未能摆脱传统“指称论”意义观的理论框架。两者之间要么具有规约性，要么自然地具有理据性，如下图所示：

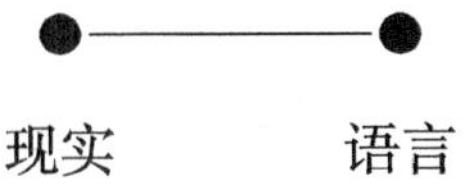

图 2　现实—语言二元关系图

弗雷格（Frege）虽然在语义研究中有所突破，在这两个要素之间增加了一个“sense（sinn）”，但其基本的哲学立场未变，依旧是在客观主义哲学观中打圈圈。奥格登和理查兹（Ogden and Richards，1923）后来将弗雷格的这一思想总结为语义三角，可图示为：

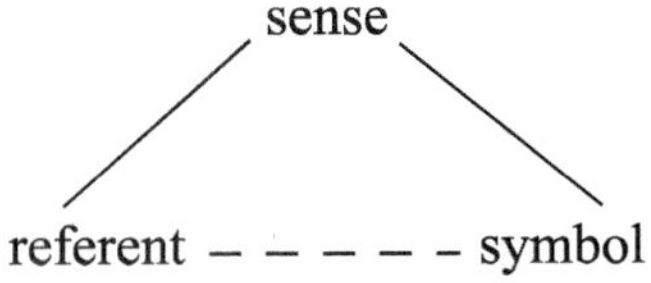

图 3　语义三角图

弗雷格（Frege，1892；cf. Lakoff and Johnson，1980：199）在论文中明确区分了 sense 和 idea，前者指“客观意义”，后者指“主观意义”，因此这里所说的 sense 就是客观事物在头脑中的镜像反映。“镜像”是客观主义哲学理论的关键，可保证排除人的主观因素，其结果就是 sense 像照镜子一样，应当完整而又客观地反映外物之实际现状和特征。这与传统西方哲学所坚守的客观真理须遵循“笛卡尔范式（Cartesian Paradigm）”之圭臬如出一辙。

根据这一西哲背景知识，图 3 当可解读为：语言符号通过 sense（镜像的、非体验性的意义）客观地指向外部世界的所指对象[①]，sense 就成为语符指向外物的一个中间过渡站。这好像解决了指称论（二元要素）留下的问题，但究其根源而言依旧未能逃脱客观主义的泥潭，仍混迹于西方客观主义哲学观之中，从他将 sense 确定为纯客观意义就决定了他的这一立场；在语义三角中仍可见弗雷格还未彻底抛弃“语言符号”与“外指对象”之间的间接关系（图 3 用虚线表示），依稀带着二元要素指称论的印记。因此，这位被称为“现代语义理论开创者”的弗雷格，被雷科夫和约翰逊（Lakoff and Johnson，1999：468）确认为现代客观主义哲学家的代表，且带了一个坏头。

我们根据他们的主要观点，拟将图 3 修改为图 4，将图 2 修改为图 5。首先将处于三角顶点的 sense（客观性、镜像性的意义）换成 cognition（主客兼之，体认性），且将其下拉到底线，以彻底阻断语言符号与外部世界之间的直接联系。这样，语言符号就只能是“唯人参之”的结果，语言只能是“人化的语言”。这就是体验哲学和 ECL 所说的，语言是人们对客观外界进行互动体验和认知加工的结果。

---

① 弗雷格（1998：377）的原话为：“指号，它的含义和它的指称之间的正常联系是这样的：与某个指号相对应的是特定的含义（sense），与特定的含义相对应的是特定的指称，而与一个指称（对象）相对应的可能不是只有一个指号。”另外，语义三角的一般画法是将 symbol 置于左边，referent 置于右边，为能与 CL 论述保持一致，笔者在此作了调整，但其基本原理不变。

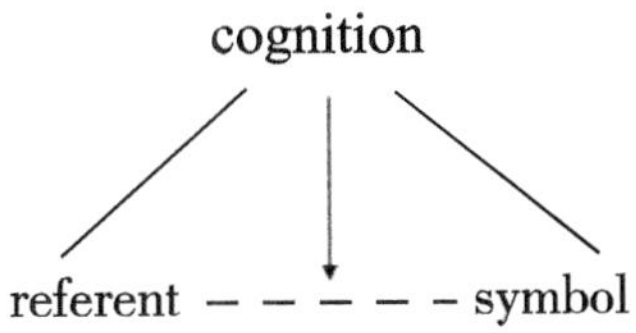

图 4　语义三角图（修订版）

图 5　现实—认知—语言三元关系

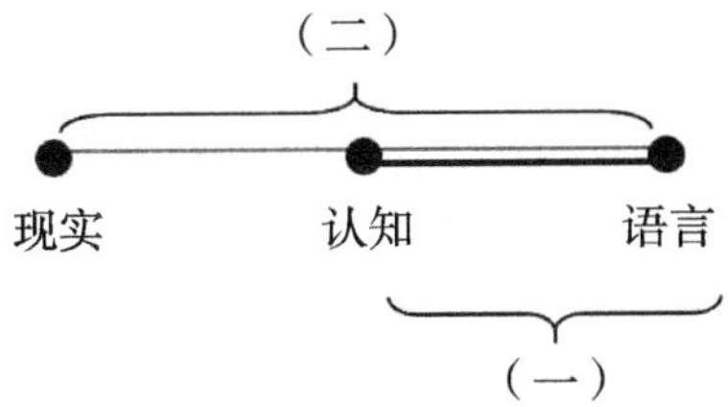

图 6　像似性理论图

此处的“认知”就相当于我们（2008）提出的“体验性概念化”或本文的“体认观”，与“体验性人本观”相通，主要表示“互动体验”和“认知加工”这两项内容，其中既有对外部世界的客观认识，也体现出了人的主观能动性。据此，在 CL 和 ECL 理论框架中所讨论的像似性，就是指右端的“语言”与中间的“认知”，以及通过“认知”与左端“现实”所建立的理据性关系。

不同的学者对“像似性”有不同的理解，有学者持狭义像似性的观点，认为像似性为理据性的下义词，前者仅为后者的一种情况，即像似性仅指语言符号与客观现实之间所存在的映照性关系，即图 5 中两端之间的关系或如图 6 中由（二）所画的大括号所示。更多的学者（如 Hockett，1958：577—578；Givón，1958，1991；Nänny and Fischer，1999；Haspelmath，

2008：3；王寅，1999，2001，2007）持广义像似性的观点，认为像似性不仅包括上述狭义观，更主要的是右端的语言符号与中间的认知方式之间的关系，如图6中（一）所画的黑粗线所示，我们亦持这一观点。这样，广义像似性即可表述为：

语言符号像似于认知方式，且在其作用下某方面在某种程度上像似于现实世界。

这也是我在1999年出版的拙著第32页，以及1999年发表于《中国翻译》论文中所述的定义。像似性包括图6中（一）和（二）两部分，这正充分体现了后现代哲学中的“人本观”：语言是人们认知加工的结果，必然取决于人们的认识（这也是我们近来用“像似性”替换原来的“象似性”的原因），也须考虑到客观世界的具体情况。

倘若理解了这一基本立场，就不难理解为什么我们要将像似性视为CL和ECL的一项主要内容，而根本不像有些人所误解的那样，语言仅在模仿客观外界（而不考虑人的体认因素），这依旧是西方传统客观主义哲学争论了2500多年的古老话题在作怪。体验哲学并不是对它作简单的重述，而是在图5和图6的指导思想下对其彻底改造，赋予像似性全新的含义和内容。关于这一点我们已在过去的文章和书中阐述得十分清楚了，此处不再赘言。

CL和ECL的像似观完全不同于索绪尔在“关门打语言”的内指论框架下将“能指VS所指”局限于头脑中的两个心理实体（我们也一直认为索氏基于此建立起来的任意说在其理论框架中尚可自圆其说），倘若如此，它们又何以能厘清？又怎能道得明？索氏（1916：12）所画的语言交际循环图与他的理论设计不符，内在性的能指和所指是如何从人们口中传出来成为实体的？心理实体与现实世界的接口问题又该留给谁来解决呢？

现在还是让我们回顾一下雷科夫和约翰逊（Lakoff and Johnson，1980：126）就像似性理论所说的几句画龙点睛的语句：

Such links make the relationship between form and content anything but arbitrary.（在形式和内容之间所建立的这类连接绝对不是任意的。）

他们（1999：465）还指出：

There is more motivation in a language than arbitrariness.（语言中的理据性多于任意性。）

雷科夫（Lakoff，1987：346，487）还指出：

In natural language，motivation seems to be more the norm than the exception.（在自然语言中，理据是一种正常现象，而不是例外[①]。）

Motivation is central phenomenon in cognition. The reason is this：It is easier to learn something that is motivated than something that is arbitrary. It is also easier to remember and use motivated knowledge than arbitrary knowledge.

① 这与索绪尔的观点不同，索氏将任意性视为第一原则，将理据性视为任意性中的有限情况；而 Lakoff 等学者一贯认为理据性为正常情况，任意性是不得已而为之的最后策略。（Cognitive linguists tend to see motivation as the norm and consider arbitrariness as the last resort.）Radden & Panther（2004：2）还引用了 Heine 的观点，他指出：… since human behavior is not arbitrary but … driven by motivations，language structure，which is a product of behavior，must also be motivated.

（理据是认知的中心现象，理由是：比起任意性语符而言，我们更容易学会那些有理据的语符；比起任意性知识而言，我们更容易记住和运用那些有理据的知识。）

Radden & Panther（2004）主编出版了 *Studies in Linguistic Motivation*，共收录了12位学者的论文，他们分别从“生态性（ecological）、发生性（genetic）、体验性（experiential）、认知性（cognitive）”这四个角度[①]论述了语言中的理据性（即像似性）。特别是Haiman于2008年在 *Cognitive Linguistics* 第一期上发表了题为 *In Defence of Iconicity* 的论文，继续阐释了有关像似性的基本原则，对某些学者（如Haspelmath）的质疑给予有力的反驳。

倘若要进一步了解像似性，还需要静下心来认真读读John Benjamins出版的 *Iconicity in Language & Literature* 系列丛书，2008年该系列丛书的第6卷刚刚出版，由De Cuypere编著的 *Limiting the Iconic: From the Metatheoretical Foundation to the Creative Possibilities of Iconicity in Language*，倘若张绍杰等（2007）在发表文章前抽点时间认真研读许国璋先生（1988[②]）、李葆嘉（2001）以及上述作者的论著后再来谈论像似性

① 这里的ecological motivation指人和语言单位不是孤立存在的，而是处于整个社会和语言系统网络的某一位置上（Niche/ Slot），参见Lakoff（1987：487），Radden & Panther（2004：24），Taylor（2004：49，58）。据此，任何语言单位都是语言系统中的要素，它就像一个pointer，总是要“指向”系统中的其他单位，不在这个系统中的成员就不能称作一个语言单位。据此，所有构造在某种程度上都具有理据性。Genetic Motivation认为，语言是人类行为的产品，可以此解释语言变化（如语法化）背后的理据。Experiential Motivation是从人的身体经验角度来解释语言理据性。Cognitive Motivation是指从人的认知能力和方式来论述语言理据性。

② 许国璋为刘润清的导师，刘润清又是张绍杰的导师，张绍杰在文中述及任意性问题时竟然不谈师爷许国璋的观点，这也颇令人费解。

与任意性的关系，就不至于出现文中的偏执性言词，也不会再误解 CL 和 ECL 中的像似性，说些误导性的言论。

语言符号像似性正体现了后现代哲学（包括体验哲学）和 ECL 的基本原则，也标志着当代语言学虽稍后于文学界和翻译界，但亦已步入了后现代哲学所倡导的人本主义这一人文科学的研究大潮之中，它不仅开辟了语言学研究的新方向，为理论语言学注入了新的活力，而且更重要的是，可直接用于指导语言教学。与其相比的老观点“任意性”，似乎对教学无甚意义可言，常为教师提供“惯用法”和“死记硬背”的借口。作为 21 世纪的教师不可蹈此旧矩，当致力于寻求语言表达之所以然的原因和机制，这一观点也为语言教学提供了一个重要的指导方针。本文暂且从以下 4 个方面作简要论述：

（1）从自身的生活经验、社会场景来解释语言的形成和理解；

（2）将像似性原理贯彻到语言教学之中，会有很多意外收获；

（3）以简表形式归纳例示 ECL 体认观对语言各层面的解释力；

（4）以距离像似性为基础介绍英语词素构词的认知学习方法。

第（1）点作为 ECL 理论与语言教学的基本原则，各位教师可从这一角度思考和探索语言事实背后的人的体验规律和认知机制，寻找语言为何非这样表达而不那样讲的理据性。若能理解清楚其后的像似性规律，则在教学中会有一种得心应手、轻松自如的感觉。

第（2）点可参见笔者 2001 年在上海外语教育出版社出版的《语义理论与语言教学》第十六章，主要运用了距离像似性、数量像似性、顺序像似性、标记像似性等原则来解释某些英语表达，而这些都是常规理论所解释不了或被忽视的现象。如此解释确实可为英语教师另辟蹊径，也为学生提供了一个十分有效的学习和运用英语的好方法。

我们也可从语言的不同层面来研究第（3）点，将它们统一在“现实—认知—语言”这一总框架之下，一方面可有利于我们从体验哲学角度深入认识语言的形成机制，另一方面可从像似性角度将其灵活运用于教学之中（笔者另文论述），本文重点简述第（4）点。

四、英语构词认知学习

认知语法认为，所有词素（morpheme）[①]都是象征单位，也是构式（Goldberg，2003，2006），英语中的单词是由数量有限的词素构成的，它们在组配结合成词的过程中依据了多条构式图式和像似性原则，据此，我们可将其运用到词汇研究和教学中。根据我们的教学经验，若能对这些词素构式及其结合的方法稍下功夫、略加记忆，便会收到立竿见影、事半功倍的效果，而不必为浩如烟海的英语单词而犯愁。本文主要运用距离像似性原则来解释构词机制。

距离像似性（iconicity of distance / contiguity / cohesion / closeness / proximity）是指语符距离像似于概念距离。概念距离越靠近，就越容易将它们放在一起加以思考，表达它们的符号也就越易共现，距离也靠得更近，也更易融合成一个单位（Haiman，1983，1985a，b；沈家煊，1993；王寅，1999，2001）。克罗夫特（Croft）于2008年第一期 *Cognitive Linguistics* 上发表了 *On Iconicity of Distance* 的论文，对距离像似性作出了进一步的深入论证。

距离像似性主要是在句法层面上得出的结论[②]，我们拟将其扩展到词

① morpheme 包括前缀（prefix）、词根（root）、后缀（suffix）。

② Haiman 于 1983 年在讨论距离像似性时也曾涉及词汇层面，如 portmanteau（混成词），但并未真正深入词汇的微观层面对其作详细剖析，也未谈到词汇教学。

汇的微观层面进行较为深入的剖析，并尝试从体认性角度作出合理解释。这也进一步表明兰盖克（Langacker）在认知语法中将词汇和句法视为一个连续体的合理性，它们之间并无绝对的界限，这两个层面上的规则具有一定的互通性。

经验告诉我们：名词与数量、动作与方向之间在概念距离上具有较为紧密的关系，根据距离像似性原则，它们共现的概率也就较高，极有可能将有关词素融合成词。如表示物体的名词与数量概念十分紧密，因为人们在生活经验中常常要对事物计数，因此印欧语系中名词就逐步语法化出复数屈折变化形式（名词还有性与格的屈折变化形式，也可从体认角度作出合理解释），一些表示事物的名词词根也就最容易与表示数量的前缀融合成为一个单词。

又如动作与方向在概念上也是紧密相连的，因此表示动作的词根很容易与表示方向的词缀融合成词（动作还与时、体、态、式等概念密切相关，也有对应的屈折变化形式，也可从体认角度作出合理解释）。我们据此原理设计了一套词汇学习练习题，将英语中表示数字的前缀：

mono- / uni-（一），　bi- / di-（二），　tri-（三），
quadr-（四），　pent-（五），　sex- / hex-（六），
sept- / hept-（七），　oct-（八），　enne-（九），
deca-（十）

与表示事物的词根：

cycle（环），　later（边），　ped / pod（足），　gon（角）

hedron（面体）， ode（级管）， sect（切分）， gram（写、画）
ann / enn（年）， valent（化合价的）

编成一组。它们可以按照特定的规律结合成若干英语单词，若再配上几个后缀，一下子就可识记几百个单词，这不仅对英语专业的学生，对非英语专业的学生也很有帮助。

同理，很多表示动作的词根可与表示方向的前缀结合成很多单词：

ad（to）	+ cede（go）	→	accede	（加入、答应）
con（with）	+ cede	→	concede	（承认、让与）
inter（between）	+ cede	→	intercede	（说情、请求）
pre（before）	+ cede	→	precede	（先于、居前）
re（back）	+ cede	→	recede	（退去、收回）
suc（under）	+ ceed	→	succeed	（继续、成功）
ex（out）	+ ceed	→	exceed	（超过、领先）

可见，句法层面上的距离像似性原则亦可用于词汇层面，能解释若干英语单词的构成方式（这也属于当前构式语法所研究的内容范围），说明人类在认知方面的"像似性"具有较大的普遍性，同时也为我们大量识记英语单词提供了一个既科学又有效的途径，为将 CL 和 ECL 运用于英语词汇教学开辟了新天地，值得我们予以充分关注。

上文仅述及了词根 cede、ceed 与表示方向前缀的组配情况，若再列出它们的派生词，数量就更多了。我们收集了 12 个表示方向的前缀以及 50 多个表示动作的词根，它们的组合约有 600 个词，加上它们的派生词（按每词派生3个：名词、形容词、副词），则可能有近2000个词。很多学生（包括英语专业和非英语专业）喜欢将这两个表挂在床头，每天背几个，则可在较短时间里识记较多单词，还从根本上学会了一种重要的学习方法：原来英语单词的构成不是任意的，其中不仅充满了理据，还体现出西方民族的智慧。这其实也是一种素质教育，学生从中找到了学习的乐趣。有不少学生还不免发出感叹：教师早该传授这种学习方法啊！这对我们进一步修改英语教学大纲不无启示。

五、结语

本文从后现代哲学的人本观说起，且认为CL和ECL的登场使得当代语言理论开始融入后现代人本观大潮，再次重申了语言的体认性和人本性，据此CL和ECL必然会得出像似性这一结论，难怪关于CL和ECL的论著中都要涉及这一论题，因为像似性原则正好体现出语言的体认性。距离像似性不仅可解释句法层面上的众多现象，还可有效解释英语构词规律（不是唯一），这对于语言理论和教学实践都具有重要的指导意义。

我们曾在20世纪80年代初编写了一本词汇认知学习教材，既可使学生熟练地分析出英语单词的意义，又能使其根据汉语的意义轻松自如地写出很多英语单词，更为重要的是，通过这样的练习，可展现西方民族的思维方式，这将大大有利于学生学习能力的开发。很多学生通过这样的讲解和练习，大有茅塞顿开之感，使过去积累的一些感性认识一下子上升为理性知识。背单词不再那样枯燥无味，而成为一种培养逻辑推理能力的过程。把“难似上青天”的记单词变为“驾轻就熟”的轻松活，有效提高了大量识记与驾驭英语单词的能力，好像进入学习英语单词的自由王国一样，从而也大大增强了学习英语的积极性和趣味性。古人云：“授人以鱼，不如授人以渔。”方法的掌握、能力的培养、素质的提高，也就是认知能力的提高，这正是 CL 和 ECL 的基本研究思路。

但愿此文能产生以拙砖引贵玉之效，引起同行的密切关注乃至深入研究，这或许能为我们的理论语言学和应用语言学带来许多意想不到的新启发。

参考文献

[1] CROFT W. On Iconicity of Distance [J]. Cognitive Linguistics, 2008(1).

[2] FREGE G. On Sense and Nominatum [C] //GREACH P, BLACK M (eds.). Translations from Philosophical Writings of Gottlob Frege. Oxford: Basil Blackwell, 1980.

[3] GIVÓN T. Iconicity, Isomorphism and Non-arbitrary Coding in Syntax [C] //Haiman, J (ed.). Iconicity in Syntax. Amsterdam: John Benjamins.

[4] GIVÓN T. Isomorphism in the Grammatical Code: Cognitive and Biological Considerations [J]. Studies in Language, 1991 (1): 15.

[5] GOLDBERG A E. Constructions: A New Theoretical Approach to Language [J]. 外国语, 2003 (3).

[6] GOLDBERG A E. Constructions at Work: the Nature of Generalization in Language [J]. OUP, 2006.

[7] HAIMAN J. The Iconicity of Grammar: Isomorphism and Motivation [J]. Language, 1980: 536.

[8] HAIMAN J. Iconic and Economic Motivation [J]. Language, 1983: 59.

[9] HAIMAN J. Natural Syntax [M]. CUP, 1985a.

[10] HAIMAN J．Iconicity in Syntax [C]．Amsterdam：John Benjamins，1985b.

[11] HAIMAN J．In Defence of Iconicity [J]．Cognitive Linguistics，2008（1）.

[12] HASPELMATH M．Frequency vs. Iconicity in Explaining Grammatical Assymetries [J]．Cognitive Linguistics，2008（1）：19.

[13] HOCKET C F．A Course in Modern Linguistics [M]．New York：MacMilan，1958.

[14] LAKOFF G，JOHNSON M．Metaphors We Live By [M]．Chicago：The University of Chicago Press，1980.

[15] LAKOFF G．Women，Fire，and Dangerous Things：What Categories Reveal about the Mind [M]．Chicago：The University of Chicago Press，1987.

[16] LAKOFF G, JOHNSON M．Philosophy in the Flesh——The Embodied Mind and its Challenge to Western Thought [M]．New York：Basic Books，1999.

[17] MARTINICH A. P．语言哲学 [C]．牟博，杨音莱，韩林合，等译．北京：商务印书馆，1998.

[18] NÄNNY M, FISCHER O．Form Miming Meaning——Iconicity in Language Culture [M]．Amsterdam：John Benjamins，1999.

[19] OGDEN C K, RICHARDS I A．The Meaning of Meaning [M]．London：Routledge & Kegan Paul，1923.

[20] PIAGET G．The Principle of Genetic Epistemology [M]．王宪钿，等译．发生认识论原理．北京：商务印书馆，1981.

[21] RADDEN G, PANTHER K U．Studies in Linguistic Motivation CLR 28 [C]．Berlin：Mouton de Gruyter，2004.

[22] TAYLOR J. The Ecology of Constructions [C] //RADDEN G, PANTHER K U (eds.). Studies in Linguistic Motivation. Berlin: Mouton de Gruyter.

[23] 李葆嘉. 理论语言学——人文与科学的双重精神 [M]. 南京：江苏古籍出版社，2001.

[24] 李红儒. 从逻辑、哲学角度看句义理论的发展——“语句中的说话人因素”理论探讨之一 [J]. 外语学刊，2001（1）.

[25] 李红儒. 从语句的交际结构看说话人形象 [J]. 外语学刊，2002（4）.

[26] 李红儒. 语句中的说话人形象 [D]. 哈尔滨：黑龙江大学，2003.

[27] 李红儒. 试论语词层级上的说话人形象——语言哲学系列探索之一 [J]. 外语学刊，2005（5）.

[28] 沈家煊. 句法的像似性问题 [J]. 外语教学与研究，1993（1）.

[29] 王寅. 论语言符号像似性 [M]. 北京：新华出版社，1999.

[30] 王寅. Iconicity 的译名与定义 [J]. 中国翻译，1999（2）.

[31] 王寅. 语义理论与语言教学 [M]. 上海：上海外语教育出版社，2001.

[32] 王寅. 认知语法概论 [M]. 上海：上海外语教育出版社，2006.

[33] 王寅. 既超越又不超越的回归 [J]. 外语学刊，2008（1）.

[34] 许国璋. 语言符号的任意性问题——语言哲学的探索之一 [J]. 外语教学与研究，1988（3）.

[35] 张绍杰，张延飞. 语言符号任意性和像似性：相互排斥还是相互依存 [J]. 外语与外语教学，2007（7）.

附录五

音义学初探

摘要： 苏联语言学家沃罗宁（Stanislav Voronin）于 1980 年正式建立了“音义学（Phonosemantics）”这一学科，国内亦有学者作了介绍，引起学界的普遍关注，我们拟将其置于认知语言学和体认语言学的“像似性”框架中加以论述。本文强调，我们在研读国外语言理论时，不要忘记我国古代学者的观点，如传统训诂学中的声训法，通过音同或音近揭示义同或义近的理据。这充分说明了语言中的音和义之间存在许多像似性现象，以及索绪尔任意性支配说的片面性。通过对比可见，我国训诂学家对于音义学所作出的论述要早得多，也深入得多；并提醒中外学者注意，研究“音义学”须考虑到我国训诂学家的研究成果。

关键词： 音义学；训诂学；声训法；对比

一、序言

古希腊的斯多葛学派（Stoicism）最早提出“摹声说”，德国语言学家斯坦塔尔（Steinthal，1823—1899）也强调了摹声说在语言产生中的作用。

德国的语言学家保罗（Paul，1846—1921）认为，在有声语言的早期阶段，声音的摹仿是构成事物名称的主要手段。

“现代语言学之父”索绪尔将符号视为能指（signifier，声音形象）与所指（signified，概念）的结合，两者之间的关系是任意的。他为了论证这一观点，甚至还把语言中的拟声词排除在语言词汇之外，以确保其音义任意性具有说服力。他（Saussure，1916）指出：

> 拟声词从来不是语言系统的有机成分，而且它们的数量比人们所设想的少得多。（104）
>
> 不仅为数甚少，而且它们的选择在某种程度上已经是任意的，因为它们只是某些声音的近似，而且有一半已经是约定俗成的模仿。（105）
>
> 有人想把感叹词看作据说是出乎自然的对现实的自发表达，但是对其中的大多数来说，我们可以否认在所指和能指之间有必然的联系。（105）

苏联语言学家沃罗宁（Stanislav Voronin）于1980年出版了《音义学》（*Phonosemantics*）一书（参见贺川生在《外语教学和研究》2002年第1期上发表的论文——《音义学：研究音义关系的一门学科》），专题探讨语音像似性的问题，犹如将一块大石头投进了“任意性”的池塘，再次掀起了批判老观念的新浪潮。

我们承认，语言在音和义之间存在较多的任意性，但究竟多到什么程度，似乎还没有什么人作过具体的统计和分析，更没有人对音义之间的理据性作过系统的论述和分析。认知语言学家认为，音义之间的像似性现象比想象中的要多得多，我们将较为全面地收集和论述英汉两种语言在音和义之间的像似性现象。

二、语音模仿说

语言学家认为“声音模仿”是语言之初源，事物的名称起初是人类摹仿自然界各种声音逐步演化而成的，如：风有呼呼声，水有哗哗声；青蛙叫是“哇哇”声，人们便称它为“蛙”；婴儿哭声是“哇哇”，就叫他“娃娃”。李葆嘉（2001：118）认为：“象声”是最古老、最自然、最基本的命名方式，从中可窥见人类自然语言符号的奥秘。这不仅是人类认识事物的基本途径，而且是语言产生的必由之路，这是人类在漫长发展中的唯一选择。

很多语言学家都论述过语言起源问题，丹麦语言学家叶斯柏森（Jespersen，1860—1943）曾归纳出如下四种主要观点：（1）感叹说；（2）拟声说；（3）声象说；（4）喘息说（详见第三章第二节）。它们都涉及“语音模仿”的问题，其区别仅在于人们所模仿的对象和方式有所不同罢了。认知语言学和体认语言学更是肯定了这一观点，根据：

现实 — 认知 — 语言

这一核心原则可知，早期的言语就是人们在生活（包括劳动）中模仿事物的发音或自然发出的声响所形成的。因此，“模仿”是形成像似符的基础，我们不难得出这样的结论：语言起源于模仿，起源于像似性。

古希腊哲学家亚里士多德是唯名论的代表人物，而他的老师柏拉图常被认为是持唯实论观点的。柏拉图曾在《对话集》中提出人类一般语言活动起源于拟声的论点。他甚至认为每一个字母都是模仿事物一定的性质的。他说：

显然，名称乃是它所表示的事物的声音摹仿，起名字的人总是以声音来摹仿他所称呼的事物的（转引自高名凯，1995：343）。

他还认为：

名称可以揭示事物的本质（莱布尼兹的秘书 Eckhart，1711，参见 Genisi，1994：7）。

德国哲学家赫尔德（Herder，1744—1803）认为语言的起源与人类对自然界中发出的声响的认知密切相关，他（Herder，1999：39—40）说：

人依靠知性统治自然，而知性也正是语言之母；从物体发出的声音中，人提取出区分特征，从而构成了一种生动的语言。

于是风吹树叶的声音就叫作“沙沙”，风声叫作“嗖嗖”，泉水声就叫作“淙淙”，这样，人们就有了一部小小的词汇，等待着发音器官给它们打上印记。

博林格（Bolinger，1985）认为：语调具有表明讲话者心境和态度的功能，它既是心境的像似符，又是心境的标记符，其间具有十分微妙的像似性机制。当我们静下心来留意观察，不难发现其间存在很多有机的联系，而且是一种语言普遍现象。如：升调表示疑问，怪腔怪调表达异常意义，对语句中某部分的重读可传达强调之义，拉长调门、拖长音节可意味着懒散、无礼、漫不经心，语速加快意味着快捷，心情好时与不好时的语调存在很大差别。这些现象都有力地说明，语调自然地像似于心境、态度和意义。

朱永生（1997）在论文《话语基调的含义与主要内容》中指出：

> 讲话者可以通过音质的变化、音调的起落、音量的大小、元音的长短和辅音的送气等方式表达不同的情感。

语调也可表明交际双方的地位。朱永生在论文中还具体分析了交际双方在文化社会等级体系中所处的相对位置会直接影响语言的使用，文中转述了马丁（Martin，1992：529）在这一方面的分析结果：交际双方的社会地位的相对不平等可以影响语音、语法、词汇、篇章语义和交流模式。在交际中，采用降调或升降调表示肯定语气的往往是地位较高的一方，而采用升调或降升调表示语气迟疑的多为顺从方。朱永生指出：

> 讲话的口气也要为实现意图而服务。例如：安慰人的时候应该诚挚，说服人的时候应该耐心，对人表示欢迎的时候应该热情，批评人的时候应该严肃。

我们都有这样的经验：语音语调可直接反映出交际双方的意图，或为实现某种意图时很自然地就会使用某种语调。表明语调和语义之间像似性关系的例子可一直列举下去：调侃消遣时应该幽默，谈情说爱时应该温柔和浪漫，下达指令时应该语调坚定，家常聊天时应该自如……

莱昂斯（Lyons，1991：94）指出：一般的“自然语言”，其各个结构层次上的像似性要比语言学传统的名言警句所告诉我们的大得多。

体验哲学（Embodied Philosophy）及基于其上形成的认知语言学和体

认语言学接受了上述观点，对音义像似性关系作出了较好的解释。体验哲学认为我们的范畴、概念、意义是基于身体经验的心理现象，是人类自身与客观外界互动的结果，人类用某特定的声音来表示某特定的意义是基于祖先的生活，来自对自然声音的模仿。

三、拟声字词

1. 英语拟声词表

世界各语言中都有不同数量的拟声词和感叹词，这些词也正是对外界声音的一种自然模仿和记录，笔者曾粗略统计了英语中1000多个拟声词，详见本文集第六卷附录一。

2. 现将汉语中常用拟声词整理如下：

表1　汉语中常用拟声词

序号	拟声类别	词　语	释义或示例
1	【风声】	呼呼	北风呼呼地吹
2		萧萧	形容马叫声、风声
3	【雷声】	咔嚓	形容雷声
4		隆隆	形容剧烈震动的声音，如：雷声隆隆
5		殷	形容雷声，如：殷其雷
6		轰隆	形容雷声
7	【雨声】	滴答	形容小雨落下的声音
8		滴沥	雨水下滴的声音
9		哗啦	雨哗啦地下，也可以说哗啦啦
10	【水声】	咕［gū］嘟	液体沸腾、水流涌出或大口喝水吞咽的声音
11		潺潺	水声潺潺
12		淙淙	流水的声音。如：泉水淙淙

（续表）

序号	拟声类别	词　语	释义或示例
13		滴答	形容水滴落下的声音
14		咕［gū］噜	水流动的声音
15		哗	流水哗哗响
16		汩［gǔ］汩	河水汩汩地流入田里
17		扑哧	形容水挤出的声音
18	【鸟声】	布谷	是摹仿布谷鸟的叫声似“布谷”
19		喳［zhā］	喜鹊喳喳地叫
20		啁［zhōu］啾［jiū］	形容鸟叫的声音
21		呖［lì］呖	形容鸟类清脆的叫声，如：莺声呖呖
22		嘤［yīng］嘤	形容鸟叫声
23		噌	麻雀噌的一声飞了
24		哑［yā］哑	形容乌鸦的叫声
25		嘎［gā］嘎	形容大雁等的叫声，也作呷呷
26		咕［gū］	形容斑鸠等的叫声
27		戛然	多形容嘹亮的鸟鸣声，如：戛然长鸣
28		啾［jiū］啾	许多小鸟一齐叫的声音，凄厉的叫声
29		唰啦	形容迅速擦过去的短促的声音，如：唰啦一声，柳树上飞走了一只鸟儿
30		扑棱	形容翅膀抖动的声音，如：扑棱一声，飞起一只水鸟
31		忒［tēi］儿	形容鸟急促地振动翅膀的声音，如：麻雀忒儿一声就飞了
32		砉［huā］	形容迅速动作的声音，如：乌鸦砉的一声飞了
33		叽	小鸟叽叽叫
34	【虫声】	唧［jī］	唧唧（虫叫声）
35	【禽声】	喔	形容公鸡叫的声音
36		嘎［gā］嘎	形容鸭子的叫声。也作呷呷
37		咕［gū］	形容母鸡的叫声
38		呱［guā］呱	形容鸭子的响亮叫声
39	【猫声】	喵	形容猫叫的声音
40		咪咪	形容猫叫的声音
41	【畜声】	咩［miē］	形容羊叫的声音

（续表）

序号	拟声类别	词　语	释义或示例
42		哞［mōu］	形容牛叫的声音
43		萧萧	形容马叫声，如：马鸣萧萧
44		哼哧	形容粗重的喘息声，如：骡子累得哼哧地喘气
45		咴儿咴儿	形容马叫的声音
46	【人声】	噗	噗，一口气吹灭了灯
47		怦	怦然心动、心怦怦地跳着
48		唧［jī］	唧咕，形容小声说话；唧哝，也形容小声说话
49		吁［xū］吁	形容出气的声音，如：气喘吁吁
50		嘁［qī］嘁 喳［chā］喳	小声说话的声音
51		扑哧（也作噗嗤）	形容笑声，如：扑哧一笑
52		喃喃	连续不断地小声说话的声音，如：喃喃自语
53		琅琅	形容响亮的读书声音等
54		朗朗	形容清晰响亮的声音
55		喀［kā］	呕吐、咳嗽的声音
56		嗷嗷	哀号声
57		咿［yī］唔［wú］	形容读书的声音
58		吁［yū］	吆喝牲口的声音
59		哑［yā］哑	哑哑，形容小儿学语声等
60		牙牙	形容婴儿学说话的声音，如：牙牙学语
61		咯咯	形容笑声，如：他咯咯地笑着
62		咕［gū］嘟	大口喝水的声音。如：他咕嘟地喝了一大碗水
63		咕［gū］噜	他端起一杯水咕噜一口就喝完了
64		哈	形容笑声，大多叠用，如：哈哈大笑
65		呵呵	形容笑声
66		嘿嘿	形容笑声
67		呼哧	形容喘息的声音
68		呼噜	他喉咙里呼噜地老响。也说呼噜噜
69		哄	形容许多人大笑声或喧哗声
70		嚯［huò］嚯	嚯嚯一笑

（续表）

序号	拟声类别	词　语	释义或示例
71		叽里咕噜	形容说话别人听不清楚或听不懂，如：他俩叽里咕噜地说了半天
72		咕［gū］哝	小声说话声，多指自言自语
73		呱［gū］呱	小儿哭声
74		喳［zhā］	旧时仆役对主人的应诺声
75	【树声】	咔嚓	形容物体断裂等的声音，如：咔嚓一声，树枝被风吹折［shé］了。也作喀嚓
76		梆［bāng］	敲木头的声音
77		嘎［gā］巴	形容树枝等折断的声音
78		淅［xī］沥［lì］	形容轻微的落叶声等
79		簌［sù］簌	形容风吹叶子等的声音
80		唰	形容迅速擦过去的声音，如：风刮得树叶唰唰地响
81	【车声】	呜	形容风声、汽笛声等。如：呜的一声，一辆汽车飞驰过去。又如：汽笛呜呜地叫
82		嗖［sōu］	形容很快通过的声音，如：那辆汽车嗖的一声开过去了
83		辘辘	形容车轮声
84		嘟	汽车喇叭嘟地响了一声
85		嗒嗒	形容马蹄、机枪等的声音
86		嘎［gā］	形容短促而响亮的声音。如：汽车嘎的一声刹住了
87		突突	摩托车突突地响
88	【金属声】	琅琅	金石相击的声音等
89		铮	金属撞击的声音，如：铮然作响、铁中铮铮（比喻才能出众的人）
90		锵	形容金属或玉石撞击的声音，如：锣声锵锵
91		当	撞击金属器物的声音
92		铛［dāng］	撞击金属器物的声音
93		叮当	形容金属、瓷器等撞击的声音
94		叮咚	形容金属等撞击的声音
95		哐［kuāng］	器物撞击震动的声音，如：哐的一声，脸盆掉在地上了
96	【枪炮声】	噗［pū］	子弹把尘土打得噗噗直冒烟

（续表）

序号	拟声类别	词　语	释义或示例
97		咯咯	形容机关枪的射击声，也作格格
98		嗞	形容枪弹等在空中很快飞过的声音，如：子弹嗞嗞嗞地从头顶上飞过
99		乒	乒的一声枪响
100		噼啪	形容拍打或爆裂的声音，也作劈啪，如：噼啪的枪声
101		乓	形容枪声等
102		啪	形容放枪的声音
103		嗒［dā］嗒	机枪嗒嗒地响着
104	【门声】	哗	铁门哗地拉上了
105		嘭［pēng］	一阵嘭嘭嘭的敲门声
106		乓	形容关门声等
107		呀	门呀的一声开了
108		咣［guāng］	形容撞击震动的声音。如：咣的一声，关上了大门
109		咚	形容敲门等声音
110	【重物落地声】	叽里咕噜	形容物体滚动的声音。如：石头叽里咕噜滚下山去
111		扑通	形容重物落地的声音
112		砰	形容撞击或重物落地的声音，如：砰的一声，木板倒下来了
113		哐［kuāng］啷［lāng］	器物撞击的声音
114		噔［dēng］	沉重的东西落地或撞击物体的声音
115		嘎［gā］吱	形容物件受压力而发出的声音
116		咕［gū］噜	东西滚动的声音。如：大石头咕噜滚下山去
117		轰	突然轰的一声
118		轰隆	远处传来一阵轰隆巨响
119		哗啦	哗啦一声，墙倒了。也可以说哗啦啦
120	【爆炸声】	噼里啪啦	形容爆裂的连续声音，如：鞭炮噼里啪啦地响
121		嘣	形容爆裂的声音
122		轰隆	形容爆炸声
123		噼啪	形容爆裂的声音，如：劈啪的枪声

（续表）

序号	拟声类别	词　语	释义或示例
124	【走路声】	刺［cī］	刺的一声，滑了一个跟头
125		趵［bō］趵	形容脚踏地的声音
126		嗵［tōng］	他嗵嗵地往前走
127		橐［tuó］	橐橐的皮鞋声
128		咯噔	咯噔的皮靴声
129	【其他声音】	嗵［tōng］	心嗵嗵直跳
130		咿［yī］呀	形容某些物体摩擦时发出的声音
131		呱［guā］呱	形容青蛙等的响亮叫声
132		吱［zī］	多形容小动物的叫声，如：老鼠吱吱地叫
133		吱［zhī］	嘎吱、咯吱
134		丁丁	形容伐木、弹琴等声音
135		嗡	蜜蜂嗡嗡地飞
136		扑哧	形容笑声或水、气挤出的声音
137		乒乓	雹子打在屋顶上乒乓乱响
138		咔嗒	咔嗒一声，放下了电话筒。也作喀哒
139		咔吧	咔吧一声，棍子撅成两截。也作喀吧
140		嘈	声音杂乱
141		嚓	咔嚓、啪嚓
142		哧［chī］	哧的一声撕下一块布
143		轧［yà］	形容机器开动时发出的声音，如：缝纫机轧轧轧地响着
144		滴答	形容钟表摆动的声音
145		玎玲	多形容玉石撞击声
146		咚	形容敲鼓等声音
147		咯吱	扁担压得咯吱地直响
148		呼啦	红旗被风吹得呼啦地响。也可以说呼啦啦
149		霍［huò］霍	磨刀霍霍
150		铿	形容响亮的声音

3. 汉词英译

英语还通过拟声的方法借用了近 250 个汉语单词：

表 2　英语中借用的汉语词汇

序号	汉语	英语拼写	年　份	意　义
1	茗	bing	1702	*n.* A kind of tea.
2	武夷红茶	bohea	1704	*adj.* Of the Wu-i hills, whence black tea was first brought to England; applied also to tea of similar quality grown elsewhere. *n.* 1. Bohea tea. The name was given in the beginning of the 18th c. to the finest kinds of black tea; but the quality now known as "Bohea" is the lowest, being the last crop of the season.
3	白菜（粤语）	bok choy, pak-tsae, bok tsoi, pak-choi, baak choi, baak choy, baak-choy, bak cai, bak choi, bakchoi, bak choy, bakchoy, bok choi, bokchoi, buk choy, paak choi, paak tsoi, pack choi, packchoi, pack choy, pak choi, pakchoi, pak choy, pak-choy, pakchoy, pak tsoi, pat choi, patchoi, pat choy, pok choi, pokchoi	1847	*n.* A kind of edible Chinese cabbage, Brassica rapa(Chinensis group), having broad, smooth-edged leaves which taper into succulent broad white petioles.
4	拣焙茶（"拣"的粤语＋焙）	Campoi	1842	*n.* A fired variety of Congou tea.

（续表）

序号	汉语	英语拼写	年　份	意　义
5	茶	cha | chah，tcha, chau, chaw	1616	*n.* Properly, the name of TEA(*n.*)in the Mandarin dialect of Chinese, which was occasionally used in English at the first introduction of the beverage.(Some subsequently applied it as a name to the special form of rolled tea used in central Asia.)Now used slang for "tea"; cf. CHAI(*n.*).
6	真书	chen shu, Chêng-Shu, †Chincù	1655	*n.* = K'AI SHU(*n.*)
7	长衫（旗袍Chin）（粤语）Ch'ang Shan，"长衫"的音译，系对旗袍的混称	cheongsam,cheong sam,chong-sam/tʃɒŋ-/	1957	*n.* A garment worn by Chinese women.
8	瓷器	china，chinese porcelain, china-ware	1634	*n.* A species of earthenware of a fine semi-transparent texture, originally manufactured in China, and first brought to Europe in the 16th c. by the Portuguese, who named it porcelain. Early in 18th c. it began to be manufactured in Europe. China-ware（which naturally occurs earlier than china）had at first the literal sense of "ware from China". This was soon shortened to china, and as the shortened form became gradually the common name of the material, "china-ware" came to be regarded as "ware made of china or porcelain", the sense it now bears.
9	请请	chin chin, chin-chin	1795	*n.* A phrase of salutation. Also used as a drinking toast.

（续表）

序号	汉语	英语拼写	年 份	意 义
10	筷子（粤语 foai chi）	chop-stick	1699	*n. pl.* The two small sticks or slips of bone, wood, ivory, or the like, held between the thumb and fingers of one hand by the Chinese in place of a fork for conveying food to the mouth. Occas. in sing.
11	杂碎（粤语 tzap — sui）	chop suey	1888	*n.* A Chinese-style dish of meat or chicken, rice, onions, etc., fried in sesame-oil. Also fig.
12	炒面（粤语 ch'au min）	chow mein	1903	*n.* Fried noodles served with a thick sauce or stew composed of chopped meat, vegetables, etc.
13	菜心（粤语 choi sàm）	choy sum, choi sam, choisam, choi sum, choisum	1932	*n.* A kind of Chinese cabbage, Brassica rapa(Parachinensis group), with soft rounded mild-tasting leaves and small edible yellow flowers. Also(in Chinese cooking): the tender heart and flowering stems of some similar vegetables such as bok choy(Chinensis group), turnip rape(Oleifera group), and spinach mustard(Perviridis group).
14	工夫茶（闽南语 kong hu–tê）	congou, congo, kongo	1725	*n.* A kind of black tea imported from China.
15	点心（粤语 dím sàm）	dim sum, deem sim, tim-sam, etc. pl. sum, sums.	1948	*n.* A savoury Cantonese-style snack; a meal consisting of these. Also attrib.
16	二胡	erh hu, ellhwu, erh-hu, erhu	1908	*n.* A Chinese two-stringed fiddle.
17	番摊(粤语)	fan-tan, Fan Tan, fan tan	1878	*n.* A Chinese gambling game, in which a number of small coins are placed under a bowl and the players then bet as to what will be the remainder when the pile has been divided by four. Also attrib. *n.* A card-game in which a seven is led and sequences developed on this.

（续表）

序号	汉语	英语拼写	年份	意义
18	分	fen, fan, fun. pl. unchanged.	1852	*n.* A Chinese monetary unit equivalent to one hundredth of a yuan or one tenth of a jiao; formerly, a candareen. Also, a coin of this value.
19	风水	feng-shui, fong-choui	1797	*n.* In Chinese mythology, a system of spirit influences, good and evil, which inhabit the natural features of landscapes; hence, a kind of geomancy for dealing with these influences in determining sites for houses and graves. Also in extended use.
20	凤	fum, fung	1820	*n.* A fabulous bird(by Europeans commonly called the phoenix), one of the symbols of the imperial dignity in China.
21	芙蓉（粤语 foō yung）	fu yung, fooyong, foo yong, yoong, fu-yung, etc.	1917	*n.* A Chinese sauce made with eggs mixed and cooked with a variety of other ingredients. Usu. in the name of the dish with which the sauce is served, as egg fu yung, etc.
22	赣	Gan，Kan	1943	*n.* The Chinese dialect spoken in the Jiangxi province and in south-eastern areas of Hubei province. Also attrib. or as adj.
23	干杯	ganbei, kan-pei, kaanpei	1940	*int.*, *n.*, and *v.* A Chinese drinking-toast, a call to drain one's glass. Also as v. intr. and trans., to drink(as)a toast.
24	干部	ganbu, kanpu, kan-pu. pl. ganbu, ganbus	1956	*n.* In the People's Republic of China, an office-holder in an(esp. Party or military) organization; a cadre.

（续表）

序号	汉语	英语拼写	年份	意义
25	人参	ginseng, genseg, ginsem, ginsing, jin(g)sing, gengzeng, ghinschenn	1654	*n*. 1. A plant of either of two species of the genus Aralia or Panax, found in Northern China and Nepaul, also in Canada and the eastern United States. 2. The root of the plant; a preparation of this used as a medicine.
26	枸杞	goji(The form of the English word may originate from an irregular transliteration used in Taiwan, from where the berries were first introduced to Western markets; it does not conform to any of the major transliteration systems.)	1996	*n*. In full goji berry. The edible bright red berry of either of two species of wolfberry, Lycium barbarum and L. chinense, widely cultivated in China and supposed to contain high levels of certain vitamins.
27	高尔摩根会（成员）	Gormogon, gormagon	1725	*n*. A member of a society imitating the Freemasons, founded early in the 18th c.
28	药膏	gow	1922	*n*. A drug; spec. opium.
29	工合	gung ho，kung-hou	1942	*n*. A slogan adopted in the war of 1939—1945 by the United States Marines under General E. Carlson(1896—1947); hence as *adj*.: enthusiastic, eager, zealous.
30	客家（客语白话字：Hak–kâ 或 Khak–kâ；客语拼音：Hag5–ga1 或 Kag5–ga1）	Hakka	1867	*n*. A member of a people now living in parts of southern China, especially Hong Kong and the province of Guangdong(Canton), and on the islands of Taiwan and Hainan;(also)the dialect of Chinese spoken by this people. Also attrib. or as *adj*.

（续表）

序号	汉语	英语拼写	年 份	意 义
31	县	hien | hsien, Pl. uninflected. Also heen.	1837	*n.* An administrative division of a fu or department, or of an independent chow or district; also, the seat of government of such a division. Also attrib.
32	会	hoey, hue.	1865	*n.* A society of Chinese: esp. a secret society formed by them in English-speaking countries or colonies.
33	凤凰	ho-ho	1901	*n.* ho-ho bird, a mythical bird of pheasant-like appearance used frequently as an emblem of courage.
34	海鲜（粤语 hói sīn）	hoisin	1936	*n.* More fully hoisin sauce. A rich, sweet, dark sauce made from soya beans, garlic, vegetable extracts, and spices, widely used in Chinese cookery.
35	闽南语（福建话）	Hokkien, Hok-Këèn, Hok-Këen, Hok-Keen, Hokken, Hok-kien	1832	A.*adj*.(attrib.) 1. Of, relating to, or designating a dialect of Southern Min traditionally spoken in south-eastern China, and now one of the major Chinese dialects of Malaysia, Singapore, Taiwan, and the Philippines. The northern and southern varieties of Hokkien together with Amoy form the subdialect Xiamen. 2. Of, relating to, or designating a member of a Chinese people traditionally inhabiting south-eastern China who speak a dialect of Southern Min, or their culture or cuisine. B. *n.* 1. The Hokkien dialect of Southern Min. 2. A member of the Hokkien people.
36	胡同	hutung	1922	*n.* In northern Chinese cities: a narrow side-street, an alley.

（续表）

序号	汉语	英语拼写	年　份	意　义
37	熙春茶	hyson	1740	*n*. A species of green tea from China. young hyson, a fine green tea(see above).
38	易经	I Ching	1876	*n*. The name of an ancient Chinese divination manual, based on symbols known as the eight trigrams and sixty-four hexagrams.
39	角	jiao, chiao	1949	*n*. A unit of currency and coin of China.
40	行；商行；洋行（粤语 hòhng）	hong, haung, hang	1726	*n*. 1. In China: a complex of rooms or buildings used as a warehouse, commercial establishment, etc.; spec. any of thirteen of such complexes outside the city of Canton(Guangzhou) used as accommodation and trading posts for foreign merchants, constituting the only place where foreign trade was permitted in China from the late 17th cent. to the First Opium War(1839—1842). Now hist. 2. A Chinese merchant permitted to engage in foreign trade; spec. any of the Chinese merchants at Canton(Guangzhou)having the monopoly of trade with Europeans from the later 17th cent. to the First Opium War(1839—1842).(The treaty of Nanking(Nanjing)in 1842 abolished the monopoly of the hongs and opened further ports to British trade.)

（续表）

序号	汉语	英语拼写	年 份	意 义
41	饺子	jiaozi	1978	*n.* In Chinese cookery: a crescent-shaped dumpling of thin pastry dough, stuffed with a finely minced paste(typically made of pork, cabbage, and garlic chives), and steam-fried, deep-fried, grilled, or boiled. Cf. GYOZA(*n.*), POTSTICKER(n.)
42	楷书	k'ai shu, kai shu, †keae shoo	1876	*n.* The standard calligraphic script used for the Chinese language, developed during the Later Han dynasty(A.D. 23–220)as a simplified form of the official li-shu script. Also as CHEN SHU(*n.*) Cf. LI SHU(*n.*)
43	炕	kang, k'ang, khang	1772	*n.* A kind of stove for warming rooms used by the Chinese; also, a brick or wooden erection for sleeping upon, warmed by a fire placed underneath.
44	高粱	kaoliang	1904	*n.* The Indian millet, Sorghum vulgare.
45	番茄酱（粤语 k-tsiap 茄汁）	Ketchup = catchup, kitchup	1711	*n.* A sauce made from the juice of mushrooms, walnuts, tomatoes, etc., and used as a condiment with meat, fish, or the like. Often with qualification, as mushroom ketchup, etc.
46	江西	Kiangsi, Kiang-si	1937	*n.* attrib. Designating or pertaining to the period of communist rule in this province from 1929 to 1934, esp. the independent soviet republic established by Mao Zedong in 1931.

（续表）

序号	汉语	英语拼写	年 份	意 义
47	怕输（闽南话）	kiasu, kiah su, kian su	1978	*n*. A person governed by self-interest, typically manifesting as a selfish, grasping attitude arising from a fear of missing out on something. Also: such an attitude. *adj*. Chiefly of a person: characterized by a grasping or selfish attitude arising from a fear of missing out on something.
48	哥窑	ko	1882	*n*. In full, Ko iú or yao [Chinese, = ware] , Ko ware. A crackled Sung ware closely related to Southern Kuan; also, a name for other crackled porcelains.
49	戈	ko, ge	1923	*n*. A weapon that can be used as both a dagger and an axe; a halberd.
50	公司（闽南话）	kongsi	1839	*n*. In Malaysia, an association or partnership, esp. an association of Chinese people.
51	磕头，叩头	kow-tow | kotow, kow-too, ko-too, -tou, ka-tou, koo-too	1804	*n*. a. The Chinese custom of touching the ground with the forehead in the act of prostrating oneself, as an expression of extreme respect, submission, or worship. b. fig. An act of obsequious respect.

（续表）

序号	汉语	英语拼写	年　份	意　义
52	官	Kuan | Kwan	1814	*n.* 1. Kuan Hua（官话）*n.*/hwɑː/ [language,speech] = MANDARIN. 2.Kuan Yin（官音，即观音，唐朝赵义成《造像记》："敬造官音像一铺。"）*n.* /jɪn/ [Lord of Mercy] a goddess of Chinese Buddhism, to whom intercession for aid or protection is made; a representation in sculpture of this deity. 3. In full，Kuan ware，Kuan yao（官窑）/jaʊ/ [jade]. A type of thickly glazed celadon made in predominantly greyish colours at Hangchow during the Sung dynasty; similar pottery(as the Kuan jar) produced elsewhere in China in later centuries.
53	簋	kuei	1935	*n.* A Chinese bronze food-vessel.
54	金桔（粤语）	kumquat | cumquat, camquit, cum-, -quot, kum-kat	1699	*n.* 1. A small, orange-like citrus fruit from a tree of the genus Fortunella, native to southern China and Malaysia. 2. Austral. A very small native citrus fruit, Eremocitrus glauca, or the tree producing it.
55	功夫（粤语）	Kung-fu | kung-fu	1966	The Chinese form of KARATE(*n.*).
56	国民党	Kuomintang	1912	*n.* A nationalist radical party founded in China under Sun Yat-Sen in 1912, and led, after his death in 1925, by Chiang Kai-Shek, constituting the government before the Communist Party took power in October 1949, and subsequently forming the central administration of Taiwan.

（续表）

序号	汉语	英语拼写	年份	意义
57	国语	Kuo-yü, Guoryu, Kuoyu	1932	*n.* The name given to the Chinese "national tongue", a form of Mandarin adopted for official use.
58	鬼佬（粤语）	kwai-lo, kwai-tze /kwaitsə/	1878	*n.* "Foreign devil", a name given by the Chinese to foreigners.
59	麒麟	kylin, kilin	1857	*n.* A fabulous animal of composite form, commonly figured on Chinese and Japanese pottery. "According to the Erh Ya, it has the body of a deer, the tail of an ox, and a single horn, from which it is often called the Chinese Unicorn".
60	拉丁化	Latinxua, Latin-hua	1937	*n.* A system of romanization for Chinese characters introduced in China in 1931 and widely popularized until superseded by Pinyin. Also in fuller form Latinxua Sin Wenz(lit. "latinized new script").
61	罍	lei	1929	*n.* An urn-shaped Chinese bronze wine-vessel of the Shang to Middle Chou period(c1500—249 B.C.).
62	雷文	lei wên, lei-wan, leiwen	1922	*n.* A spiral fret motif often used to form a background or decorative filler on ancient Chinese bronze or ceramic wares.
63	里	li, lii, le(e, ly)	1588	*n.* The ordinary Chinese itinerary measure.
64	厘	li, lai, le	1771	*n.* A Chinese weight, one-thousandth part of a liang.(A li of silver is equivalent to the copper coin called by Europeans a CASH n.1)

（续表）

序号	汉语	英语拼写	年 份	意 义
65	礼	li	1912	*n.* The word li used by Confucius, which is often translated by the English word "religion", really means something more like ceremonial or ritual, the correct observance of which is needed for maintaining friendly relations with the Power or Powers of the unseen world.
66	鬲	li	1945	*n.* An ancient Chinese cooking vessel of bronze or pottery with usu. three hollow legs.
67	两	liang, leang	1827	*n.* A Chinese weight, about 1⅓ oz. avoirdupois; this weight in silver as a money of account. Also called tael.
68	厘金	likin, lekin	1876	*n.* A Chinese provincial transit duty.
69	菱	ling	1860	*n.* The water-chestnut of China, Trapa bicornis, the seeds of which are much eaten as food.
70	灵芝	ling chih, lingzhi	1904	*n.* The fungus Ganoderma lucidum, believed in China to confer longevity and used as a symbol of this on Chinese ceramic ware.
71	隶书	li shu, le(e)shoo	1824	*n.* An ancient Chinese calligraphic script developed during the Han dynasty(206 B.C.—A.D.200)and widely adopted for official and educational purposes. Cf. K'AI SHU(*n.*)
72	荔枝（粤语）	litchi, lechia, lechya, lichea, letchee, lichee, léché, leecha, leeche	1588	*n.* The fruit of an evergreen tree, Litchi chinensis, native to southern China but widely cultivated in tropical countries elsewhere; the fruit is a large berry with a rough, brown skin and sweet, white flesh, which is eaten fresh or preserved.

（续表）

序号	汉语	英语拼写	年 份	意 义
73	立鼎	li ting, liding, li-ting	1958	*n.* An ancient(usu. tripodal)Chinese bronze or pottery cooking vessel with solid legs; = TING(*n.*)
74	罗汉	Lohan	1878	= ARHAT(*n.*), ARHAT(*n.*)
75	龙眼	longan, lungung, lungan, lung-yen	1732	*n.* The fruit of an evergreen tree, Nephelium Longanum, cultivated in China and the East Indies; also, the tree itself.
76	卢橘（枇杷，粤语 luh kwat）	loquat, lacott, loquet, loquette, loquot	1820	*n.* a. The fruit of Eriobotrya japonica, a native of China and Japan, introduced into southern Europe, India, and b. The tree itself. Also loquat tree.Australia.
77	律	lü, liu, liuh	1655	*n.* In ancient Chinese musical theory, a fundamental pitch; any of the twelve pitches in an untempered chromatic scale; also used attrib. to refer to(each of)a series of bamboo pipes used to produce these pitches. In Chinese, although known collectively as the twelve lǜ, there Vare two separate characters; lǜ for the odd-numbered pitches, and lǚ for the even-numbered.
78	马夫	mafoo, ma-foo, ma-fu	1863	*n.* A Chinese groom, stable boy, or coachman.

（续表）

序号	汉语	英语拼写	年 份	意 义
79	麻将	mah-jong, mah jong, mahjong, mah-jongg, mahjongg	1912	*n.* A game for four(of modern Chinese origin, and introduced into Europe and North America in the early 1920s), normally played with 136 tiles divided into five or six suits representing various natural and mythological entities(such as winds, dragons, bamboos, etc.). Also: the achievement of a winning hand in the game. Mah-jong is now thought to be the model for the rummy family of card games. The overall object of the game is to score most points, and in each individual game the aim is to score by building a hand consisting of four sets of three matching tiles plus one pair of other matching tiles. Many sets of the game include an additional double set of four "wild" tiles or jokers, bringing the total number of tiles to 144. The detailed rules of the game are subject to regional variation.
80	馒头	man t'ou, man-tou	1955	*n.* Steamed wheaten bread rolls, a staple food in northern China.
81	茅台（酒）	Mao-tai, mao tai, Mao-T'ai, mao-t'ai, Maotai	1962	*n.* A strong alcoholic drink traditionally made in south-western China by distillation in a pot still of a fermented mixture of wheat and sorghum.
82	面（闽南语）	mee, mi, mie, mii	1935	*n.* Chinese-style noodles. Also in compounds with a word denoting the other ingredients or method of cooking: a Chinese dish popular esp. in Malaysia and Singapore, consisting of noodles with various other ingredients.

（续表）

序号	汉语	英语拼写	年份	意义
83	梅瓶	mei ping, mei p'ing, meiping	1915	*n.* A Chinese porcelain vase with a narrow neck designed to hold a single spray of flowers. Freq. attrib.
84	苗族，苗人	Miao, Meaou, Meo	1834	A. *adj*. Of, relating to, or designating a people of the mountains of southern China and Indo-China or their languages. B. *n.* 1. A member of the Miao people. Cf. MIAOTSE(*n.*) 2. Any of a group of related Hmong-Mien languages spoken by the Miao; the group as a whole.
85	苗子（对苗族的蔑称）	Miaotse, Meaou-tse, Miao-toze(irreg.), Miaou-tse, Miautsz', Miao-tse	1810	A. *n.* = MIAO(*n.*) B. adj. Designating or relating to the Miao or their languages. Cf. MIAO(*adj.*)
86	面	mien	1890	*n.* Chinese noodles made with flour. Cf. CHOW MEIN(*n.*)
87	瑶族，瑶语（勉语）	Mien	1873	A. *n.* 1. A mountain-dwelling people of Vietnam; = YAO(*n.*) 2. The language of the Yao people of Vietnam; = YAO(*n.*) B. *adj*. = YAO(*adj.*)
88	闽	Min	1902	A.*adj*. Of or relating to the district of Min in Fujian province in south-eastern China or to the group of Chinese dialects spoken there. *n.*The Min group of Chinese dialects;(also) any of these.
89	命	ming	1736	*n.* Fate, destiny; divine providence.
90	冥器	ming chi, mingqi, mingqui(irreg.)	1928	*n.* In China: tomb furnishings; objects buried with the dead, funerary goods.
91	民运	Min Yuen	1951	*n.* An underground communist supply organization formed in Malaya during the Emergency(1948—1960).

（续表）

序号	汉语	英语拼写	年 份	意 义
92	木棉	moc-main	1857	*n.* A silky elastic fibre derived from the seed pods of the Indian silk-cotton tree, Bombax ceiba;(also)the tree itself.
93	明	Ming, Min	1625	A.*n.* 1.(The name of)a dynasty founded by Zhu Yuanzhang(1328—1398)which ruled in China from 1368 until 1644, between the Yuan and the Qing(Ch'ing) dynasties; a ruler belonging to this dynasty. 2. Ming porcelain. *adj*.(attrib.). 1. Designating or relating to the Ming dynasty or its rulers. 2. Designating porcelain ware made in China during the Ming dynasty and characterized by elaborate designs and vivid colours. 3. Of a colour: characteristic of Ming porcelain, as Ming blue, Ming green, etc.
94	蘑菇鸡片（粤语）	moo goo gai pan, moo goo gai pen, mou goo gai peen	1902	*n.* A Chinese dish consisting of stir-fried strips of chicken with mushrooms and assorted vegetables.
95	木犀，木须	moo shu, moo shi, moo shoo, mo shu, mu shu	1935	*n.* A Chinese dish consisting of strips of meat(usually pork)stir-fried with assorted vegetables and folded or rolled in thin pancakes.Often with postmodifying noun indicating the type of meat used, as moo shu duck, moo shu pork, etc.
96	亩	mou, mow, mu	1836	*n.* A Chinese unit of area, varying according to locality but usually equivalent to about 670 square metres(approx. 800 square yards).

（续表）

序号	汉语	英语拼写	年　份	意　义
97	牡丹	moutan	1808	*n.* The tree peony Paeonia suffruticosa, a large shrub bearing white or pink magenta-blotched flowers, which is native to China and Bhutan and from which are derived many cultivated varieties, producing single or double flowers in many colours. Also moutan peony.
98	南洋	Nanyang, Nan Yang	1946	*n.* The Chinese name for: South-East Asia; the seas around this region.
99	内关（穴）	Nei kuan, Neiguan, Nei-Koann, Nei-kuan	1959	*n.* An acupuncture point situated between the central tendons on the inner surface of the forearm, approximately five centimetres from the wrist.
100	年号	nien hao, Nyen-hao, nien-hao, nienhao, nian hao	1820	*n.* A title given to the reign, or part of the reign, of a Chinese emperor, used in imperial China as a system of dating. Hence: a mark(signifying a particular imperial reign-period)used on Chinese porcelain to indicate an object's period of manufacture. The nien hao system was introduced in China in the 2nd century B.C. The system lasted officially until the founding of the republic in 1911. However, successive Chinese governments treated the year after the founding of the republic as the first of a new period for dating purposes; it was not until the founding of the People's Republic of China, in 1949, that the Gregorian calendar was adopted.
101	不可以	no can do	1868	*phr.* It is not possible, it cannot be done; "I can't do it."

（续表）

序号	汉语	英语拼写	年　份	意　义
102	侬［泰国人（语）］（越南语）	Nung, Nong	1887	A. *adj*. Designating a Tai people living primarily in the Cao Bang and Lang Son provinces of northern Vietnam; of or relating to this people or their language. B. *n*. A member of the Nung people. Also: the language spoken by this people.
103	乌龙（茶）	oolong, wulong	1845	*n*. A variety of dark-coloured China tea. Also oolong tea. Made by fermenting the partially dried leaves to about half the degree usual for black teas.
104	湖北（红茶）（粤语 wùhbāk）	oopack, oopak	1855	*n*. A variety of black China tea.
105	拍板	paiban, p'ai pan, pʿai pan	1884	*n*. A Chinese percussion instrument; = PAN(*n*.)
106	牌九（粤语 páai gáu）	pai gow, pai gao, pai gau, paigau, p'aigau, pai-gow	1906	*n*. A Chinese gambling game played with dominoes.
107	白话	pai-hua, bai hua, baihua, bai hwa, paihua	1923	*n*. The standard written form of modern Chinese, based on the northern dialects, esp. that of Beijing(Peking); the vernacular literary style. Also attrib., esp. in pai-hua movement. Cf. PUTONGHUA(*n*.), WEN-YEN(*n*.)
108	牌楼	pailou, paelou, pae-low, p'ai-lou, pailoo, pai lou	1836	*n*. In China: an elaborate commemorative or ornamental archway.
109	白铜	paitung, pe tong, pehtung, baitong, pai tung, pai-tung	1736	*n*. A silver-coloured Chinese alloy of copper and nickel, with arsenic or(later) zinc added as a whitening agent. Cf. PAKTONG(*n*.)

（续表）

序号	汉语	英语拼写	年 份	意 义
110	白鸽票（粤语 baahk gáap piu）	pakapoo, pak-ah-pu, pakapu, pac-a-poo, pack-a-poo, packapoo	1886	*n.* A Chinese form of lottery involving the marking of a number of characters on a ticket.
111	白牌（车）（粤语 baahk báai）	pak pai	1972	*n.* In Hong Kong: a car used illegally as a taxi. Occas. used with reference to other countries.
112	白铜（粤语 baahk tùhng）	paktong, paaktong, packfong(irreg.), packtong, pakfong(irreg.)	1776	*n.* A silver-coloured cupro-nickel alloy, either the Chinese alloy paitung(PAITUNG *n.*), or a European imitation of this, used esp. in the manufacture of 18th-cent. fireplace furniture.
113	板	pan, ban	1874	*n.* A Chinese percussion instrument used for beating time, made of a number of wedge-shaped pieces of wood connected by a cord, one of which is struck against the others by flicking the wrist.Also called paiban(*n.*).
114	保甲	pao-chia, bao-chia, baojia	1931	In China: a system of local government in which households are organized into groups, each group being responsible collectively for the actions of its members. Ten households constitute a jia and ten jia a bao. The system was set up by the Kuomintang government in the late 1920s in imitation of one instituted in imperial China. In the traditional systems there were other units as well; at each level a person was appointed to take responsibility for the unit.

（续表）

序号	汉语	英语拼写	年　份	意　义
115	包子	pao-tzu, bao tse, baotse, bao tsu, bao tzi, bao zi, baozi	1927	*n.* In Chinese cookery: a steamed bread roll with a savoury or sweet filling.
116	白毫（茶）（闽南话 pek ho）	pekoe, peckho, pecko, peco, peko	1713	*n.* A high-quality black tea, made from leaves picked young with the down still on them.
117	白蜡	pela, pe la, pé-la	1754	*n.* A white wax obtained from the secretions of a Chinese scale insect, Ericerus pela(family Coccidae); also called Chinese wax. Also:(more fully pela wax scale)the insect itself.
118	白菜	pe-tsai, bai cai, bai-cai, baicai, bai tsai, bai-tsai, peh-tsai, petsai	1788	*n.* A kind of Chinese cabbage, Brassica rapa var. pekinensis, with whitish-green leaves forming a tight head. Also called Chinese leaf.
119	白墩子	petuntse, petunsa, petunse, petuntze, pehtuntse	1728	*n.* A white earth prepared(originally in China)by pulverizing a kaolinized granite, and used with kaolin in the manufacture of porcelain to obtain transparency. Also: the material from which this earth is prepared, china stone.
120	璧	pi, peih(irreg.), bi	1871	*n.* A flat jade disc with a small hole in the middle, used in ancient China for symbolic or ritual purposes. Freq. attrib., as pi disk. Cf. YUAN(*n.*)
121	拼音	Pinyin, Pin-Yin	1959	*n.* The standard system of romanized spelling for transliterating the Chinese language, adopted officially by the People's Republic of China in 1979 and based on the pronunciation of the Peking(now Beijing)dialect of Mandarin Chinese.
122	琵琶	pipa, pepa, p'i-p'a, p'ip'a, p‘i p‘a	1839	*n.* A Chinese stringed instrument resembling a lute.

（续表）

序号	汉语	英语拼写	年 份	意 义
123	魄	p'o, peh, po	1850	*n.* In early Chinese thought: the more "earthly" of the two incorporeal souls of a human being, associated with the body and with the principle of yin.
124	中国佬	Pong	1906	*n.* A Chinese person. Also occas.: a Japanese person.
125	本机	pongee, paunche, bungee, ponjee	1711	A.*n.* A soft, usually unbleached kind of Chinese silk fabric, woven from uneven threads of raw silk;(also)any fabric resembling this. Originally made from the cocoons of wild silkworms and also known as Chefoo silk. B.*adj.* Made of this fabric.
126	博山炉	po shan lu, bo shan lu	1915	*n.* A type of Chinese bronze censer, made during the Han dynasty and having the form of a mythical mountain of immortality.
127	碰	pung, pong	1923	*n.* A set of three identical tiles; the action of completing such a set in one's hand. Also occas. asint.: announcing this action to other players. *v.* intr. To take a discarded tile to complete a set of three identical tiles. Also trans.: to pick up(a discarded tile)to make a set of three.
128	普通话	putonghua, p'u-t'ung hua, pu-t'ung hua, p'u t'ung hua	1950	*n.* The standard spoken form of modern Chinese, based on the northern dialects(esp. that of Beijing). Cf. KUO-YÜ(*n.*)
129	气	qi, k'i, chi, ch'i, chih	1736	*n.* The circulating physical life-force whose existence and properties are the basis of much Chinese philosophy and medicine; the material principle postulated by certain Chinese philosophers.

（续表）

序号	汉语	英语拼写	年　份	意　义
130	气功	qigong, Chi Gung, Chi Kung, ch'i-kung, qi gong, Qi-gung	1966	*n.* A system of techniques originating in Chinese philosophy as a means to focus and strengthen qi, involving breathing exercises, meditation, and hand and arm movements, used in alternative medicine and as a basis for training in martial arts. Cf. QI(*n.*)
131	秦	Qin, Tsin, Ts'in, Ch'in, Chin	1790	A.*n.* A Chinese dynasty, founded by Qin Shi Huang(259—210 B.C.), which was the first to establish rule over a united China; the era of this dynasty's rule, from 221 to 206 B.C. *adj.* Of or designating the Qin.
132	琴	qin, ch'in, chin, chyn, kin, k'in, sh'in	1839	*n.* A Chinese seven-stringed zither, played by plucking.
133	清	Qing, Tsing, Ts'ing, T'sing, Ch'ing, Ching.	1790	A. *n.* A Chinese dynasty of Manchu emperors which ruled from 1644 until 1912, when it was overthrown by the Chinese Revolution; the era of this dynasty's rule. B. *adj.* Of or designating the Qing.
134	青蒿素	qinghaosu	1977	*n.* A sesquiterpene lactone, originally isolated in China from the annual mugwort(Artemisia annua), and used in the treatment of malaria; = ARTEMISININ *n.*
135	旗袍	qipao, chipao, chi pao, ch'i-p'ao, chi pau, qi pao	1965	*n.* A type of dress traditionally worn by Chinese women, typically having a high mandarin collar, a split skirt, and a fitted bodice with an asymmetrical closure extending from the neck to the right underarm; = CHEONGSAM(*n.*)

（续表）

序号	汉语	英语拼写	年份	意义
136	人民币	renminbi, jenminbi, jenminpi, jen min pi,renmimbi, renmimpi,ren min bi,renmin-bi, renminpi, ren min pi	1957	*n.* 1.(The name of)the system of currency of the People's Republic of China, introduced in 1948 and having the yuan as its principal unit. Abbreviated RMB. 2. The principal unit of this currency; the yuan.
137	衫裤（粤语 sāam・fu）	samfu, samfoo	1955	*n.* A suit consisting of jacket and trousers worn by Chinese women, particularly in Hong Kong and Malaysia; also worn by men. Freq. attrib., as samfu jacket, samfu trousers.
138	舢板（三板）	sampan, champana, champan, champane, sampane, siampan, sampaan, sampang, sanpan	1620	*n.* A Chinese word meaning "boat", applied by Europeans in the China seas to any small boat of Chinese pattern.
139	三反	Sanfan, San-fan, San Fan	1956	*n.* Used attrib. to designate an official campaign conducted in China in 1951–1952 against corruption, waste, and bureaucratism in State affairs. Cf. WUFAN(*n.*)
140	三弦	san hsien, san heen (hien), san-hsien	1839	*n.* A Chinese three-stringed plucked instrument with a long neck and oval-shaped body. Cf.SAMISEN(*n.*)
141	三彩	san ts'ai, san-ts'ai	1901	*n.* Chinese pottery, esp. of the Tang dynasty, decorated in three colours; decoration in three enamel colours applied to pottery and porcelain. Also attrib.

（续表）

序号	汉语	英语拼写	年 份	意 义
142	瑟	se, che, she, tche	1874	*n.* A twenty-five-stringed plucked musical instrument, somewhat similar to the zither. This ancient instrument was already widely used during the Spring and Warring States period(770—476B. C.). The number of strings was not fixed in ancient times. In quot. 1955, wrongly described as a lute.
143	薯莨绸	senshaw	1848	*n.* A Chinese gauze-like silk fabric.
144	商	Shang, Chang, Xanga	1669	*n.* The name of a dynasty which ruled China during part of the second millennium B.C., probably from the 16th to the 11th century B.C. Also attrib. or as adj. Also called Shang-Yin n. [the place-name Yin in Honan Province, the dynasty's final capital]
145	垧	shang	1887	*n.* A unit of land measurement in China, equivalent to approximately 15 mu in most areas of the northeast, and 3 or 5 mu in the northwest(1 mu = 0.0667 hectares).
146	少林	Shaolin	1964	*n.* Any of various styles or schools of Chinese martial arts developed by or popularly associated with the monks of the Shaolin monastery. Freq. attrib.
147	沙皮（犬）	Shar-Pei, Shar Pei, Sharpei		*n.* A breed of compact, squarely built dogs of Chinese origin, with a characteristic loose, deeply wrinkled skin and a short, bristly coat of a cream, fawn, red, or black colour; a dog of this breed.
148	神	shen, Shen, Shin	1847	*n.* In Chinese philosophy: a god, person of supernatural power, or the spirit of a dead person.

（续表）

序号	汉语	英语拼写	年 份	意 义
149	笙	sheng, cheng, sang, sing	1795	*n.* A Chinese wind instrument consisting of a set of reed pipes.
150	生	sheng	1886	*n.* The principal male character in a Chinese opera. Also attrib.
151	狮子狗	shih-tzu	1921	*n.* A small long-coated dog of the breed so called, originally developed in China, often tan or grey and white in colour, with long ears and a tail curling over the back. Also attrib.
152	唢呐	so-na, so na	1908	*n.* A Chinese wind instrument.
153	小种（红茶）	souchong, sutchong	1761	*n.* One of the finer varieties of black tea. Also attrib.
154	分裂主义	splittism	1962	*n.* In Communist use: the pursuance of factional interests in opposition to official party policy. Also transf.
155	算盘	suan-pan, souan-, shwan-, swam-, swan-	1736	*n.* The Chinese abacus.
156	什锦（粤语 shap kam）	subgum, sub gum, subgumm, sup gum	1902	*n.* In Chinese cuisine: a dish consisting of a mixture of vegetables, such as water chestnuts, broccoli, mushrooms, bean sprouts, etc., and sometimes also including meat or sea food. Often with postmodifying noun indicating the nature of the dish, the method of cooking, or the ingredients included, as sub gum fish, sub gum salad, subgum soup, etc.
157	隋	Sui, Suy, Swi	1738	The name of a dynasty which ruled in China from 581 to 618 A.D. and reunified the country after the divisions of the Northern and Southern Dynasties period. Freq. attrib.

（续表）

序号	汉语	英语拼写	年　份	意　义
158	宋	Sung, Sunga, Song	1673	*n.* a. The name of a dynasty which ruled in China from 960 to 1279; a member of this dynasty. Also attrib. b. Used attrib. and absol. of the arts, design, and porcelain of the Sung period.
159	细丝(纹银)	sycee, sisee, seze	1711	*n.* Fine uncoined silver in the form of lumps of various sizes, usually having a banker's or assayer's seal stamped on them, formerly used by the Chinese as a medium of exchange. Also sycee silver.
160	四川	Szechuan, Szechwan	1956	*n.* The name of a province in south-western China, used attrib.(with reversed stress)to designate the distinctively spicy cuisine originating there. Also Comb., as Szechuan-style *adj*. Also transf.
161	四邑	Sze Yap, Sze-Yap, Szeyap	1948	*n.* The name of an area made up of four countries in the south of Guangdong Province in China used attrib. and absol. to designate the Chinese dialect spoken there.
162	大篆	ta chuan, ta tchuen	1894	*n.* In Chinese calligraphy, an early form of script used during the Chou dynasty(c1028—221B.C.); "large seal script".
163	太极	T'ai Chi, Tai Chi, t'ai chi	1736	*n.* 1. In Taoism and Neo-Confucianism, the Supreme Ultimate(see quot. 1955). Also, the symbol which represents this. 2. In full T'ai Chi Ch'uan [Chinese quán fist] , a Chinese martial art, believed to have been devised by a Taoist priest in the Sung dynasty(960—1279), promoting meditative as well as physical proficiency.

（续表）

序号	汉语	英语拼写	年 份	意 义
164	太空人（宇航员）	taikonaut	1998	*n.* A Chinese astronaut.
165	大班（指旧时的中国洋行经理）	taipan, taepan, typan	1834	*n.* a. A foreign merchant or businessman in China. b. The(foreign)manager or head of a firm in China, esp. Hong Kong. Also fig.
166	旦	tan, dan	1886	*n.* A female character in a Chinese drama or opera; an actor of such a role.
167	担	tan	1911	*n.* A Chinese unit of weight equivalent to approximately 110 lb. or 50 kg.(formerly approximately 133 lb., 60 kg.).
168	唐	Tang, T'ang, Tanga	1669	*n.* a. The name of a dynasty which ruled in China from A.D. 618 to c906; a ruler belonging to this dynasty. b. attrib. or as *adj*. Freq. used to designate artefacts, etc., of this period.
169	太平（太平天国农民革命的参加者）	Tai-ping, Taë-ping	1853	*n.* The name given to the adherents of a great rebellion which arose in Southern China in 1850, under the leadership of Hung-siu-tsuen, styled Tien-wang, Heavenly Prince, and T‘ai-p‘ing-wang, Prince of great peace, who claimed a divine commission to overthrow the Manchu dynasty and establish one of native origin, to be called the T‘ai-p‘ing Chao or Great Peace Dynasty. Also attrib. The war which ensued devastated some of the most fertile provinces of China for a number of years; partly by means of English help the Tai-pings were finally routed and dispersed in 1865.

（续表）

序号	汉语	英语拼写	年 份	意 义
170	党部	tangpu, Tang Pu	1941	*n.* The headquarters of the Kuomintang at the central, and various local, levels.
171	蛋家（中国广东一带的船上人家）（粤语）	Tanka, tankia, tanchia	1839	The boat-population of Canton, who live entirely on the boats by which they earn their living: they are descendants of some aboriginal tribe of which Tan was apparently the name. Tanka boat, a boat of the kind in which these people live.
172	道	tao, Dao, Tao, taou, tau	1704	*n.* 1. a. In Taoism, an absolute entity which is the source of the universe; the way in which this absolute entity functions. b. = TAOISM(*n.*), TAOIST(*n.*) 2. In Confucianism and in extended uses, the way to be followed, the right conduct; doctrine or method.
173	道台(道员)	taotai, Taotai, tautai	1747	*n.* The title given to the Chinese provincial officer responsible for the civil and military affairs of a district, abolished shortly after the establishment of the Republic in 1911.
174	饕餮	t'ao t'ieh, taotie, tao-tieh	1915	*n.* The name of a mythical monster, or a mask-design showing its face, found esp. on metalware of the Chou period(1122—221 B.C.). Freq. attrib.
175	大字报	ta tzu-pao, dazebao, dazibao, tatzepao, ta-tzu-pao	1960	*n.* In the People's Republic of China, a wall poster written in large characters that expresses a(political)opinion or other message. The posting of ta tzu-pao is no longer encouraged in China.
176	德	te, Te, teh, tih	1895	*n.* a. In Taoism, the essence of Tao inherent in all beings. b. In Confucianism and in extended use, moral virtue.

（续表）

序号	汉语	英语拼写	年　份	意　义
177	潮州（人）	Teochew | Teo-chew, Teochieu, Teochiu, Tiuchiu	1893	*n.*(A member of) people of the Swatow district of Kwangtung in southern China; the dialect spoken by this people. Also attrib.
178	吊	tiao, tiaou	1883	*n.* A string of Chinese "cash" (perforated copper coins). Nominally the tiao contained 1000 cash; but the actual number of coins varied from 1000 downwards, according to the custom of the locality.
179	天	t'ien, tayn, tyen, tien	1613	*n.* In Chinese thought: Heaven; the Deity.
180	亭	t'ing, ting	1853	*n.* In China: a small open pavilion, esp. in which one may rest or enjoy the landscape.
181	鼎	ting	1904	*n.* An ancient Chinese vessel, usu. bronze, having two looped handles and three or four legs.
182	笛子	ti-tzu, Ti tzu	1874	*n.* A type of Chinese bamboo flute.
183	堂（粤语 tohng）	tong, Tong	1883	*n.* a. An association or secret society of Chinese in the U.S., orig. formed as a benevolent or protective society but freq. associated with underworld criminal activity. b. attrib., esp. in tong war.
184	斗	tou	1899	*n.* A hemispherical pedestalled bowl with a lid of similar shape, used as a container for food.
185	斗彩	tou ts'ai, doucai	1953	*n.* Used attrib. and absol. of a kind of enamel painting on Chinese porcelain, developed in the reign of Ch'êng Hua(1465—1487), and of(pieces of) porcelain so decorated.
186	豆角（粤语 tau-kok）	towcok	1866	*n.* The Cow-pea, Vigna(Dolichos) sinensis; in India called chowlee.

（续表）

序号	汉语	英语拼写	年份	意义
187	草书	ts'ao shu, cao shu, tsaou shoo	1876	*n.* In Chinese calligraphy, a cursive script developed during the Han dynasty(206 B.C.—A.D. 220)from the “official” script.
188	辑里（丝）（粤语）	tsatlee	1848	*n.* A very superior kind of white native-reeled raw silk, produced for the foreign market.
189	祖	tsu	1939	*n.* A patrilineal kinship group in pre-revolutionary China.
190	盅	tsun	1958	*n.* A style of Chinese vessel, either wide-mouthed or animal-shaped. Also attrib.
191	琮	tsung, ts'ung	1851	*n.* A ritual artefact (usu. made of a single piece of jade)consisting of a hollow cylinder with a central rectangular section, found esp. in graves of the Shang-Zhou period(16—11th cent. B.C.), and regarded as a symbol of, or sacrificial offering to, the Earth.
192	督军	tuchun, Tuchun, Tu Chün	1917	*n.* In China at the time of the Three Kingdoms, the title of a military leader; later, in the early years of the Republic of China, the highest military leader in a province; a warlord.
193	推拿	tui na, tuina	1979	*n.* In traditional Chinese medicine: a type of therapeutic massage, incorporating the principles of acupressure and qigong, used to treat muscle or joint pain and other ailments.

（续表）

序号	汉语	英语拼写	年 份	意 义
194	桐	tung	1889	*n*. a. Any of three trees of the genus Aleurites or Vernicia(family Euphorbiaceæ), A. fordii, A. cordata, and A. montana, which are native to China and Japan and are cultivated there and elsewhere for the oil from their seeds. So tung tree. b. The oil extracted from seeds of the tung tree, used chiefly in the manufacture of inks, paints, and varnishes; = WOOD-OIL(*n.*)
195	督办	tupan	1925	*n*. The civil governor of a Chinese province under the Republican regime.
196	督堂	tutang, tutan	1613	*n*. One of several designations applied familiarly to a Chinese viceroy.
197	屯溪（茶）（粤语 t'wen-k'ai）	Twankay, twanky	1840	*n*. A variety of green tea(in full Twankay tea), properly that from the place so called(see above), but also applied to blends of this with other growths. A full account is given by S. Ball(1848)in the work cited below, pp. 235–240.
198	磁州（窑）	Tz'u Chou, Cizhou	1910	*n*. Pottery made at Tz'u Chou, or in similar styles elsewhere, from the Sui dynasty onwards.
199	味精	ve-tsin, veh t'sin	1958	*n*. Monosodium glutamate, a flavour enhancer frequently used in Chinese cookery.
200	黄皮（果）	wampee, whampee	1830	*n*. The fruit of an Asiatic tree Clausena Wampi, also the tree itself.
201	军阀	war-lord	1922	*n*. [translating Chinese jūnfá.] In China, a military commander who had a regional power base and ruled independently of the central government, esp. in the period 1916—1928.

（续表）

序号	汉语	英语拼写	年　份	意　义
202	围棋	wei ch'i, wei chi	1871	*n.* A traditional Chinese board game of territorial possession, equivalent to GO(*n.*)
203	文人	wên jên, wên-jên	1958	*n.* Chinese men of letters.
204	文理（文言文）	wen li, wenli	1887	*n.* = WEN-YEN(*n.*)The synonymy is based on a misconception of the Chinese meaning, and does not exist in that language.
205	文言（文言文）	wen-yen, wenyan, wenyen	1936	*n.* The traditional literary language or style of China, superseded in the twentieth century by PAI-HUA(*n.*)
206	黄黎（紫竹杖）	whangee, w(h)anghee	1790	*n.* A cane made of the stem of one or other species of Phyllostachys, Chinese and Japanese plants allied to and resembling bamboos. Also whangee-cane.
207	咏春（拳）（粤语）	Wing Chun	1967	*n.* A simplified form of kung-fu used principally as a system of self-defence.
208	镬（粤语）	wok, wock	1952	*n.* A bowl-shaped pan used in Chinese cookery.
209	黄狗	wonk, wunk	1900	*n.* In China, a dog. Also wonk dog.
210	馄饨(粤语)	won ton, wan tan, wun tun	1948	*n.* A small round roll or pocket of dough containing a savoury filling, eaten alone(after being deep-fried)or boiled in soup(won ton soup).
211	吴（语）	Wu	1908	*n.* Used attrib. of a group of Chinese dialects spoken in Shanghai, the south of Jiangsu province, and most parts of Zhejiang province, China. Also absol.

（续表）

序号	汉语	英语拼写	年份	意义
212	五反	Wufan, wu-fan	1956	*n.* Used attrib. to designate an official campaign launched in China in 1952 against bribery, tax evasion, theft of state property, skimping on work and cheating on materials, and theft of state economic information.
213	武术	wushu, wu shu	1973	*n.* The Chinese martial arts.
214	五彩	wu ts'ai, wucai, Wu ts'ai	1904	*n.* Polychrome; polychrome decoration in enamels applied to porcelain; porcelain with polychrome decoration esp. of the Ming and Qing dynasties.
215	无为	wu-wei, Woo-wei, wu wei	1859	*n.* a. The Taoist doctrine of letting things follow their own course. b. Hist. In China, the name of a minor sect.
216	武侠	wuxia, wuhsia	1963	*n.* An itinerant swordsman or warrior of ancient China. Freq. attrib., esp. designating a genre of Chinese historical fiction or martial arts films featuring such warriors, who are often depicted as capable of superhuman feats. Hence also simply: this genre of fiction or film.
217	衙门	yamun | yamen, yamoun, yamên	1747	*n.* The office or official residence of a Chinese mandarin; hence, any department of the Chinese public service, as the tsung li yamun or Chinese “foreign office”, established in 1860.
218	阳	yang, Yang	1671	n. In Chinese philosophy, the masculine or positive principle(characterized by light, warmth, dryness, activity, etc.) of the two opposing cosmic forces into which creative energy divides and whose fusion in physical matter brings the phenomenal world into being. Also attrib. or as *adj.* Cf. YIN(n.)

（续表）

序号	汉语	英语拼写	年 份	意 义
219	扬琴	yang ch'in, yang ching, jin, kin	1876	*n.* A Chinese musical instrument similar to the dulcimer.
220	秧歌	yang-ko, yangko	1954	*n.* A type of folk-dance popular in northern China.
221	瑶族，瑶语	Yao, Yaou	1834	A. *adj.* Of, pertaining to, or designating a mountain-dwelling people of the Guangxi, Hunan, Yunnan, Guangdong, and Guizhou provinces of China and northern parts of Vietnam. B. *n.* a. The Yao people. b. The language of the Yao.
222	瘾	yen, yin, ying	1876	*n.* 1. The craving of a drug-addict for his drug(orig. for opium). 2. gen. A craving, a yearning or longing. *v.*(intr.)to crave for a drug; to yearn, desire strongly.
223	烟（粤语）	yen	1926	*n.* Opium.
224	延安	Yenan	1949	*n.* The name of a town in northern Shaanxi province, China, which was the headquarters of the Chinese Communist Party in the years 1936—1949, used attrib. to designate this period in the history of the Party, or to describe the principles and policies evolved by it at that time.
225	烟瘾	yen-yen, †inyun	1886	*n.* A craving for opium, the "opium-habit".
226	彝族，彝语	Yi	1960	*n.* The name of a minority nationality in China, distributed over Yunnan, Sichuan, and Guizhou; = LOLO *n.* Also, the language of this people. Also attrib. or as *adj.*

（续表）

序号	汉语	英语拼写	年 份	意 义
227	阴	yin,Yin, Yn	1671	*n.* In Chinese philosophy, the feminine or negative principle(characterized by dark, wetness, cold, passivity, disintegration, etc.)of the two opposing cosmic forces into which creative energy divides and whose fusion in physical matter brings the phenomenal world into being. Also attrib. or as *adj.*, and transf. Cf. YANG(*n.*)
228	殷	Yin	1736	*n.* The name of the Shang dynasty of China, esp. with reference to its final phase, after the capital had moved to the city of Yin in about 1300 B.C. Usu. attrib. or as *adj.*
229	影青	ying ch'ing, Ying Ch'ing	1922	*n.* A type of glazed porcelain produced in Jiangxi and other provinces, chiefly during the Song dynasty. Freq. attrib.
230	卣	yu	1904	*n.* An ancient Chinese wine vessel in the form of a small metal pail with a swing handle and a decorative cover, popular in the Shang and Early Zhou periods.
231	元	Yuan, Ivena, Ywen, Yuen; Yüan	1673	*n.* a. The name of the Mongol dynasty established as rulers of all China by Kublai Khan in 1279 and in power until 1368.Kublai Khan named his kingdom Yuan in 1271, and the Yuan dynasty is often described as beginning in that year. b. Used attrib. and absol. of the art and porcelain of the Yuan period.

（续表）

序号	汉语	英语拼写	年　份	意　义
232	圆	yuan, yüan	1921	*n.* 1. A Chinese unit of currency introduced in 1914, equal to 10 jiao; a coin of this value. 2. Chinese Archaeol. A flat ring or perforated disc made of jade, widely circulated from the Shang period to the Hang dynasty.
233	院	yuan, Yuan	1928	*n.* Each of several government institutions(e.g. guo wu yuan the State Council, waiyuxueyuan a foreign languages institute)in China.
234	元宵	yuan hsiao, yüan hsiao	1956	*n.* A sweet rice-flour dumpling made for the Chinese Lantern Festival(15 January in the lunar calendar).
235	越（人）	Yüeh, Yueh	1901	*n.*(A member of)a group of people originally living in the coastal provinces of southern China, who expanded into south-east Asia during the third century B.C.
236	粤（语）	Yüeh, Yue	1954	*n.* A Chinese dialect spoken in parts of the provinces of Guangdong and Guangxi. Freq. attrib.
237	钺	yüeh, yueh	1956	*n.* A bronze battle-axe or halberd, esp. one of the Shang period.
238	月琴	yüeh ch'in, yueh-ch'in, yu-kin, yukin, yuĕ kin	1839	*n.* A Chinese lute with four strings and a flat, circular body.
239	玉兰	yulan, youlan	1822	*n.* A Chinese species of magnolia, M. conspicua(M. Yulan).
240	摇橹	yulo, yuloh, yulow	1878	*n.* A Chinese sculling oar. So also as v. intr. to scull a boat with such an oar.
241	注音字母	zhuyin zimu, chu-yin tzu-mu	1938	*n.* The national phonetic alphabet of China made up of symbols based on Chinese characters, first adopted in 1918. Also ellipt. as zhuyin.

4. 重词叠韵

单音节拟声词模拟一次性声音或动作，如：

[1] beep、bomb、cock、crack、pop、plop、sizz

迭音节拟声词则模拟反复、多次声音或重复的动作，如：

[2] quack-quack、puff-puff、zip-zip、flick-flick

英语中重叠音节时，也可变化其中的元音，如：

[3] tittle-tattle（搬弄是非） dilly-dally（磨蹭时间）
criss-cross（纵横交错） zigzag（弯弯曲曲）
chit-chat（闲聊） fiddle-faddle（胡闹）

有时也可变动辅音来构成迭音节拟声词，如：

[4] hurdy-gurdy（手摇风琴） walkie-talkie（步话机）
hotch-potch（大杂烩）

汉语中也常常使用叠音来加重语气，扩大概念量，例如人们常举的李清照《声声慢》中的例子：

[5] 寻寻觅觅，冷冷清清，凄凄惨惨戚戚。

此处将原本就是同义词的“寻”和“觅”进行叠加处理，更加深刻地反映出女词人李清照当时的苦苦寻觅的痛苦心情，通过这样的词句告诉人们：她在寻觅中度日如年，她从黄河边的济南一直寻觅到长江南边的城市，“冷冷清清”反映的是她的孤苦伶仃，“凄凄惨惨戚戚”反映的是她的悲惨心情。这种通过重词叠韵得到的修辞效果实在是太绝妙了，难怪被人传诵了近千年。

还有人仿此佳句，通过重词叠韵叙说快乐的心情，如苏州网师园内廊柱上写着一副对联：

［6］ 风风雨雨　暖暖寒寒　处处寻寻觅觅
莺莺燕燕　花花叶叶　卿卿暮暮朝朝

仿叠字句法来增强信息量，将意境推向深处，令人遐想不已。

汉语中的重词叠韵可用来表示两种意义：一是增强语义，重复动作数量（如上文举例）；二是不表示增量，反而表示减量，例如：

［7］ 看看瞧瞧　走走　算算　数数　试试……
考虑考虑　研究研究　考证考证　尝试尝试　学习学习　打点打点……

已有很多学者注意到这一现象，如戴浩一（1993）认为：汉语中的名词及多数量词的重叠表示“每一”；形容词的重叠表示性状的加强；行为动词的重叠表示“做那么一点点”“尝试”的意思。Zhou Minglang（1993）则认为在动词 AA、ABAB 重叠式中，第 2 个和第 4 个音节都念轻音，发音较短较轻，其意义是动量及时量的减弱。而 AABB 式（如：打打闹闹，修修补补）中各音节都念原调，发音较重较长，其意义则为动作时间的延长或不断重复。因此张敏（1997）认为：从根本上看，汉语里的重叠还是一种图样类象符，其形式元素的构型与概念元素的构型呈现一种同构关系。

注意：汉语中动词的能否重叠还与动词的“延续体”有关，这些可重叠使用的动词都是延续体，同时还能重叠说成：

[8] 看一看，看了看，看了又看，看着看着就……

[9] 瞧一瞧，瞧了瞧，瞧了又瞧，瞧着瞧着就……

[10] 走一走，走了走，走了又走，走着走着就……

[11] 算一算，算了算，算了又算，算着算着就……

而终止体动词似乎就不能重叠使用，也不会生成其他重叠变体：

[12] 离开 *离离，*离一离，*离了离，*离了又离，*离着离着就……

[13] 死 *死死，*死一死，*死了死，*死了又死，*死着死着就……

四、语音象征

文学始于诗歌，它多运用诸如押韵、拟声、节奏等语音技巧向读者传递特殊情感，表达专门意义。择用恰当的语音来衬托作者所要论述的主题和语义，已成为一种重要的文体修辞技巧，也是文体学研究的重要内容之一，学界常称之为“语音象征”，可通过分析语音的象征意义和表意功能来分析作品的文体功能和效果。如文体学家发现 /s/ 可使人联想到随风摇曳的树叶沙沙声；长元音和双元音因发音时间较长可表达相对舒缓、轻柔的节奏和意境，而发音短促、节奏明快的短元音常在短句中表示轻快、活泼的动作。

福纳吉（Fónagy，1999：19—22）将语音象征称为“语音隐喻（Phonetic Metaphors）”，分析了语音与意义之间的像似性关系，通过调查发现某些音常可用来表示某些特定的意义，而且音义之间的关系可能与发音时所获得的感觉有关，如有些发音需用较大的力，口腔肌肉较为紧张，它们就不大可能用来表示“轻松、舒展”的意思。17 世纪的法国，在公众场合讲话，特别是上层妇女，口张得太大被认为是不合身份的，这样就使得法语中某些元音与“不礼貌”获得了隐喻性的联系。

我在 1999 年第二期《中国翻译》上发表的《Iconicity 的译名与定义》一文中，对 iconicity 的译名为什么取“像似性”阐述了自己的看法，同时也对其下了定义，参见第二章第一节。本定义从语言的三个层次对当前语言符号像似性研究进行了概括：

1. 音位象征

发音与其所指之间存在很多相似的关系，如世界各语言中的拟声词等，参见上文的英语拟声词举例。另外，英语中还有不少音素，与所表达的意义之间有直接联系，学界有人称之为“语音象征（phonetic symbolism）”，例如：

表 3　音素与所表达的意义

序号	音素组合	所表意义	例示
1	/ma/ /m/	妈妈、女士	mam，mama，mamma，mum，mummy，mother，madam, maternal, mistress, matron, matrix, mammal
2	/n/	否定	no、not、never、neither、nor、none、nil、nill、null、nihil、nay、naysay、nobody、nothing、nowhere、nohow、negate…；表示否定的前缀 un-, in-, non-

（续表）

序号	音素组合	所表意义	例示
3	/de/	低，下，离去，否定	depress（下压），detrain（下火车），devalue（贬值），detach（分离），destroy（摧毁），devour（吞下）
4	/dis/	不，分开	disagree（不同意），disappear（消失），disable（使无能），discard（丢弃），discontinue（中断）
5	/fl/	动态的光	flash（闪光）；flare（闪烁的火光）；flame（火焰）；flamboyant（火焰似的）；flicker（闪烁）；flush（红光、红晕）
6	/gl/	静态的光	glow（灼热）；glare（发出耀眼的光）；gleam（微光）；gloom（昏暗）；gloaming（黄昏）；glimmer（微光）；glint（反光）
7	/gr/	沉闷而又令人不快的声音	groan（呻吟）；growl（咆哮）；gruff（粗哑的）；grumble（抱怨）；grunt（咕哝）；grunter（咕哝的人）
8	/sl/	滑动	slide（滑动）；sleek（滑的）；sled（滑雪橇）；sloppy（泥泞的）；slope（斜坡）；slick（光滑的）；sly（狡猾的）
9	/sn/	呼吸声	sniff（嗅）；snuff（嗅）；snore（打鼾）；snort（发哼声）；snot（鼻涕）
10	/sn/	爬	snake（蛇）；snail（蜗牛）；sneak（偷偷地走）；snoop（窥探）
11	/sh/	贬义	foolish（愚蠢的），selfish（自私的），childish（幼稚的，比较：childlike 天真可爱的），mannish（女子像野小子，比较：manlike 男子似的，雄赳赳的），womanish（男子有娘娘腔，比较：womanlike 女子似的，温柔的）
12	/sh/	快速运动、猛烈的动作	bash（猛击）；clash（碰撞）；crash（碰撞）；crush（压碎）；dash（猛撞）；flash（迅速发出）；gash（划开）；mash（捣碎）；gnash（啃）；rush（冲）；slash（猛砍）；smash（捣碎）；splash（溅）
13	/ump/	笨拙	bump（冲撞）；clump（团、块）；chump（木块）；dump（堆成一堆）；hump（驼峰）；lump（肿块）；rump（兽的臀部）；stump（树桩）；slump（沉重地落下或倒下）；thump（重击）
14	/amp/	挤压	champ（大声嚼）；clamp（钳、夹）；stamp（踩）；tramp（踏）
15	/url/ /irl/	旋转	curl（卷曲）；furl（卷起）；hurl（投掷）；purl（旋涡）；swirl（旋涡）；twirl（旋转）；whirl（旋转）

/cr/ 模仿“咔啦声、脆声”，我们只要稍微翻开词典一看，就可发现很多这样的例子，笔者仅列出其后以 a 开始的单词中的例子，如：

[14] crab（scratch）螃蟹抓地的声音；

crack	爆裂声；（cracker、cracked、cracking、cracky）
crackle	噼啪声；（crackling，crackly）
cracknel	脆硬的饼干
craf	工艺，狡猾（来自古斯堪的纳维亚语，与“力量”有关，我们完全可以体会出发力时关节所发出的声音）（craftsman，craftily，craftiness，crafty）
crake	秧鸡（模仿秧鸡的叫声）
cramp	夹子（可以想象夹子发出的声音）
crane	鹤（模仿鹤的叫声）
crankle	弯曲，弯曲物体时发出的声响（crank，cranky）
cranny	裂缝
crap	赌博（骰子在盘中发出的声响）
crape	绉绸（物体发皱时的声响）
crash	碰撞，坠毁（拟声）（crasher，crashing）
crate	柳条箱（扭动柳条箱发出的声响）
crazy	疯狂的（源自瑞典语 krasa，有 crunch 之义）

…

《新英汉词典》中共 88 个以“cra-”开始的单词，其中 44 个与“cr-”发出的声音有关，占总数的 50%。另外还有：

[15] creak　吱吱嘎嘎响
croak　呱呱叫
crock　破损的东西，残废者
crumble　弄碎
crump　嘎扎嘎扎响
crunch　嘎吱嘎吱响
crush　压碎（crusher、crushing）
crust　面包屑
cry　哭

另外，这个音还可用在商标名称中表示各种吃起来很“脆”的食品，例如：

[16] Crunchie、 Crispie、 Crisco

一旦在语言的音义之间形成了某一种约定俗成的关系之后，这种原始关系就会较长期地留存在语言之中，并会影响到其他词语，如英语中用[roʊl]（roll）表示“滚动”之义，可视为原始阶段的构词，之后就用该音位表示与“滚、动”相关的一些词义：

[17] troll　使旋转　scroll　卷
enroll　卷，包，招进来　roller　滚筒
rolling　滚动的　rotate　旋转
rotary　旋转的　rotor　转子
roam　漫游

这些可视为二级阶段形成的单词，确有较高的理据性。

瓦伍（Waugh，1992）将这种音位与意义之间的像似关系称为词汇中的“拟象像似性（diagrammatic iconicity）”。

2. **升降调**

我们是站立在土地之上的，只有脚踏实地才感到稳妥，才有一种肯定感。相比之下，直立向上的状态并不是十分稳当，因而就产生了一种疑惑感。这种身体经验在语音中就表现为“升调表示疑问，降调表示肯定”。是同一个单词或字也好，是同一个句子（即使是肯定句形式）也好，一般来说用升调表示疑问，用降调表示肯定，这是一种语言普遍现象，也充分说明语言的体认性具有普遍性。

在英语中疑问句的语法结构与肯定句不同，是一种违反正常语序的组句方式，可算作有标记形式，本身也就表达了比肯定句更多的信息。再用升调强调这种疑问含义，则使疑问含义更加清楚。

人们会问，英语中的特殊疑问句不是也用降调吗？其实英语中的特殊疑问句还是传递了不少已知的和肯定的信息，问的仅仅是其中某一部分的未知内容（Lakoff and Johnson，1980：138），例如：

［18］Who did John see yesterday?

这个句子预设了

［19］John saw someone yesterday.

这样的肯定性信息。

3. 拉长与缩短——连词符的用法

我们可以用拉长语符间隔的方法来模仿现实中拉长的说话方式，例如：

［20］Y-o-u a-r-e a p-i-g.

语符间隔距离较大，就传达了比句子

［21］You are a pig.

讲话时间长、拖腔拖调这样一个信息。

世界著名的美国盲聋人海伦·凯勒（Helen Keller，1880—1968）在她的老师安妮·莎莉文（Anne Sullivan，1866—1936）的教育和帮助下，终于能够讲话、识字，并到世界各地演讲，呼吁世人关注盲人，成为著名教育家。凯勒在《我的一生》中描写她自己刚刚开口学说话时这样写道：

［22］One day while I was playing with my new doll, Miss Sullivan gave me my old doll, too. She then spelled "d-o-l-l" and tried to make me understand that "d-o-l-l" applied to both. Earlier in the day, we had a struggle over the two words "c-u-p" and "w-a-t-e-r".

句中的"d-o-l-l""c-u-p""w-a-t-e-r"就是用模写的方法来表示说这三个词时所需时间比正常讲这三个词来得长。

用连词符来模仿拖腔拖调，表示语符间距离增大，实际上也是语符数量的增加。又如下面一组对话：

［23］A：Let’s get the kids something.

B：Okay, but I veto I-C-E C-R-E-A-M-S.

B 将 ice creams 拆成一个一个字母念出来，延长时值，也就增加了语符数量，将要表达的简单内容隐藏在较多的语符之中，使得小孩听不出来其中的含意。而 A 是听得懂的，而且能根据这种标记性表达方法的特殊含意，推导出 A 是在故意不让身旁的孩子听懂，免去孩子讨要冰激凌的麻烦。

下面是摘自 *My Brother's Way*（Ira Berkow，载《英语世界》1999 年 11 期）中的一句话：

［24］I love you, Ira. C’mere.

用缩略的形式 c’mere 表示讲这两个单词时速度很快，几乎是连在一起讲的，它实际所用的时值比 come here 要短。英语中还有其他的缩略形式，如：

［25］I’ll，He’s，They’d…

比相应的

［26］I shall，He is，They would / They had…

所用时值短，同时也说明了这部分信息不需要突出。重要的信息、突出的信息，往往音调相对高、时值长，这也与距离像似性原则相吻合。

事情紧急时，人们会加快语速，例如当一个人发现某处失火了，一定会匆匆忙忙地拨打“119”，报告给消防队，“心急火燎”地快速说出：

[27] 失火了！

三个字，让消防队快到。急促的语气，意味着事情紧急。如果此时慢声慢语地说：

[28] 失——火——了！

或以唱歌的形式报告紧急事宜，则与情景不容。慢声慢语，拖腔拖调只能用来报：

[29] 平——安——无——事！

这是一个人人皆知的常识：用吵架的语调去谈恋爱，保证成不了；用谈恋爱的语调去吵架，这架恐怕是吵不起来的。辩论时的语调与哄孩子睡觉时的语调必有明显差异，这也是毋庸置疑的。

4. 快慢象征

参见王寅（2007）《中西语义理论对比研究初探——基于体验哲学和认知语言学的思考》第148—149页。

五、中西学者论音义学

笔者（2007）在《中西语义理论对比研究初探——基于体验哲学和认知语言学的思考》一书中列述了西方学者对音义像似性的有关论述，他们是柏拉图、奥古斯汀、梅尔塞纳、莱布尼茨、赫尔德、塔克、雅可布逊、莱昂斯、博林格、福纳吉等（远远不止这些）。

1988 年塔布（Jess Tauber）和梅格思（Margaret Magnus）发起成立“语言像似性国际学会（Linguistic Iconicity Association）”，那时的成员有 230 人，至今在国际上已召开过 13 次研究“像似性”的专题研讨会，参见王寅（2018）。

我国的训诂学家基于对音义关系的体会和认识，对音义学的研究也做出了重要贡献，许多学者一直认为在语言的音义之间存在根本性联系，早在汉代，刘熙所编撰的名著《释名》就是主要运用了声训的方法来解释词义的，且被认为是一部从语音角度解释意义的语源学专著。明清学者提出：

欲通古义，先通古音

文字训诂，本乎声音。

他们都意在强调音义之间的像似性关系。古代学者对这种关系的认识主要反映在“声训法（又叫音训法）”的论述中，这是一种根据语音来训释词语意义的训诂方法并用训词和被训词之间所具有的“音同”或“音近”的关系来推求事物名称的由来并指明文字通假的方法，同时可以达到明词义和探词源的方法，如：

[30] 政者，正也。

[31] 仁者，人也。

其余例子参见王寅（2007：150—159）。

王安石认为字形、字音都是符合天地万物之理的，他说汉字（参见辜正坤，2004）：

其声之抑扬、开塞、合散、出入，其形之横从、曲直、邪正、上下、内外、左右，皆有义，皆本于自然，非人私智所能为也。

冯浩菲（1995：336–366）将声训法分为：

（1）以声通义法：一般性以声通义法和通释性以声通义法（如上所举例子）；

（2）明正借法：揭明正字与借字的方法，就是解释古汉语文献中汉语用假借字来代替正字的现象，这也是形成音同义同的另一途径。

例如：

[32]

正字	借字	正字	借字
膏	高	田	甸
毋	无	征（税）	正
才	财	霞	瑕
沫	妹	牙	雅

东汉的郑玄曾对出现这一现象的原因作出了合理的解释：原来写书的人，在仓促时一时想不起正字，就用“音同音近”的字来代替，久而久之，口耳相传，假借字代替正字的用法或两者同存也就通行起来。

这种以声训法探索词源的方式初始于先秦（对字词的音义关系的认识尚处于自发阶段的萌芽状态），盛于两汉（被广泛运用，班固的《百虎通义》是其大渊薮，许慎的《说文解字》，郑玄遍注群集，都处处以声通义，用法渐广），集大成于《释名》（刘熙全书以声训为体，着意推求语源），唐代学者集前人之大成（在注疏古籍时既有实践上的运用，也在理论上作了一定论述，揭示出音义关系三纲：声同、声近、声转），宋代的王子韶（又叫王圣美）更有新发展（首倡右文说，认为形声字右旁不仅表声，且表义，声旁相同的形声字义多相同或相近，举证了许多例子），元初的戴侗，明末的方以智、黄生亦论述了汉字可遵循“以声求义”的方法，时至清代，声训法研究发展到了高潮，将“因声求义”视为训诂学中的一大法宝，经过程瑶田（参见马秉义，2002）、戴震、段玉裁、王念孙、王引之、阮玉、黄承吉、俞樾、江番、章太炎、刘师培、朱骏声、沈兼士、杨树达等大师的相继研究，音义相通的关系终于被揭明：古人制字，以声寓义，凡音同音近的字,往往义同义近,声训法的地位得以确立,竭力倡导训诂学中应“以声通义，以古音求古义”。

特别是自段玉裁在《六书音韵表》中建立起上古音系统之后，通过古音来寻求古义，以声求义就有了较为可靠的依据，这一训诂方法自然也就得到普遍承认，以至于清代学者对音义关系几乎是无人不谈，无处不谈（苏新春，1995：17）。改革开放之后，我国汉语学界召开了多次训诂学研讨会，“以声求义”仍然是讨论的主题之一。据苏新春（1995：57）介绍，1985年的西安年会上关于以声求义方面的论文最多，可见声训法的生命力依旧。

章太炎（1996：28）在《国故论衡·语言缘起说》中说：

语言者不冯虚起。呼马而马，呼牛而牛，此必非恣意妄称也。诸语皆有根，先征之有形之物则可睹矣。何以言雀？谓其音即足也。何以言鹊？谓其音错错也。何以言鸦？谓其音亚亚也。何以言雁，谓其音岸岸也。……此皆以音为表者也。

清代学者总结出了：

声同义同、声近义近、声转义同

的规律，并被认为是传统训诂学在方法论上的一次革命。何久盈（1985：62）指出：声训具有理论性、政治性、主观随意性、普遍性。他（1985：265）还认为：这样的研究路子大体上是不错的，现代语言学家也从中受到不少启发。徐通锵、陈保亚（1998：253）也认为：

声训所以能解决汉语的语源问题，主要就在于“名之于实，各有义类”，同一个“声”表示同一个义类，呈现出“同声多同义”的系统性结构。杨树达的声训论抓住了这一关键性的“纲”，因而取得了一些重要的进展。

孙雍长（1997：246，15）指出：

用声训来解释其语词的命名由来，应当基本上是可行的，所以我们认为，所谓声训的主观性，主要是运用的失误，而不是声训本身缺乏存在的合理性。

意义可以从某一形体移附于另一形体，但这不同形体必须代表某一相同的声音。因此，如果说意义依附于形体相对显得比较灵活，那么，意义寓存于声音则要相对稳定得多、牢固得多。义附于形的相对灵活性，正是建立在义存于声的相对稳定性的基础上，离开了义存于声的相对稳定性，义附于形的相对灵活性便无从谈起。

苏新春更是高度评价了右文说和声训法，他（1995：259，63）说：

至宋代，出了王圣美的右文说，它的成果不仅仅在于有较强的解释力，还在于它是第一次从汉语形音义全面联系的动态关系来观察词义的理性行为。到清代，它已成为普遍指导人们实践的因声求义理论，开辟了一条认识汉语词语深层意义系统的道路。

声训，以往人们把它只看作古汉语中的一种释义方法，有的甚至认为是没有普遍使用意义的传统落后的方法。而现在人们从词义成分有着不同层面的存在关系角度入手，看到的正是“声训”从语音形式的外壳入手，触摸到了汉语词的深层义存在的事实，它成为制约词的表层义的重要因素，并成为汉语词义系统构成的重要条件之一。

汉语中这种“音同则义同，音近则义近”的现象比比皆是，证明了汉族善于用相同或相近的语音来表示相同或相近的意义的基本认知方式，体现出我们祖先的智慧。在训诂学中以语音形式（音同或音近）为先决条件揭示词源，推索字词的读音与意义之间的理据性联系，既符合像似性的认知原则，也符合语言经济性的原则。

从上可见，中西学者都从语言起源上对语音摹仿作出了假设，同时也都注意到了音义之间的像似性关系。近年来苏联学者（Voronin，1980）正式建立了“音义学”这一学科，不仅相对于我国古代学者要晚得多，且研究成果远不如我国。相比之下，我国训诂学家所情有独钟的声训法，对音义学这门学科做出了十分重要的贡献。无论从理论上，还是在实践上，都是西方学者所无法比拟的，也是他们所替代不了的。这是由汉语本身的特征所决定的，是一种具有中国特色的语义理论。

因此，无论是西方的“音义学”，还是我国外语界学者将要研究的“音义学”，都应该而且必须考虑到我国训诂学家的研究成果，否则这就不是世界范围内的完整的“音义学”理论。

人类语言千变万化，各民族的认知方式各有差异，形式和意义之间的关系是十分复杂的，我们必须依据史料，尊重事实，掌握尺度，持辩证观点。从以上论述可见，形式与意义之间存在大量的像似关系，毋庸置疑，但也不是绝对的，倘若走上极端，必不可取。语言中的同音字、近音字很多，但它们不一定完全都义同或义近。但对这种现象视而不见、妄加否定、无端放弃，盲目信奉索氏的任意性支配说，也绝不是唯物主义的态度。因此，我们认为我国训诂学中的声训法有助于推求语源，沟通音义理据，不仅大大拓宽了“音义学”这门学科的研究范围，丰富其研究内容，而且可为其提供很多理论根据和确凿证据，从而增加这门学科的科学性、理论性、说服力和可信度。

此文意在抛砖引玉，希望引起国内外学者的密切关注，进一步挖掘我国悠久的、宝贵的、丰富的语义理论，特别是对音义关系方面的研究，打破“言必说西”“言必从西”的欧洲中心主义。对于外语界的同仁来说，在研究语言时一定要注意我们民族语言的特点，一定要借鉴我国语言学中的研究成果，眼睛只盯着西方理论，往往只能是“单脚跳”式地行进，欲速则不达。如果我们能够将我国的训诂学研究与西方的语义学研究紧密结合起来，融古今中外语义理论于一体，不断加强与汉语界的有效沟通，相互取长补短，形成中西合璧、携手共进、互相融通、相得益彰的新局面，则可望尽快解决“两张皮”问题，巧妙兼用“两股道上跑的车”的动力，便可形成一股势不可当的合力，提高其实用性。同时两界人士都应坚持不懈地向西方介绍我国古今语义研究的成就，汇入“东学西渐”的文化潮流之中。我们可以预言：在21世纪，中西语义对比研究定将会得到较大的发展。

六、结语

但是，我们也必须清醒地认识到，音义严格对应的情况在整个词汇总库中为数不多，有很多所指和概念难以模仿，因而我们的祖先不得不用其他方法来解决这个问题。索绪尔正是抓住了这一点大做文章，断言语言是任意性的，并将其视为“第一原则”。用汉语“一叶障目，不见泰山”“以偏概全”来形容他的这一观点，倒比较恰如其分。

我们反复讲“约定俗成”不等于“任意性”，后者是完全没有理据的，也不关涉理性；而前者与“如何约定，怎么俗成”密切相关，其间必定涉及“理性”。正如德国哲学家赫尔德所指出的：

> 这种观点的错误在于：任何社会规约都以某种选择为前提，而选择本身无疑已是一种理性行为。……即便存在某种约定，那也只能是人与自身的心智的约定，语言源于人的心智。

他（Herder，1999：46–47）以此为出发点十分严厉地批判了任意说：

但是，并非所有的事物都会发声，那些并不发声的事物，人从哪里来的本领把它们变成语声，心灵怎么才能命名它们，使其获得符号？颜色、形状与它们的命名有什么样的关系呢？这类名称的产生与咩咩的叫声成为羊儿名称的方式有什么不同？超人起源说的捍卫者们对此有现成的回答："这是任意的！为什么绿色叫'绿'而不叫'蓝'？这有谁能解释，有谁能在上帝的理智中找到原因？毫无疑问，上帝喜欢这样，仅此而已！"这一来，线索就被剪断了！所有关于语言发明艺术的哲学家探索于是都成了随意杜撰的空中楼阁。…… 人类的心灵对每一种行为都要了解它的起因，哪怕只是部分起因，所以，认为一种语言未经任何选择，就从人脑中任意地发明了出来，这种说法对于心灵来说，不啻于内体被死神的手抚摸所遭受的折磨。…… 一种根据肤浅空洞的任意性创造出来的语言是与他的整个善于类推的本性相背的；一种完全任意地构想出来的语言，事实上也同一切人类心灵力量的类推原则格格不入。

赫尔德对任意说批判之严厉，我们完全可从他的字里行间中体会出来。

吉旺（Givón，1994：68）认为：尽管有这些方面的腐蚀（指难以模仿、追寻不到原初的模仿依据），语言符号中仍存在压倒多数的（overwhelming）像似性现象。许多语言学家，如安德森（Andersen，1980）、海曼（Haiman，1985a，b）、安蒂拉（Anttila，1994）等人的研究认为，可通过还原的办法来恢复（restore）被"扭曲和腐蚀"了的原有像似性的面貌。这一理论是很值得我们深思的！

参考文献

[1] FÓNAGY I. Why Iconicity [M] //NÄNNY M, FISCHER O (ed.).

Form Miming Meaning – Iconicity in Language and Literature. Amsterdam：John Benjamins，1999：3-36.

[2] 杜文礼. 语言的像似性探微 [J]. 四川外语学院学报，1996 (1).

[3] LAKOFF G，JOHNSON M. Metaphors We Live By [M]. Chicago：The University of Chicago Press，1980.

[4] SAUSSURE F D. 普通语言学教程 [M]. 高名凯，译. 北京：商务印书馆，1980.

[5] WIERZBICKA，ANNA. The Semantics of Grammar [M]. Amsterdam：John Benjamins，1988.

[6] 冯浩菲. 中国训诂学 [M]. 济南：山东大学出版社，1995.

[7] 辜正坤. 语言的必然性——答姜望琪先生《语言的任意性——与辜正坤先生商榷》一文 [M] // 语言学研究 (第三辑). 北京：高等教育出版社，2004.

[8] 贺川生. 音义学：研究音义关系的一门学科 [J]. 外语教学和研究，2002 (1).

[9] 何九盈. 中国古代语言学史 [M]. 广州：广东教育出版社，1995.

[10] 李世中. 谈汉语声调对词义的象征性 [N]. 光明日报，1987-04-14 (3).

[11] 马秉义. 果裸转语与 R 词族比较 [M] // 杨自俭，主编. 英汉语比较与翻译. 上海：上海外语教育出版社，2002.

[12] 苏新春. 当代中国词汇学 [M]. 广州：广东教育出版社，1995.

[13] VORONIN S. Fundamentals of Phonosemantics [D]. (in Russian：Osnovy fonosemantiki. Avtoref. dokt. diss) Leningrad，1980.

[14] 索振羽. 索绪尔及其《普通语言学教程》[J]. 外语教学与研究，

1994（2）.

[15] 孙雍长. 训诂原理 [M]. 北京：语文出版社，1997.

[16] 王寅. 中西语义理论的对比与翻译理论的建设 [J]. 中国翻译，2000（3）.

[17] 王寅. 语义理论与语言教学 [M]. 上海：上海外语教育出版社，2001.

[18] 王寅. 像似说与任意说的哲学基础与辩证关系 [J]. 解放军外国语学院学报，2002（2）.

[19] 许国璋. 许国璋论语言 [M]. 北京：外语教学与研究出版社，1991.

[20] 徐通锵，陈保亚. 二十世纪的中国历史语言学 [M] // 刘坚，主编. 二十世纪的中国语言学. 北京：北京大学出版社，1998.

[21] 杨自俭. 为《论语言符号像似性》作序 [M]. 北京：新华出版社，1999.

[22] 章太炎. 国故论衡·语言缘起说 [M] // 陈平原，编校. 中国现代学术经典·章太炎卷. 石家庄：河北教育出版社，1996.

附录六

《果赢轉語記》古代汉语、现代汉语对照版

1. 作者简介

图 1　程瑶田画像

程瑶田（1725—1814），清代著名学者、徽派朴学代表人物之一。字易田、易畴，号让堂，安徽歙县人，兄弟七人，大多经营盐业。唯他自幼及老，终身勤勉，孜孜以求，长于思考，善于笔耕，笃志著书立说，尤

好名物训诂，旁征博引，为后世留下了宝贵的语源学研究资料。他虽曾九次参加乡试，均名落孙山，终于在乾隆三十五年（1770）45岁时考中举人，后选授太仓州学正（教谕）。他与戴震、金榜同为江永的弟子。

程氏学贯汉宋，博雅宏通，多才多艺，精于训诂，提倡“用实物以整理史料，考释古代名物”，开启了传统史料学同博物考古学相结合的研究路径。他还是我国近世科学史研究的先驱，独具慧眼，发前人之所未发，首次论述了《考工记》所记“车人之事”中的一整套几何角度定义，因此在数学、天文、地理、生物、农业种植、水利、兵器、农器、文字、音韵等领域皆有深入研究，堪称一代通儒。著有《通艺录》《九谷考》《释宫小记》《释虫小记》《释草小记》《果蠃转语记》等，考评名物，以上著作堪称研讨汉语语源的奠基之作。从《通艺录》（共42卷）可知，《果蠃转语记》原有4篇，除尹石公于北京得其一篇手抄本，其余皆已亡佚。仅这一篇，就得到学者高度赞许。王念孙在该书的跋中如此赞誉程瑶田：

> 先生立物之醇，为学之勤，持论之精，所见之卓，一时罕有其匹。

王国维也曾将程瑶田尊为清代最卓越的小学大师之一，与顾炎武、江永、戴震、段玉裁、王念孙等比肩而立，为乾嘉学派汉学的兴盛做出了重要贡献。

2. 乾嘉学派

乾嘉学派，又称“乾嘉之学”，是清代的一个学术流派，以对中国古代社会历史各方面的考据而著称。该学派在乾隆（1736—1796）、嘉庆（1796—1821）两朝达到鼎盛，故得此名。

乾嘉学派以经学为中心，涵盖文字、音韵、训诂、史学、地理、天文历算、金石乐律、校勘、辨伪、目录、辑佚等领域。他们重视实证，长于考据，采用汉代儒生训诂、考订的治学方法，与着重于理气心性、抽象议论的宋明理学有所不同，所以有“汉学”之称。此学派又因文风朴实简洁，重证据罗列而少有理论发挥，而有“朴学”“考据学”之称。

关于乾嘉学派的奠基人，学界有多种说法，大致可追溯到清初学者黄宗羲（1610—1695）、方以智（1611—1671）等，主要创始人是明末清初的大儒顾炎武（1613—1682），首开清代考据学之先河，其后的主要代表人物有阎若璩（1636—1704）、钱大昕（1728—1804）、段玉裁（1735—1815）、王念孙（1744—1832）、王引之（1766—1834）等。他们重视对儒家经典的研究，搜集钩沉，编辑了许多亡佚的文献典籍，如马国翰（1794—？）的《玉函山房辑佚书》，编成经部432种、史部8种、子部152种。该学派研究的对象上至天文地理，下至各朝规章制度，但总体特点是避免涉及与明、清社会直接相关的事情。但至乾嘉时期的考据学家，遗其大而传其小，他们沉溺于故纸堆中，脱离实际，放弃了顾炎武“经世致用”的主张。

乾嘉学派分为以惠栋为代表的“吴派”，以戴震为代表的“皖派”，以及以焦循、汪中、王念孙等为代表的“扬派”。

“吴派”创自惠周惕（？—约1694），成于其孙惠栋（1697—1758）。他们延顾炎武遗风，其特点是“唯汉是信”，一切以汉儒为宗，力排宋学，专注于搜集汉儒经说，一生治经，推崇并遵循汉代经说，重视名物训诂、典章制度的传统，疏通证明。凡属汉学，就一概予以采纳，且对其加以疏通和解说。代表作品有《九经古义》《周易述》等。

“皖派”创于江永（1681—1762），成于戴震（1724—1777，写《转语二十章》，最早尝试阐发“声近义近”和“声义互求”的训诂规则）、程瑶田，他们同为训诂大家江永的得意门生，都重视三礼（即《周礼》《仪礼》《礼记》）中名物制度的考证，其特点是杂糅汉、宋学说，突破形体的局限，探索音义关系，较为透彻地建立了“形音义”的辩证关系，开创了从音韵、文字（小学）入手来判断和了解古书的内容和含义的新时代，为训诂学做出了很大贡献。皖派也注重思想和理论，学术特点相对于吴派表现出更多的“求是”倾向。代表作品有《诗经补注》《毛郑诗考证》《考工记图》《孟子字义疏证》《果蠃转语记》[①]等。

“扬派”继吴、皖两派而起，对两派皆有继承，关注现实，具有求实致用的学术倾向，反对墨守汉学和学术门户之见。代表人物有王念孙、王引之、焦循（1763—1820）等。代表作品有《读书杂志》《经义述闻》《荀卿子通论》等。

乾嘉学派从研究古字古音着手，在声纽相同相通中揭示词义之间的联系，同时还在词义相同相通中观察声纽和转语，通过明古字古音以明古训，明古训以明经义。他们常遵循“归纳—演绎—再归纳—再演绎”的科学研究方法，即从若干具体用法中总结出规律，进一步推而广之，用以解释更多的现象，在此基础上加以概括和推演。这种“注重实证，广征博引，交互参证，以理服人”的研究方法亦已成为训诂学的优良传统，也是考据学的一条基本原则，在我国后来的语言研究中不断得以发扬光大。但是嘉庆朝以后，清朝面临内忧外患，清廷对于思想学术领域的高压统治不得不放松，学者们于是放弃了“只致经典不问世事”的姿态，乾嘉学派逐渐淡出历史舞台。

虽然该学派有一定的压抑新思维和脱离社会的缺点，但是由于百余年

① 这是程瑶田生前未能发表，死后才被整理出版的一篇关于同源词研究的重要著作。

间一大批饱学之士刻苦钻研中国传统文化，“繁称千言，始晓一形一声之故”，学派对于研究、总结、保存传统典籍起到了非常积极的作用。

3. 译后感言

笔者于20世纪末开始学习认知语言学，并就其所涉及的核心观点之一“像似性（iconicity）”进行了较为深入的思考，在国外许多学者以及国内语言学家许国璋、沈家煊等先生相关论文的启发下，就此专题发表了十数篇文章，引起了我国学界的一些反响。因为语言符号具有任意性已作为一条定论写进了我们的教科书，而且还是出自现代语言学之父索绪尔的笔下，突然出现与其截然相悖的观点，不少学者出于对“之父”的敬意而提出了不同的意见，这是可以理解的，也情有可原。但随着认知语言学在国内的普及和发展，且现已成为主流学派，像似性亦已为大多学者所接受，不仅为语言的理论研究开拓了一个思路全新的课题，也为语言教学提供了一个切实可行的方法。

在此期间，笔者也曾与中文界的学者交流，既有赞成者，也有反对者。记得笔者曾就训诂学中的问题向苏州大学文学院古文字学家蔡镜浩教授请教，他推荐了程瑶田的《果蠃转语记》一文，并让笔者到苏州大学图书馆查找。笔者终于找到了该馆所收藏的民国二十二年（1933）安徽丛书编印处所印行的最早版本。这使笔者想起幼时父亲王振旅（在王念孙、王引之的故乡扬州念私塾，学过训诂学）曾提及这本书，但由于笔者那时还没有将语言研究作为自己的专业方向，因而未能上心。这次得到蔡教授的指点，让笔者想起了这段往事。

笔者后来将程瑶田该文作为附录收在2009年所主编的《中国语言像似性研究论文精选》（湖南人民出版社）之中，终于使得我国外语界（包括汉语界）的同行们有机会读到此文。安徽丛书所收的版本是原作照录，没有标点，这使得很多读者在学习和理解时遇到不少困难。为弥补这一缺陷，此次收录了伍巍所校点的版本［参见陈冠明等于2008年校点的《程瑶田全集（叁）》，合肥：黄山书社］，添加标点后学习起来就方便多了。另外，为便于阅读流畅，笔者将原文所带小号字体的随文注释省去，且在此基础上又花了很多精力和时间，反复研读原作并将其转译为现代汉语，采取对照排版的方式将其收录于此，同时将一些生僻字注上读音，还对文中的分段和标点作了一点调整，段落不至于过长，层次更为清晰，原义更好理解，以飨读者。

我们知道，探寻汉语语源（包括字源、词源，与历史语言学、历史比较语言学有关）主要有三种方法：（1）声训；（2）右文；（3）转语。现分别简述如下：

（1）汉代的刘熙以“声训”而著称，用音同或音近的词来作训释，但并未研究汉语中同源词族的现象；

（2）宋代的王子韶创立了“右文说”，认为形声字的意义不仅在于偏旁，还在于声符，可根据它来探求语源，但过于拘泥于文字的形体；

（3）第三种方法为“转语（相当于英语的derivation）”，是西汉末年扬雄（前53年—公元18年）在其所著《方言》中首创的术语，指那些通过声音转化而来的词语，即由于时代和地域的（时空）差异产生了语音变化而转变来的词语，可揭示出语音形式和所指意义之间的一定联系。可惜这一探索语源的方法千余年来竟然寡有应者，直至清代早中期的戴震和程瑶田才将其较好地运用于语源的系统研究之中，关注意义和声纽两方面都有联系的连绵词，解释了音义之间并非仅是任意的，它们之间有同源性内在关联，这确实具有凿破混沌的历史意义。程氏之作使人们懂得了“果臝（亦可写作“果裸”）”转语的大道理，为清代训诂学家们所倡导的“训诂之旨，本于声音”“因声求义、声近义通”的原则给出了有力的佐证。

正是因为我们的老祖宗善于观察事物的形状，从而形成了用“象形法”来创造文字的思路。程氏认为，“声随形命，字依声立”，这也说明我们的祖先常根据事物的形状特征来命名，若形状相同或相似就用相同或相似的读音来表示，即相类之物可赋以相同语音。这就是说，一旦“某个音”与“某个义”之间建立了一定的联系，这个音就会被“假借”来表示其他相关事物，质言之，事物的共享特征就可能成为同源词得以系联的意义基础。

又因为文字是记录语音的，“字依声立”就是这一意思，可用不同的字形去记录相同的读音，有时多个同音字的结构还可能大体上基本相似，其中含有部分异体形符，如：

臝、蠃、贏、羸、嬴、臝、𦆽、𤢺、纙、驘……

它们都念 luǒ，但用于不同的指称，以表示不同事物之间所存在的质之差异。这与古人善用“假借（借一物的名称来指称他物，这便是认知语言学所说的隐喻）”之法来构字和构词的思路大有相通之处，从而产生了汉语中独有的“转语”现象，勾连出以某一语音来表示某一意义的音义间特有的关系。这说明，字词的语音形式与所表意义之间的结合并非是任意的，而是有理据的，在孳乳衍生的过程中形成了特有的同源内在依据，这就为西方认知语言学家所提出的“像似性”提供了有力的中国式佐证。

由于我们的老祖先由猿猴进化而来，一直以树为伴，也曾将自己的住所建在树上，故而得名“有巢氏”。这一阶段他们的主要食物自然是树林中的各种果子，因为它们为圆形之物，掉在地上会骨碌碌地滚动，古人就很自然地想到了用这一自然声响来称呼“果（guǒ）”，后来通过这个音还转出“瓜”来，这就是我们常说的“在树为果，在地为瓜”。闻一多先生认为中华民族的两位先祖都与此有关，女娲就是“瓜”，伏羲就是“（匏）瓠”，两者都是“葫芦”，这就是中华文化又称为“葫芦文化”的缘由。

又因我国地域广阔，民族众多，真可谓“南腔北调”，隔河就可能有不同的方言，因此不同地域的学者所写的古籍和不同地区的方言必有差异，“同音异形异义”的字和词就日趋繁杂起来。程氏以表示圆形的果实“果蠃（guǒ luǒ）”音为基础，收录了古籍和方言中分别表示植物、动物、人体、器皿、地形、建筑、食品、用品、工具等约332个连绵词，它们都含有“圆、轮、转、曲”之义，如：

①能结出圆形瓜果、蔬菜、植物：果蠃、栝楼、瓟瓡、罛罜、瓠𤬱、苦蔞、蒟蒻、葫芦、蒲卢、果隋、果蓏、瓠落、欂落、绿蕾、摳揄（早熟的庄稼）、扶櫑（一种藤）、苻蘺（指蒲草，可编席）、茀離（草木丛生的样子）、芙蕖（一种荷花）……

② 圆形的花朵：花孤毒、花骨朵、孤毒、骨朵、蓓蕾、胍都、胍肫、敷蒲、藘荼、藘蒻（这三个词都意为花开繁盛的样子）……

③ 圆形昆虫和动物：果蠃、蜾蠃、蠕蠃、蒲蠃、蒲盧、蒲卢（这六者都指圆形的细腰蜂）、蛞蝼、蚹蠃、蝼蛄（圆腰小虫）、蝼蝈（圆形的蛙）、蝌蚪（或科斗，蛙的幼体）、螺蛳、蜘蛛、蒲蠃（蚌蛤）、蚹蠃（蜗牛）、果蠃（指一种鸟）、驪騊（指一种马）、鵱鷜（野鹅）、犻狔（传说中的怪兽）……

④ 圆形的驼背、骷髅头、人体等：佝偻、痀偻、痀瘻、伛偻、罗锅、

髑髅、骷髅、喲咙（圆形喉管）、喉咙、呕喻（或叫“沤庾”，厉鬼弯腰曲体吓人状）、偻旅（身体弯曲的样子）、痱瘤（皮肤表面的小疹）、瘯蠡、瘯瘰（这两者指一种皮肤病）、骨突、侏儒、眗瞜（笑的样子）、愢愉、嘔喻（指人高兴、和悦的样子）……

⑤ 圆形的山包、地貌、地名等：岣嵝（指衡山）、部娄（小土丘）、峼嶁、甌窶（这两个词都指狭小的高地）、杯樓（小土堆）、窟窿、趵突（泉水向上冒之声，因此济南有趵突泉）、雩婁（地名）、符離（漠北边塞的名字）、陎隻（地名）、羸偻（地名）……

⑥ 圆形的器皿、物件：鍋鑹、鞣䩮（圆形的鞋）、枸簍、罛䍡、瓯簍（圆形竹器）、普鲁（枝条编成的圆形器皿）、栝落（圆形竹筐）、蒲篮（扁圆形盛器）、瓿甊（小瓮）、瓯瓿（盛酒的小陶器）、樓落（圆杯）、鉤䰯（旧式房屋的窗格）、叵罗（酒器）、鹿盧（一种宝剑）、屬鏤、蠾蝓（这两者指短剑）、𫋊䮫（挡水板）、疙瘩、囫囵（圆形事物）、完全……

⑦ 圆形的食物：谷仑块、餢饈、逼逻（这三者都指面食）、波波（面食）、餺飥（汤饼）、䴷䴸（指一种油炸面食）、囫囵吞枣（又可写作鹘仑吞枣、浑沦吞枣）……

⑧ 圆形的船、车、轮子、车篷等：舸艛、舸艛、輷辏、輷簍、枸簍（指车）、蔿蔞、矩蔞（形似车轮，用于校正车轮的器具）……

根据经验可知，凡是“圆”的都可旋转，因此 guǒ luǒ 就有了“转动”义，这就从静态语义域的“圆”衍生到了动态语义域的“转、动、掉”等，如：轂轮、辘轳、轂辘、轱辘、碌碡、磟碡、辏辘（井上吸水器）、辘辘、蒲庐、蒲庐（这两词意为快捷地转动）……

也可指转动时发出的声响，从而衍生出很多表示因转动而发出声响的物体名称，以及其他拟声词（包括含糊不清的音），如轣辘（形容车轮或

> 轆轳的转动声）、轠轆（车轮的转动声不绝于耳）等，以及如下拟声词：骨碌、骨碌碌、骨碌骨碌、咕噜、咕噜咕噜、呼噜、呼噜呼噜、嘟噜、嘟噜噜、秃噜、秃噜噜、布噜、布噜噜、噗噜、噗噜噜、糊涂、累累、历历……
>
> ⑨ 曲、弧之物（人们运用部分代整体的转喻性思维，从“圆”引申出了“屈曲、弧形”等义）：句廉（水岸曲折之处）、蒚蔞（曲尺）、苻蒌（树木屈曲）、穹隆、坑洞、覶縷、䙲縷（这两者指弯弯曲曲）……
>
> ⑩ 圆全之物是浑然一体的，它相对于挺直的事物体型显得较为短小，人们又从语义域“圆”隐喻性地衍生出语义域 “短小”，如：棳儒（梁上的短柱）、蠾蝓（体型短小的蜘蛛）、偊旅、侏儒（这两者都指身材短小的人）；还可喻物指混沌不明，喻人指表达模糊，如：囫囵（说话含糊不清），婁羅、嗹嘍、謰謱、啰哰（这四者都指言语含混不清，支离琐碎）……
>
> 圆形之物也可呈展开之状，如饼类的食品，如餺饠、波波、不托、餺飥……

等等（读音与解释详见下文）。程氏认为，字音先于字形，文字用于记录语音，因此语源学不必仅探究何字为源。他采用“广求同例，观其会通”的方法，以说明古人在命名圆形之物时常用 guǒ luǒ 的语音形式（亦有例外），这真是：

> 屡变其物而不易其名，屡易其文而弗离其声。

他就这样基于“声音通转”的原则揭示了事物名称与其读音之间的理据性关系，以此来说明若事物形态、性状等相同或相类，其名称读音也相同或相近的道理。这也充分证明了在汉语（乃至其他语言）中“音、义”之间的关系并不像索绪尔（1916）所说的那样“任意性为第一原则”，而是具有理据性的，这就是当今认知语言学和体认语言学所论述的“像似性（iconicity）”，这一观点既具有理论研究上的突破性，也在语言教学中具有实用性。

程氏突破了在单音节字中进行传统音义研究的局限，将其上升到词语层面来系统梳理其“同条共贯”的有机联系，尝试从社会学、文化学、历史学、民俗学、语言学等角度较为系统地探索古人“称名辨物”的演变过程，溯其源，沿其流，梳理出 guǒ luǒ 在各类文献和方言中孳乳繁衍成词的基本情况，较为全面地收录汉语中的这一转语现象，其中不乏部分心理因素的分析，发人深省，顺应了清代学者为训诂学所确立的

以致用为宗旨，以创新为己任，以求证为约束

的研究目标和探源方法。这种以音义关系来贯通训诂的方法，打破文字的障碍来探求语源，使得汉语中诸多圆转之物的称名得到了合理的解释。程氏的这一研究成果使得人们大开眼界，也使我国的训诂研究从“字源学（单音词）”进入“词源学（双声叠韵、双音词、复音词、连绵词）”的新领域，从而也使这门学科的内容更为全面和系统。《果赢转语记》对于语源研究具有重要的历史意义，学界称其为训诂学上的一朵奇葩，标志着语言学研究中词源学的正式问世，具有划时代的历史意义。

正如清代著名训诂学家王念孙（王引之的父亲，著有《叠韵转

语》[①]，王氏家族素有“祖孙鼎甲，父子鸿儒”“一门绝学，两代宗师”的盛誉，）在为程氏该书作跋时指出：

故《果蠃转语》实为训诂家未尝有之书，亦不可无之书也。

王氏高度赞誉该书，将其视为“实在是训诂学界未曾有过的书籍，也是不能不读的书”，可见它对于研究训诂学之重要性。笔者每每读来，感受颇深，为 200 多年前我国学者就有这样的智慧而感叹不已。这朵奇葩为清代训诂学家所总结出来的“同声相训，音近义通”“音同则义同，音近则义近”的语源规则作出了最好的注解。

另外，程氏在这本书中根据 guǒ luǒ 音一共述及多少个连绵词，好像学界并无一致看法，如房建昌于 1983 年在《程瑶田与〈果蠃转语记〉》一文中认为基于果蠃音衍生出 250 个连绵词；朱星在 1983 年《河北大学学报》第 4 期撰文《论转语与词源学》，认为是 200 多个；庄华峰于 2000 年第 2 期的《清史研究》中载文《程瑶田的汉学成就与治学精神》照搬了 250 这个数字；林开甲于 1990 年在《渭南师范学院学报》第 2 期撰文《读〈果裸转语记〉》，认为据此音孳乳衍生出约 300 条连绵词；马秉义于 2001 年在《解放军外国语学院学报》第 6 期发表的《果裸转语与 R 词族比较》一文中认为，这个原始语根系联出了 200 多个词、1000 多个字的庞大语族。他还据此得出结论：语言不是任意的。这便是认知语言学所论述的“像似性”。后来他（2018）又在《英语词汇系统词典》中再次论述

① 它与戴震的《转语二十章》、程瑶田的《果蠃转语记》构成了乾嘉学派那个时期的三部以“转语”为题的专著，它们亦已成为我国训诂学研究中的经典作品。

了这一观点。我们经过反复调查和核实，认为较为准确的数字是 332 个。

但程氏该书也有美中不足之处，似有“收集整理之功有余，分析解释之力不足”之嫌，材料丰富但观点稀缺，有些转语似有牵强之嫌，并未梳理出这些转语词之间的音变规律；且仅以音系法为准作平面性研究也有不妥（如汉语中也存在大量义通音不近的现象），缺少条分缕析的系统梳理。为此笔者与研究生蔡琴试用认知语言学中的隐转喻理论且结合词义变化的辐射型和连锁型规律，来系统解读“果赢”词族中的衍生规律，以便能更清楚地认识我国古人所遵循的“声随形命，字依声立”的认知机制，这也算是一次破天荒的尝试。

因此我们认为，程氏这本旷世之作——《果赢转语记》也可视为当今认知语言学家所论述的“音义学（phonosemantics）”之先声，这也为我们更好地理解“语言符号像似性”提供了有力的佐证。因此我们花了很多精力和大量时间十数次反复校对原文，尝试将其转译为现代汉语，且用对照版的格式收录于此，以飨读者，让更多的学者认知到这本书的价值。

将古汉语的繁体文字（包括生僻字、现已废而不用的字等）转换成现代汉语电子版，所遇到的问题比想象的要大得多。为保证原文的正确性，我们专门请四川外国语大学中文系周文德教授多次校对；还特邀西南大学文学院的杨怀源教授于 2017 年 11 月 29 日来我院讲学，专题介绍和解读《果赢转语记》，此后还请他仔细通读并修改我们的现汉译文，在此一并深表感谢！还要向当初推荐笔者阅读程氏这本书的蔡镜浩教授致谢！

但由于笔者水平有限，在转录和翻译的过程中一定还会有这样或那样的问题，责任在我，请各位同仁批评指正。

4.《果臝转语记》古代汉语、现代汉语对照版

果臝轉語記

（清）程瑶田 1725—1814

民国二十二年安徽叢书编印处印行

雙聲疊韻之不可為典要，而唯變所適也。聲隨形命，字依聲立。屢變其物而不易其名，屢易其文而弗離其聲。物不相類也，而名或不得不類；形不相似，而天下之人皆得以是聲形之，亦遂靡或弗似也。姑以所云“果臝”者推廣言之。

《爾雅》：“果臝之實栝樓。”高誘注《呂氏春秋》曰：“穗，果臝也。”然則果臝之名無定矣，故又轉為蠣臝、蒲盧，細腰土蜂也。《爾雅》作“果蠃”，又轉為鳥名之果臝，又轉為溫器之鍋鑹。栝樓，果臝之轉聲，疾讀之則“瓜”也，轉之為“瓠瓡”，《爾雅》云“鉤，藤姑”，是又轉為螻蛄，謂之蛞螻也。又轉為蛙名之螻蟈。又轉為舟名之舸艈；又轉為《莊周書》之“痀僂丈人”；又轉為岣嶁衡山；又轉為笑眴瞜；

【译文】

双声、叠韵不是恒定不变的准则，而是不断变化的。读音是根据事物的形状来确定的，字要依据读音来确定。事物多次变化但其名称不变，多次改变其文字但读音不变。事物可以不是同一类的，但名称可以相似。事物的形状虽不相同，但天下之人都可以通过声音来表达它，没有不是这样的。姑且用所说的“果蠃”来推演讨论。

《尔雅》：“果蠃（guǒ luǒ，植物名）之實栝樓（kuò lóu）。”高诱给《吕氏春秋》作注说：“穂，果蠃也。”这样看来“果蠃”的名称是不固定的，因而又转为“蜾蠃”（guǒ luǒ）、“蒲盧”（pú lú，即果蠃），指一种细腰的土蜂。《尔雅》中写作“果蠃”（guǒ luó），又转为鸟名的“果蠃”（guǒ luó），又转为加热的器皿“鍋鑹”[①]。“栝樓”是“果蠃”语音的变化，如果急速地读便是“瓜”，又转为“㼒瓜瓡”（gōu lóu）。《尔雅》中说：“鉤（gōu），藈姑（kuí gū）。”这又转为“螻蛄”（lóu gū），又叫“蛞螻”（kuò lóu）[②]。又转为蛙名“螻蟈”[③]（lóu guō），又转为船的名字“艄艫”（gōu lù）。又转为《庄周书》中的“痀僂”（gōu lóu）丈人”的“痀僂”。又转为“岣嶁”（gǒu lǒu），指衡山；又转指笑的样子“眗瞜”（xū lóu）；

---

① 见《集韵》。

② 出自《方言》。

③ 《月令》说：“仲夏时，螻蟈开始鸣叫。”《经典释文》引蔡谟的解释：“螻，螻蛄；蟈，蛙也。”《夏小正》：“三月时分，𪏭开始鸣叫。”《传》：“𪏭，天螻也。”《尔雅》也说：“𪏭，天螻。”注：“螻蛄。”《易通卦验》作“小满，螻蛄鳴”。可见诸多说法和郑玄的说法不尽相同。（按：螻蛄就是土狗。我们歙县叫作“剜田狗”。我曾见到北方四五月时大旱，后下了小雨，但没有湿透，又烈日曝晒，蒸汽升腾，籽实中就长出土狗，啮食麦根，麦子就枯萎了。）

又轉為車枸簍，車𨌆也；又轉為鄭氏《輪人》注“輪中萬蔞則不匡剌”；又轉為《匈奴傳》之“拘留漢使”“句留”“拘攣”皆語之轉也。

又轉為《東夷傳》之“高句驪匈奴”；又有“車犁單於”也；又轉為“俱盧”，突厥致書隋文帝曰“伊利俱盧設莫河始波羅可汗”；

又轉為“諸慮，山櫐”；又轉為《東方朔傳》之“偊旅”；又轉為盧江之雩婁縣；又轉為“茹蘆，茅蒐”；又轉為《趙充國傳》之“句廉”；又轉為《春秋外傳》之“罛罜”“蒲盧”，亦蜾蠃之轉聲也；轉之為《吳國語》“民移就蒲蠃於東海之濱”；又為“蚹蠃螔蝓”；

又转为“枸簍”（gǒu lǒu），指车[①]，就是车軬（fàn，即车棚）；又转为郑玄在《轮人》注中所说的“轮中‘萬蔞’，则不匡剌”[②]的“萬蔞”；又转为《匈奴传》中的“拘留汉使”的“拘留”，“句留”（逗留，停留）、“拘攣”（jū luán）都是来自语音的转化。

又转为《东夷传》的“高句骊（匈奴）”；匈奴君主又有“车犂单于（chán yú）”；又转为“俱卢”。突厥给隋文帝写信说：“伊利俱卢设莫河始波罗可汗。”[③]

又转为“诸慮（lù）、山櫐（lěi，古书上说的一种藤蔓植物[④]）”；又转为《东方朔传》的“偶旅”（yǔ lǚ[⑤]）；又转为庐江的“雩婁”（yú lóu）县；又转为“茹藘、茅蒐（sōu，茜草，一种中药）”；又转为《赵充国传》的“句廉”（堤岸曲折不平）；又转为《春秋外传》的“罛罶（gū lǒu，竹编成的器皿）”“蒲盧（即果蠃，一种细腰的蜂）”，也是“蜾蠃”的音变；又转为《吴国语》中“民移就‘蒲蠃’于东海之滨”的“蒲蠃”（pú luǒ）[⑥]；又转为“蚹蠃螔蝓”（fù luǒ yí yú，蜗牛类的软体动物[⑦]）；

① 出自《方言》。

② 制作车轮子，符合萬蔞（yǔ lǚ，正轮之器），就不会扭曲。

③ 《困学纪闻》引这“始波罗”作“沙钵略”。笔者曾为其考证说：“伊利、俱卢，就是所说的双声叠韵。伊俱、利卢是双声，伊利、俱卢是叠韵。然而根据声母来说，‘伊’是影母，是喉音；‘俱’是见母，是牙音。牙、喉声母是不同的。现在用这个来证明，那么这两个声母是不能另外判断为两类声母的，因此更加信服戴东原的看法。他认为见母为喉之发声，影母为喉之收声，这是认识到了自然的发音部位。”

④ 见《尔雅》。

⑤ 颜师古作注说：“指身体弯曲的样子。”

⑥ 韦昭作注说：“蒲，深蒲也；蠃，蚌蛤之屬。”将两个字分开解释，是不对的。《夏小正・传》说：“蜃，蒲卢也。”现在山西平阳府人把蚌蛤叫作“蒲蛤”。

⑦ 见《尔雅》。

轉之為“苃攎，收亂草也”；轉之為“扶櫑，藤”；轉之為“莞，苻蘺”；為“覭髳，茀離”，郭璞云“茀離即彌離，彌離猶蒙蘢耳”，又幕北塞名曰符離；轉之為梵言菩提，猶漢言王道也；轉之為花綻之蓓蕾；轉之為“痱癗，皮外小起”也。轉之為齊著作郎祖珽因宴失“金叵羅”，後於珽髻上得之；《舊唐書》“高宗上元二年，龜兹王獻銀頗羅”，轉之為餺饠，北方呼波波也；轉之為汨灑江；轉之為縛茢、為莩籠以居；轉之為北方之普魯蓋，大栝棬，南方謂之蒲籃也；轉之為蓬薄，《方言》云“薄，謂之苗，南楚謂之蓬薄”。

《毛詩傳》所謂“萑葦可以為曲”者也；轉之為屋欂櫨；為“瘣木苻蔞”；又為“部婁無松柏”，部婁，峿嶁也；淳於髡見穰田者之祝，在《史記》曰“甌窶”，在《說苑》曰“蟹螺”，又转为“蒩蘆”（pú lú），指收乱草；转为“扶櫑”，指一种藤；转为“莞（guān）”，即“苻蘺”（fú lí，蒲草名，茎可编席），转为“覭髳”（míng máo，草木丛生貌），即“茀離”（fú lí）。[①]郭璞说：“茀離”就是“彌離”，就是“蒙蘢”（méng lóng）。“符離”还可用以指漠北的边塞名[②]；又转为梵语的“菩提”，如同汉语说的“王道”[③]；转为花绽放的“蓓蕾”；转为“痱癗”（fèi lěi），指皮肤上的小疹子。转之为齐朝著作所说的郎祖斑因宴会而丢失的“金叵羅”（jīn pǒ luó，金制酒器），后来在他的发髻上找到了[④]；《旧唐书》中写道：“唐高宗上元二年，龟兹王敬献银颇罗（yín pō luó，银制酒器）。”转为“饆饠（bì luó，原指抓饭，后亦称饼类）”，北方叫作“波波”；转为“汨灑江”的“汨灑”；转为“縛茆（fù máo，简陋的房屋）”，住在“葶籠”（bí lóng）里；转为北方的“普魯蓋”，指大杯圈，在南方叫作“蒲籃”（一种用竹篾、柳条等编制的扁圆形盛器）；又转为“蓬薄”，《方言》中说：“薄，也叫作苗（蚕箔），南楚把它叫作‘蓬薄’。”

就是《毛诗传》中所说的“萑苇可以为曲”中的“曲”。又音转为房子上的欂櫨（bó lú，指房屋柱上承托栋梁的方形短木）；又转音为“瘣木（huì mù）苻蔞（fú lóu）”中的“苻蔞”，指无枝而有瘤的病木；又转为不长松柏的“部婁（bù lóu，小山丘）”，就是“培塿”（péi lǒu）；淳于髡（kūn，为齐国大使的名字）看见祈祷田神的人在一个地方祭祀，这在《史记》中称为“甌窶（ōu lóu，狭小的高地）”，在《说苑》里称“蟹螺”，

---

① 均见《尔雅》。

② 见《武帝纪》。

③ 见《广韵》。

④ 见《合璧事类》，载《闻见录》。

說者以為“猶杯樓”也。

又轉之為“解果其冠”；又轉之為瓿甊，甖；又轉之為“甌瓿，謂之瓵”；又轉之為匈奴居甌脫，余以為卽今之蒙古包；《方言》之“垂甌”，《國語》之“垂櫜”，余以為皆儋物之囊也；又轉之為《詩·王風》“有女仳離”；又轉之為笓箣織竹以障者；又轉之為《方言》之“桮落”，桮落，豆筥也；又轉之為“蜌廲”，蚌長而狹者為廲；又轉之為“菝，芘芣”；為“蚍蜉，大螘”；又轉之為“荷，芙蕖”；又轉之為竹孚俞，鮫人所織綃也；為“扶揄長劍”“扶揄屬鏤”，余謂“屬鏤”，短劍也，卽所謂鹿盧之劍也；《專諸傳》“以匕首刺王僚”，匕首，短劍，長尺八寸，解释的人就认为如同“杯楼”（小土堆）。

又转指为“解果其冠”[1]（指狭小的高地，还可指中间高两旁低的帽子）；又转为“瓿甊”（bù lǒu，小瓮），就是“罂”（yīng，古代用来盛酒的一种陶器）；后来又转为“甌瓿（ōu bù），谓之瓵”的“甌瓿”（小罂）。又转指“匈奴住在瓯脱里”的“瓯脱”（ōu tuō），我认为就是现今的蒙古包。《方言》中说的“垂瓯”和《国语》中说的“垂橐”（chuí gāo，倒挂的弓箭袋），我认为都是指装东西用的口袋；又转为《诗·王风》中的“有女仳離”（pǐ lí，形容女子遭遇凶年被丈夫抛弃）；又转为笓篱（pí lí），就是用竹子编织而成的遮挡外物的篱笆；又转指《方言》中记载的“桮落”（bēi luò），就是豆筥（jǔ，盛物的圆形竹筐）。又转变为“螷蠯[2]”（bì pí，一种俗称“马刀”的蚌类），蚌长且瘦窄的就称为蠯[3]；又转为“荍”（qiáo，一种艳丽的花草），又叫“芘芣”（pí fú，即锦葵）；又转为“蚍蜉”（pí fú，白蚁的别称），即大螘（yǐ，指大蚂蚁）；又转为“芙蕖”（fú qú），为一种荷花；又转为“竹孚俞”（指竹子里面那一层白色的薄膜），传说是鲛人纺织所用的一种原料[4]；后又转为“扶揄长剑”“扶揄屬鏤”（shǔ lòu，指一种短剑）中的“扶揄”（指古代的一种长剑）。我认为“屬鏤”即短剑[5]，就是所说的鹿盧宝剑。《专诸传》里说“用匕首去刺杀秦王”，匕首，是短剑，长一尺八寸。

---

① 见《荀子》。

② 见《尔雅》。

③ 见郭璞注。

④ 见刘渊林《吴都赋》注。

⑤ 《左传》里记载古代君王赐臣子属镂短剑以自刎。

故左太沖賦曰："勇若專諸，扶揄屬鏤。"呼匕首為屬鏤，是屬鏤短劍也，扶揄蓋劍室也。荊軻持匕首揕秦王，王拔劍，劍長，操其室，左右曰："負劍！"遂拔以擊荊軻。故零陵令上書云："陛下扶揄長劍以自救。"謂操室拔劍也。

案《少儀》賜人若獻人劍，"則啟櫝，加夫襓與劍焉"。鄭注："夫襓，劍衣也。"劍衣卽劍室，豈卽扶揄歟？揄、襓，其一聲之轉歟！

又轉為華貌之敷蕍，又謂之蘆蕍，《吴都賦》作"蘆蒟"，余案：《方言》云："摳揄，旋也。秦晉凡物樹稼早成熟謂之旋，燕齊之間謂之摳揄。"昔吾友戴東原語余云："夫政也者，蒲盧也，蒲盧，轉變捷速之謂。"然則摳揄卽蒲盧之轉，戴氏之云與《方言》合矣，抑"摳揄"之為旋也。

更得推而論之，《爾雅》："扶搖謂之猋。"又曰："迴風為飄"。夫迴風，旋風也，扶搖卽摳揄，聲相通者也。然則扶搖卽迴風。猋之與飄，《爾雅》互釋，非有大異。故《莊周書》云："摶扶搖而上。"又云："摶扶搖羊角而上。"蓋言迴風而又以羊角狀回旋之形也。郭璞《江賦》"鸚螺蜁蝸而蝌蠃"，又名螔蝓。由是言之，螔蝓者，蠃之旋；

因此左太冲作赋说："勇若专诸，扶揄属镂。"这里称匕首为"屬鏤"，指短剑；"扶揄"，指剑鞘。荆轲持匕首去刺杀秦王，秦王去拔自己随身佩戴的宝剑，但因剑过长只握住了剑鞘而无法拔出，左右的大臣急忙提醒说："把剑往后倒着推一下。"秦王于是拔出了宝剑，刺伤了荆轲。后来零陵的县令上书说："陛下用长剑解救了自己。"指的就是握住剑鞘拔出宝剑。

按《少仪》记载：将宝剑赐人或进献于人，"就开启剑匣，加剑衣，连同宝剑一起给他"。郑玄在注里说"'夫襓'（ráo，剑套），指剑衣"，剑衣即剑鞘，难道不就是指扶揄吗？揄、襓，大概是同一声母，而读音发生了变化吧！

又转为"敷藴"（fū yú）或"藴蒍"（fū yú），形容花开繁盛的样子，《吴都赋》写作"蘲蘛"（fū yù）。我认为，《方言》说："摳揄（kōu yú），是旋的意思。在秦晋地区凡是植物庄稼，早熟的称为'旋'，燕齐地区称为'摳揄'。"昔日我的老朋友戴震告诉我说："处理政事，犹如'蒲庐'，就是转变快捷迅速的意思。"那么，"摳揄"就是"蒲庐"的转音，戴震的说法和《方言》里的解释是相合的，如同"摳揄"为"旋"之义。

还可进一步推论：《尔雅》说"扶摇直上的样子称为猋（biāo）"，又说"来回反复的风叫作飘"。"迴风"就是"旋风"，扶摇就是摳揄，两者语音相通，那么扶摇就是迴风。猋和飘，在《尔雅》里这两个字可相互解释，并没有什么大的不同。因此在《庄周书》中说"抟（tuán，本意是指凭借，也指把东西揉弄成球形，或鸟向高空盘旋飞翔）扶摇而上"，又说"抟扶摇羊角而上"，都说的是迴风，又用羊角来形容回旋飘摇而上的样子。郭璞在《江赋》里说"鸚螺蛇蜗（xuán wō，像鸚一样的小螺，有旋转的螺纹）而叫蚹蠃（fù luǒ，蜗牛类的软体动物）"。"蚹蠃"，又叫"螔蝓"（yí yú）。据此可以推论，螔蝓，指虫类的形体有旋转的样态；

扶搖者，風之旋；摳揄者，物樹稼早成熟之旋。旋之在物候與其在氣，及在物形者，固可以一其名也。

又轉之為《方言》云“怤愉，悅也”；又漢詩“顏色正敷愉”；又轉之為《莊周書》“呴俞為義、傴拊之民”；《王褒傳》“嘔喻受之”，嘔喻，和悅貌也。余謂嘔喻、噢咻，蓋語之轉，而一為貌，一為聲者。大凡肖形繪狀，皆若有聲，以傳之，故《後漢書·禮儀志》注引《漢書儀》言：“顓頊子為疫鬼，一居人宮室區隅漚庾，善驚人小兒。”漚庾之義，人所不詳。余以為音同嘔喻，蓋鬼作聲也。

孚俞轉之為蚨虶，蚨虶，蚰蜒也。又轉之為《六韜》之扶胥。案《夏官·司戈盾》云：“及舍，設藩盾，行則斂之。”注云：“盾可為藩衛者，如今之扶蘇歟？”扶蘇卽扶胥也。《司兵》云：“掌五兵五盾。”注云：“五盾，干櫓之屬，其名未盡聞。”《越絕書》云：“句踐作榮楯以獻夫差，夫差受之以飾殿。”《說文》云：“楯，闌檻也。”《吳國語》云：“建肥胡，奉文犀之渠。”韋昭注云：“文犀之渠謂楯也。”《後漢書·袁紹傳》：“皆蒙楯而行。”

扶摇，指风旋转飘摇的样态；傴揄，指树和庄稼从生到成熟的快速转变。所以“旋”用于物候，用于物之气“风”，与用在事物的形体上，本来就可以用一个名称来指称。

又转变为《方言》所说“怤愉，悦也”中的“怤愉”（fū yú，指人高兴的样子）；又转变为汉诗“颜色正敷愉”中的“敷愉”；又转为《庄周书》中“呴俞为（按：当为仁）义”“伛拊之民”的“呴俞”（xǔ yú，化育爱抚），或写作“伛拊”。《王褒传》里说的“嘔喻受之”，“嘔喻”（xū yù）指和悦的样子。我认为，“呕喻”“噢咻”（yǔ xǔ，抚慰病痛），都是语音的转变，一个指样貌，一个表示声音。凡是描形绘状，都是根据声音来表达。因此《后汉书·礼仪志》注中引用了《汉书仪》中的说法：“颛顼（zhuān xū）的一个儿子死后化为疫鬼，常独自待在人家房屋角落“漚庾”（ōu yǔ），擅长去恐吓小孩子。”很多人都不知道“漚庾”的意义，我认为它和“嘔喻”读音相同，指鬼在发声喊叫。

“孚俞”（竹中的白色薄膜）转变为“蚨虶”（fú yū），“蚨虶”就是“蚰蜒”（一种百足虫）；又转变为《六韬》里的“扶胥”（fú xū，同“扶苏”）。按照《夏官·司戈盾》里的说法：“到了驻地，就设置保护的屏障，继续行军时就收起来。”注说[①]：“盾，是一种作为屏障的器具，不就如同现在的扶苏吗？”“扶苏”就是“扶胥”。《司兵》里说：“掌管五种兵器、五种盾牌。”郑玄注说：“五盾，指干、橹一类的武器，具体名称没有全部听说过。”《越绝书》里说：“勾践制作了一个荣楯（华美的栏杆）献给夫差，夫差接受了，用来装饰宫殿。”《说文解字》里说：“楯，阑槛（lán jiàn，即栏杆）。”《吴国语》记载：“插上又窄又长的旗帜，举着饰有犀牛角的盾牌。”韦昭在注里说：“文犀之渠，指盾牌。”《后汉书·袁绍传》说：“都蔽于盾牌后行军。”

---

① 郑玄注。

注云："楯，今之旁排也。"《左傳·襄公十年》："狄虒彌建大車之輪，而蒙之以甲，以為櫓，左執之，右拔戟，以成一隊。"注云："櫓，大楯。"《詩·秦風》："蒙伐有苑。"《傳》云："伐，中干也。"《疏》云："櫓是大楯，故伐為中干。干、伐皆盾之別名。"《釋文》："伐本亦作瞂。"合數說觀之，盾、楯二字相通。而《說文》則以盾為"扞身蔽目"之盾，以楯為"闌檻"之楯。余謂闌檻之楯，卽鄭氏所謂"扶蘇"。《司戈盾》職云："設藩盾"者，蓋亦在五盾之中，不別異也。五盾異於五兵者，鈍而不銳，故有櫓之名歟？然則五盾者，干、櫓之外又有瞂、渠，其諸木械有終葵首者，皆盾之類歟？荷言芙蕖者，殆有似於扶蘇矣。扶蘇之名，蓋排列諸盾以為衛歟？

又轉之為《左傳》"蒲胥之市"，《呂氏春秋》作"蒲疏"，今市廛外一面以其半為門，晨則盡闢之，餘一半闢其上方為牖，下則板闌之而出其舌，圍之以短檽，謂之鉤鬚，注[1]说："楯，就是今天的旁排（一种防御武器）。"《左传·襄公十年》中说："狄虒（sī）弥做了一个车轮子，用皮甲蒙住当作盾牌，左手握它，右手握戟，自成一队。"注[2]说："橹，大的盾牌。"《诗经·秦风》里说："画有花纹的盾牌很华美。"《毛传》："伐，中等的盾牌。"《疏》[3]里的解释是："橹是一种大的盾牌，伐是中等的盾牌。干、伐都是盾的一种别称。"《经典释文》[4]里说："伐，本来也写作瞂（盾牌）。"综合以上各家的观点，"盾""楯"两个字是相通的，而《说文解字》把"盾"解释为护卫身体、遮蔽眼目的盾牌，把"楯"解释为栏杆。我认为表示栏杆的"楯"就是郑玄所说的"扶苏"。《司戈盾》里说"设置藩盾"，大概这种盾也属于五盾之中，没有其他的不同。五盾与五兵不同，是因为盾是钝的，不尖锐，所以才有"橹"的名称吧？那么五盾，除了干、橹之外，还有瞂、渠，众多木制刑具上的"终葵首"（椎头），都与盾是一类的吧？荷称之为"芙蕖"，大概类似于扶苏。"扶苏"这个名称，大概源于排列许多盾来护卫的意思吧？

又转为《左传》"蒲胥之市"的"蒲胥"，《吕氏春秋》中作"蒲疏"。现在市廛（chán，集市）外的一面，以其一半作为门，早晨就全部打开，剩余的一半在上方开个窗户（牖 yǒu，窗户），下面就用木板拦住，露出其开关，用短櫺（líng，旧式房屋的窗格）围起来，叫作"鉤鬚"（gōu xū），

① 李贤注。
② 杜注。
③ 孔颖达作。
④ 陆德明著。

殆是物歟？伍子胥名員，其音近“云”。《說文》有“䰟”字，謂“物數紛䰟雜也”，然則伍員蓋紛䰟之字，疏穤紛䰟，故字之曰子胥，胥、疏字相通也。

又轉之為宮隅城隅之角“浮思”，蓋鄭康成氏注。其注“疏屏”，亦曰：“今浮思，漢時東闕浮思災是也。”余謂浮思與扶胥、扶蘇義不大異。字又作罦罳，形殆如罔罟歟？《集韻》：“蒲篨，小竹網。”《月令·季春》：“罝罘羅網毋出九門。”罝罘猶罦罳也。《匈奴傳》：“公孫賀至浮苴井，不見匈奴一人。”“浮苴”蓋“罝罘”之互轉，余以為井上闌也。《列子》之“蒲且”，卽《莊子》之“佘且”，《史記》《說苑》之“豫且”，一物也。蓋古之漁人而又善弋射者，字之以其能歟？《左傳》“于思”，杜氏以為“多鬚之貌”，亦可與浮思相通轉矣。

又轉之為臺夫須；又轉之為蒲梢之馬；又轉之為婆娑，舞也；“容與”亦“嘔喻”之轉，王逸注《離騷》以為“遊戲貌”也；“容裔”亦“容與”之轉，旌旗高低之貌也；又轉之為茱蓊萸，大概就是“蒲疏”吧？伍子胥名为員（yún），它的音和“云”相近。《说文》中有“䉙”字，解释为“谓物数纷䉙”，是杂错的意思。那么伍员即为“纷䉙”，指疏朗的窗棂交错，因而取字为“子胥”，“胥”和“疏”这两个字是相通的。

又转成意为“宫殿、城池角落”的“浮思”（古代设在宫门外或城角的屏障，用以守望和防御），可能是郑康成在注中说的。他给“疏屏”作注时也说：“疏屏”就是今天的“浮思”，就是“在汉代东面宫阙的浮思处曾发生过灾祸”中的“浮思”。我认为“浮思”和“扶胥”“扶苏”在意义上没有多大的区别。文字上又可写作“罦罳”（fú sī，宫阙中花格似网或有孔的屏风），形状大概就如同捕鱼或捕鸟兽的工具“网罟”（wǎng gǔ）。《集韵》曰：“蒲簁（shī，古书上说的一种竹），小竹网。”《月令·季春》曰：“农历三月，罝罘（jū fú，泛指捕兽的网）、罗网，禁止带出九门。”“罝罘”犹如“罦罳”。《匈奴传》曰：“公孙贺至浮苴井，不见匈奴一人。”“浮苴”（fú jū，腐草，苴麻），大概是“罝罘”的颠倒转化，我认为是井栏。《列子》中的“蒲且”（人名，相传是古代善于射鸟的人），就是《庄子》中的“余且”（古代神话中的渔夫），《史记》和《说苑》中的“豫且”，它们指的是同一事物。大概是古代以打鱼为生而又擅长射箭的人，用他的技能来作为他的字！《左传》中的“于思”，杜氏认为是“胡须很多的样子”，也可以和“浮思”相通转。

又转成意为“台草”的“夫须”；又转为骏马名“蒲梢”；又转为“婆娑”（pó suō，形容盘旋和舞动的样子；枝叶纷披的样子），是舞动的样子；“容與”（徘徊犹豫）也是“嘔喻”（xū yù，和悦的样子）音转而来。王逸在给《离骚》作注的时候以为是“游戏的样子”。“容裔”（róng yì）也是从“容與”转过来的，指旌旗飘扬的样子；又转为“茱萸”“茱萮”（植物名），為豬薟，花貌；為朱獳獸，侏儒短人，《釋名》云："棳儒猶侏儒，言梁上短柱也。"《方言》："自關而東，趙魏之郊，鼅鼄或謂蠾蝓。蠾蝓者，侏儒，語之轉也。北燕、朝鮮、洌水之間謂之蝳蜍。"余謂"蝳蜍"卽"蠾蝓"之轉，是故屬鏤余以為劍之短者，屬鏤猶蠾蝓也。又轉之為遏水版之"阝朱膢"，縣名之"阝朱陵"；孚俞又轉之為"蜉蝣渠略"；又轉之為氍毹；又轉之為漢臺榭，在甘泉山，曰儲胥，余謂"儲胥"猶"浮思"也。

元封間，於林光宮增通天、迎風、儲胥、露寒，《西京賦》極形其高，言伏櫺檻以俯聽雷霆，儲胥蓋指其櫺檻以名之。吳王夫差作姑蘇臺，《越絕書》謂之"姑胥之臺"，蓋先漢而為儲胥者，蘇、胥字相通也。又轉之為禽獸奔走之"騤瞿"；又轉之為出隧"蘧蔬"。《禹貢》："析支渠搜。"《方言》："杷謂之渠挐，或謂之渠疏。"余謂此皆以手擬之，渠挐、渠疏並拳爪之謂，巴則手掌也，握物謂之把，指爪微屈焉謂之爬，此杷之所由名也。然巴之字，余以為始於草木之花；手似之，故謂之巴。籬落編荊蘆若竹為之，或“豬蒲”（zhū yú），花的样子；又转为“朱獳”（zhū rú），指一种异兽；转为“侏儒”，指矮小的人。《释名》中说：“棳儒（zhuō rú），就像‘侏儒’，指梁上的短柱。”《方言》：“自关而东，赵魏之郊，‘鼅鼄’（zhī zhū，蜘蛛的别名）也可叫作‘蠾蝓’（zhú yú），它是侏儒这个词的转语。北燕、朝鲜、洌水之间称之为蝳蜍（dài chú）。”我认为“蝳蜍”就是“蠾蝓”的音转，“屬鏤”（shǔ lòu）指短剑，“屬鏤”如同“蠾蝓”。又转为挡水板的“腞膢”（shū lǘ），县名的“陎陵”（shū lóu）；“孚俞”又转为“蜉蝣”，即“渠略”（朝生夕死的一种虫子）；又转为“氍毹”（qú yú，指用一种毛或杂有其他材料织成的毯子）；又转为汉代的台榭（tái xiè，古代将地面上的夯土高墩称为台，台上的木构房屋称为榭，两者合称为台榭）名，在甘泉山上，叫作“储胥”（chǔ xū），我认为“储胥”如同“浮思”。

元封年间，在林光宫增加了通天、迎风、储胥、露寒四个宫馆。《西京赋》里极力形容它们的高峻，说可倚靠在栏杆上俯听雷霆。储胥大概是根据宫馆上的櫺檻（棂槛 líng kǎn，栏杆）来命名的。吴王夫差修筑了姑苏台，《越绝书》中称之为“姑胥之台”，在西汉叫作“储胥”，大概是因为“苏”“胥”这两个字相通。又转为“騤瞿”（kuí qú），指禽兽奔走的样子；转之为“出隧，蘧蔬”的“蘧（qú）蔬”（一种植物，似土菌，生于菰草中）。又转为《禹贡》中“析支渠搜”的“渠搜”（qú sōu，指古西戎国名）。《方言》：“杷叫作‘渠挐’（qú rú），或者叫作‘渠疏’（农具名，就是杷）。”我认为这些名称都是用手来比拟，“渠挐”“渠疏”都是用拳、手来命名的，巴就是手掌，握住东西叫作“把”，手指微微弯曲就称为“爬”，这就是“杷”得名的缘由。然而“巴”这个字，我认为最初是得名于草木之花；手像草木之花，因此叫作“巴”。篱落，是用荆条、芦苇与竹条编成的，如掌然，亦謂之笆。巴蛇食象，必其首大如拳，掌之大於手，故以名之。《說文》謂“字象蛇形”，未必然矣。手屈之謂之握，謂指間如屋霤也。把物謂之摠，亦謂指間如囱也。四指曰扶，謂如屋之桴，若桴筏也。扶四寸，故謂四寸為扶也。拳之謂之渠，今吾歙猶有是呼，蓋卽椎之轉聲也。《晁錯書》“布渠，荅渠”，荅者，鐵蒺藜，豈鐵椎之有刺者歟？又蠷螋，多足蟲也；氍毹，氍或作氀、毾，毹或作毵、㲣，織毛蓐曰毾㲪者也。欔疏，枝葉敷布貌也。

又轉之為“鸕鷀”，西方神鳥；為唐成公驌驦馬；又轉之為橚爽、橚森，草木盛貌；為潚箾，飛罕之形；余以為形貌中皆有聲寓之。曰“欝蓊薆薱”者，春夏之草木橚爽；橚森則秋冬之草木，橚森猶蕭瑟也；潚箾者，舉罔聲也。

又轉之為屠蘇酒；又屠蘇草庵也；又《後漢書·東夷傳》“立蘇塗”，注云：“蘇塗之義有似浮屠”也；

像手掌一样，因此称之为“笆”。至于“巴”字，巴蛇吃象时必须撑大脑袋，如同掌大于手，所以用“巴”来命名。《说文》认为“巴”字像蛇的形状，未必是这样的。手指弯曲叫作“握”，指手指之间有如同“屋霤”（liù，屋檐边的承霤，即承接屋顶上雨水的长槽）一般的空隙。握住东西叫作“摠”（zǒng），也可想象出，手指间隔之后就犹如烟囱。四指叫作“扶”，如房屋上的“桴”，就像“桴筏”（fú fá，是指渡水用的竹、木筏）。“扶”长四寸，所以把四寸叫作“扶”。“拳”称作“渠”，如今我们歙县仍然还有这种称呼，大概就是“椎”的转声。《晁错书》有“布渠”“苔渠”一说，“苔”就是铁蒺藜（一种御敌的器具），是铁锤上有尖刺的那种吗？又转为“蠷螋”（qú sōu），一种多足虫；“氍毹”（qú shū，毛织的布或地毯）、“氍”也可以写作“𣰿”“毾”，“毹”也可以写作“氀”“毲”，就是用毛或毛麻编织的毯子，叫作“毾㲪”（tà dēng）。转为“欔疏”（jué shū），意为枝叶向四面披散的样子。

又转为“鷫鸘”（sù shuāng），指西方的一种神鸟；转为唐成公的马，名叫“驌驦”；又转为“橚爽”（sù shuǎng）、“橚森”，草木茂盛的样子；后转为“潚箾”（sù xiāo，鸟网的形状），指高张的鸟网。我认为事物的形状都可用声音来比喻。“鬱蓊薆薱”（yù wěng ài fēng），指春夏草木茂盛，即“橚爽”；“橚森”指秋冬时节的草木，“橚森”犹如“萧瑟”，“潚箾”就是张开捕鸟网的声音。

又转为“屠蘇”（tú sū）酒，有一种庵也叫“屠蘇草庵”；《后汉书·东夷传》说“立蘇塗”（sū tú，古代马韩国[①]中所设置的含有神道色彩的特殊区域，逃亡者至其中即可得到庇护），李贤注：“蘇塗，就像浮屠。”

---

① 马韩国：马韩（前100—公元300年），古国名，三韩之一。在今朝鲜半岛南部，后为百济所灭。

又轉之為“籧篨”，《方言》云：“簟谓之籧𥲀，其粗者謂之籧篨。”夫簟可卷者也，故有籧𥲀之名。然既卷之則不可復曲矣，因之謂不能俯之疾為“籧篨”。籧篨卽竹孚俞，卷之為筒則曰綃，以其由織而成，故與生絲繒之綃同名。綃以生絲為之，體硬亦可卷為筒，今俗猶呼筒絹。余疑《蜀都賦》“黃潤比筒”蓋卽綃也。劍室之扶揄亦曰劍鞘，謂其為韜劔之筒也。籧廬，籧篨之轉也，其形籧曲，故曰籧廬。匈奴居穹廬，穹，籧語之轉也，旃帳穹隆然，故曰穹廬。穹廬、籧廬，一物也，竹屋草廬之類也。又轉之為囷鹿，《吳國語》云：“市無赤米而囷鹿空虛。”韋昭注：“員曰囷，方曰鹿。”余謂鹿未必方者也。又轉之為渠黎，蓋西域國名。

蒲盧又轉之為《詩·邶風》“匍匐救之”，《檀弓》曰“扶服”，《左傳》曰“蒲伏”。余謂扶伏者，謂手扶地也，蓋四指謂之扶，故以手持人曰扶。按劍曰撫劍，撫、扶通也。手摩之曰拊之，拊、撫通也。手曰扶，因之足亦曰趺，一曰跗。於是凡有足者皆曰趺，故碑足謂之碑趺也。又轉之為 擅㩧，流矢中聲也；又轉之為萊菔，溫菘根也，亦作來服，《爾雅》云“葖，蘆葩”，俗呼雹突，又转为“籧篨”（qú chú，粗竹席），《方言》说：“簟（diàn，竹席）叫作‘籧苗’（qú qū），粗劣的叫作籧篨（qú chú）。”簟是可以卷起来的，所以有“籧苗”的名称。既然卷起来了就不能再弯曲了，因此把不能弯腰俯身的疾病叫作“籧篨”。籧篨就是竹孚俞，把它卷成筒状就称作“绡”（xiāo，生丝）。因为籧篨是编织而成的，所以与由生丝织成的“绡”同名。“绡”是用生丝制成的，材质坚硬，也可以卷起来呈筒状，现在俗语中也称为“筒绢”。我怀疑《蜀都赋》中“黄润比筒”中的“筒”大概就是“绡”。剑室的“扶揄”也叫作“剑鞘”（jiàn qiào），说它是包裹剑的筒。“籧廬”（qú lú），是“籧篨”的音转，它的形状是弯曲的，所以叫作“籧廬”。匈奴人居住在“穹廬”（qióng lú，古代游牧民族居住的毡帐）里，“穹”由“籧”（qú）转化而来，帐篷圆而隆起，所以叫作“穹廬”。“穹廬”“籧廬”，指的是同一事物，即竹屋草庐一类的房子。又转为囷鹿（qūn lù，粮仓），《吴国语》中说道：“市集上没有劣质米，连囷鹿也空了。”韦昭注为：“圆的叫作囷，方的叫作鹿。”我认为“鹿”（粮仓）不一定是方的。又转为“渠黎”，为西域的国名。

“蒲廬”又转为《诗・邶风》中“匍匐救之”的“匍匐”，在《檀弓》中写作“扶服”，《左传》中则写作“蒲伏”。我认为，“扶”即“伏”，指手扶地。因为用四个手指是扶，因此用手扶持人就是“扶”，握剑就叫作“撫”剑，“撫”通“扶”。用手抚摸称为“拊”（fǔ），“拊”通“抚”。用手是扶，用脚就称为“趺”（fū），或写作“跗”（fū）。于是凡有脚的都称为“趺”，因此“碑足”也叫“碑趺”（bēi fū，指碑的底座）。又转为“擢擈”（pò bó），即飞箭射中的声音；又转为“莱菔”（lái fú，就是萝卜），就是温松的根，也写作“来服”。《尔雅》说：“葖（tū，指萝卜一类的植物），蘆葩（lú féi，又名萝卜）。”俗称“雹突”（báo tū），東魯呼菈蓮；又蜚謂之蠦蜰也；又轉之為趵突泉；又轉之為不托，一曰餺飥，《方言》云“餅謂之飥”也；又轉之為樸擈，落也；又轉之為羵羪，似羊，九尾四耳，目在背。

又轉之為陊陀，不平，陂陀，袤也；又轉之為橐駝，囊，為奇獸之橐佗，大秦國人好騎駱駝，駱駝，橐佗也。又轉之為絛脫，臂飾，今之釧也；又轉之為落魄，貧無家業；又轉之為田器之磟碡；為野馬之騊騟。《詩》“綠竹”，《韓嬰詩》謂之“綠薄”，竹、薄相轉，猶蝳、蠋之相轉也；又轉之為里革曰“罝禁罜麗”，謂小網也；為汲水木之轒轆，亦曰井上轆轤也；又轉之為滴露，野菜根，如小胡盧然；又轉之為的歷；又轉之為轣轆；為轀轆，不絕；又轉之為《南史·顧歡傳》之“婁羅”；又轉之為覶縷，或為覼縷，委曲也；為鵱鷜鵝；為羸僂縣，在交趾，羸或為贏；又轉之為篳路襤褸，东鲁称之为“菈蘧”（lā tà）；“蜚”又可称为“蠦蜰”（lú féi，一种圆薄能飞的小虫）；又转为“趵突泉”的“趵突”；又转为“不托”（汤饼的别名），又写作“餺飥”（bó tuō，汤饼的别名，古代一种水煮的面食）。《方言》说“饼叫作饦也”；又转为“蘀蘀”（pò tuò），意为掉落、脱落；又转为“羳羘”（bó tuó，传说中的怪兽），一种像羊的动物，有九条尾巴、四只耳朵，眼睛长在背上。

又转为“陌陀”（pō tuó），意为不平；“陂陀”（pō tuó）意为斜。又转为“橐駝”（tuó tuó），指袋子；转指一种奇兽叫橐佗（luò tuó）。大秦的人喜欢骑“骆驼”，就是“橐佗”。又转为“条脱”，指手臂上的饰物，即如今的“钏”（chuàn，用珠子或玉石等穿起来做成的镯子）；又转为“落魄”，贫穷无家业之义；又转为田间用器“磟碡”（liù zhou，为轧田间土块和场上谷物的器具），转为野马“騼騳”（lù dú）。《诗》中的“绿竹”，在《韩婴诗》中则为“绿薵”，“竹”与“薵”可互相转变，就像“蝳”（dài，一种爬行动物，像龟）、“蠋”（zhú，蚕；蜘蛛；指蛾蝶类的幼虫）之间的相互转变。又转为里革所说的“罝（jū，捕捉鸟兽的罗网）禁罜麗”中的“罜麗”（zhǔ lù），即小网。转为取水的木质工具“轒辘”（lù lù），也叫井上“辘轳”（lù lu，提水设施）。又转为“滴露”，指野菜的根，像小葫芦。又转为“的歷”（dì lì，光鲜）；又转为“轣轆”（lì lù，形容车轮或辘轳的转动声），转为“轠轆不绝”的“轠轆”（léi lù，指车轮的转动声不绝于耳）；又转为《南史·顾欢传》中的“娄羅”（lóu luó，说话含混不清）。又转为“覶縷”（luó lǚ），或写作“覼縷”（luó lǚ，犹言弯曲），意为弯弯曲曲；又转为“鵱鷜”（lù lǚ），指野鹅；又转为“嬴（luǒ）偻县”，在古代的交趾（越南），“嬴”或写作“羸”。又转为“篳路襤褛”（bì lù lán lǚ）的“襤褛”，

《方言》云："或謂之褸裂"；為鸊鷉鳥，今呼郭公也；又為寒具之𩜨䭅；又為嗹嘍，為謰謱，《方言》云："𠻝哰，謰謱，拏也"。又為連嶁，《淮南·原道訓》："終身運枯，形於連嶁列埒之門。"注云："連嶁猶離嶁也，委曲之類。列埒，不平均也。"又轉之為"離婁之明"；《說文》之"屋麗廔"，言屋受光明者；《莊子》"高名之麗"，名之言明也；《列子》"餘音繞梁欐"，欐、麗並與離通；又轉之為"建華冠，製似婦人縷麗"。

又轉之為琉璃；為留離之子；為"鶹鷅"，《爾雅》云"鳥少美長醜"者也。蒲盧又轉之為瓠𤬪；為䈳篚，箭室也；又轉之為柧棱，漢殿名；又轉之為"瓠落無所容"；為"蠖略"；為欂落；為犖犖；為河漏，

《方言》说："有的叫作褛裂（衣衫破烂的样子）。"又转为"鸝鷜"（lán lǚ），鸟名，如今称之为"郭公（布谷鸟）"。又转为"䕻䕼"（lián lǒu，指一种油炸面食）；又转为"嗹嘍"（lián lóu，言语含混不清），或写作"謰謱"（lián lóu）。《方言》说："'嚂哰'（lán láo，言语支离琐碎）、'謰謱'，拏（ná，纷乱）也。"又转为"連嘍"（lián lǒu，接连不断）。《淮南·原道训》说："一生都拖着病体生存在接连不断的矮墙门之内。"注[①]："連嘍，如同離嘍（雕镂交错分明），委曲（曲调、道路、河流等曲折）的意思。列埒（liè liè），高低不平。"又转为"離婁（lí lóu）之明"的"離婁"[②]；《说文》中说"屋麗廔（lì lóu）"，指屋中墙壁上的透光小孔。《庄子》"高名之麗"，"麗"意为"名""明"。《列子》："余音绕梁欐"，"欐（lì）""麗"都与"離"相通；又转为[③]"缝制华丽的帽子，好比妇人縰麗"（此时的"縰麗"为古冠名）。

又转为"琉璃"（瓦）；转为"留離之子"的"留離"；又转为"鶹鷅"（liú lì，即枭，为鸟名）。《尔雅》说"鸟少美长丑"，就是指这种鸟。"蒲盧"（pú lú，一种细腰的蜂）又音转为"瓠甗"（hú lú，指一种圆形的瓜）；又转为"箶簏"（hú lù），就是箭筒；又音转为"柧棱"（gū léng），是汉代宫殿的名称。又转为"瓠落"（hù luò），无所容纳的意思。又转为"蠖略"（huò lüè，行进）；转为"檴落"（huò luò，一种木名，可制杯器的材料）；转为"橤㺒"（xiào xiāo，交错）；转为"河漏"（hé lòu），

① 高诱注。

② 相传为黄帝时目力极强的人。

③ 《后汉书·舆服志》中讲的。

北方蕎麥湯餅也；為跳丸劍之揮霍；又轉之為“車聲之礉轠”；又轉之為鮮卑郭洛帶。鮮卑乃瑞獸名，東胡以名郭洛帶，張晏說如此。《匈奴傳》有“黃金犀毗”，犀毗亦曰鮮卑，又曰師比，皆郭洛帶名。

師古注以為胡帶之鉤，余謂今之帶鉤，獸頭殆其遺象歟？《方言》：“鉤謂之鹿觡，或謂之鉤格。”並郭洛之轉也。然則鹿之名鹿因其角，假角之聲而名之。《淮南子》曰：“羽翼奮也，角觡生也。”注云：“角，鹿角；觡，麋角。觡讀曰格。”又《左傳》“東山皋落氏”，注云：“赤狄別種。”又崞峉，古亭；又轉之為嚨喲；《爾雅》之“蔆姑”，亦與“瓠蘆”相轉也；《西京賦》曰“睽罛庨豁”，並以寫臺之高焉；而“趫悍虓豁，如虎如貙”，虓豁音同庨豁，言虎貙之聲也，然則聲之厲與形之雄，得同其名以狀之。

又轉之為“都盧尋橦”，解之者曰：“體輕善緣也。”案《國語》“侏儒扶盧”，北方的一种荞麦汤饼；又转为“跳丸剑之挥霍”的“挥霍”（huī huò，快捷）；又转为“礅輅”（dūn luò，指车声）；又转为“鲜卑郭洛带”的“郭洛”。“鲜卑”（xiān bēi），本是瑞兽的名字，东胡用来命名郭洛带，（三国时的）张晏就是这样说的。《匈奴传》中有“黄金犀毗”（xī pí），犀毗也指“鲜卑”，还可称作“师北”，都是郭洛带的名字。

颜师古注释为：“胡人腰带的钩。”我认为就是指今天带钩上的动物头，大概是其遗留下来的样子吧。《方言》说：“鉤（gōu）称作鹿觡（lù gé），或叫作鉤格。”它们都是由“郭洛”音转来的。鹿之所以被称作鹿，是因为它的角，假借“角”之音来指“鹿”。《淮南子》说：“翅翼坚壮有力了，长出了角。”注[①]：“角，鹿角；觡，麋鹿的角；觡读作‘格’。”《左传》中有“东山皋落氏”，注[②]：“狄族部落的一支。”[③]又转为“嶂峌”（gāo láo），古代亭子的名字；又转为“嚨嘝”（lóng hú，喉咙）；《尔雅》中的“蔡姑”（kuí gū，即王瓜），也和“瓠驢”（hú lú，瓢）相转。《西京赋》说“睽罛庨豁”（kuí gū xiāo huō），都是用来描述台地的高峻。而“趫悍（qiáo hàn，矫捷勇猛）虓豁（xiāo huō，形容勇猛），如虎如貙”，用以描写像老虎和豹子一样的勇猛，“虓豁”的读音与“庨豁”（xiāo huō）相同，指老虎和豹子发出的声音。声音的浑厚和形状的雄伟类似，就选用同一个名称来描述它。

后又音转为“都卢寻橦”［都卢，古国名；寻橦（tóng），古代杂技，用橦或竿来表演，即一人手持或头顶长竿，另有数人沿竿而上］，解释的人这样说：“身体轻盈，擅长攀爬。”按《国语》：“侏儒扶卢。”

---

① 高诱注。

② 杜预注。

③ 春秋时期是狄族中实力最强的一支。

韋昭注云："扶，緣也。盧，矛戟之柲，緣之以為戲。"然則"扶盧"猶"都盧"也。以都盧為尋橦者之名，蓋名之以其能，能都盧又能尋橦，故曰"都盧尋橦"也。

然余謂"扶盧"與"扶揄"並可相通，"矛戟之柲"與"刀劍之室"亦可同名，蓋皆有侏儒、鹿盧之狀。劍室謂之扶揄，因之操劍室亦得謂之扶揄，因之操持之人亦得以是名名之。而又音聲相轉，字形變易，雜陳錯見，或以名其物，或以名其名，或以名其人。於是，以技與物合言之，則曰扶揄屬鏤；以人與技合言之，則曰侏儒扶盧，曰都盧尋橦。其實物也、技也、人也，其初皆一名也。此物與彼物其初亦一名也。余又以《國語》上下文例之，曰"戚施直鎛"，注以為"主擊鎛鍾"；"籧篨蒙璆"，注以為"使之帶磬"；"矇瞍修聲"則審音也。是所謂官師者，樂師也。"侏儒扶盧"或令舞《象箾》，如吳札所觀者。《釋文》："箾音朔。"

韦昭注释说："扶，攀援；卢，矛戟的柄，攀援矛戟的柄之技艺。"那么，"扶卢"如同"都卢"。用"都卢"为那些"寻橦者"命名，是通过技能来命名的，既能"都卢"，又能"寻橦"，所以叫作"都卢寻橦"。

而我认为"扶卢"与"扶揄"是相通的，矛戟之柄和刀剑之室也可以同名，大概是因为都有"侏儒""鹿卢"的形状。剑室称为"扶揄"，因此握持剑室也可称为"扶揄"，因而握持之人也可以用这个名字来称呼。进一步讲，声音相互转换，字形也在变化，杂陈交错地出现，有的用来命名事物，有的用来指称名字，有的则用以命名人。于是将技艺和物体合起来讲，就叫作"扶揄属镂"；把人和技艺合在一起说，就叫作"侏儒扶卢"，或称作"都卢寻橦"。实际上包含了物体、技艺以及人，起初都用同一名称。这个事物和那个事物，它们起初都是用同一个名称的。我又用《国语》的上下文来证明，如"戚施直鎛（qī shī，不能仰视的人；鎛读bó，指"大钟"，意为不能仰视的人就让他去敲钟）[①]，注[②]认为意思是执掌敲击钟镈；"籧篨蒙璆"（qú chú，指不能俯身的人；méng qiú，蒙，戴也；璆，玉磬），注[③]认为意思是指使这类人戴上玉磬；"矇瞍修聲"（méng sǒu，古代多以盲人充任乐师；修声，演奏乐曲），就是让这类人去当乐师以辨别音律。这就是所谓的官师，又叫乐师。对待侏儒，可让他去表演扶卢这种杂技，或让他表演舞蹈《象箾》（xiàng shuò，指周文王时代的乐舞），如吴国的季札所观赏的。《释文》说"箾的读音同朔"。

---

① 《国语》云："戚施直鎛，籧篨蒙璆，侏儒扶卢，蒙瞍修声。"不能仰视的人可让他敲钟，不能俯身的人就让他戴玉磬演奏，身材短小的人可让他表演扶卢的杂技，看不见的人就让他当乐师来辨别音调。此句意为：凡身有残疾的人，可通过从事特定的职业来弥补缺陷。

② 韦昭注。

③ 韦昭注。

其卽舞桀歟？《説文》：“桀，矛也”，又或如《樂記》所謂“朱干玉戚，以舞《大武》”，所緣者皆矛戟之柲，則“侏儒扶盧”倘謂是歟？

又轉之為杔櫨，壓酒器；又轉之為乇頁顱，謂之髑髏。乇頁音鐸，髑音獨。又轉之為舳艫；又轉之為妯娌，兄弟妻相謂也；又轉之為《左傳》云“不疾瘯蠡”，《説文》作“瘯瘰”，言皮肥也；又轉之為蒺藜茨也；又轉之為兜羅綿，亦為堵羅綿，蓋柳絮類；又轉之為匈奴言兜離也；又轉之為飲馬橐之幞篼；又轉之為蕻蕭董，亦謂鼎董，藕根也。

又轉之為蝃蝀，虹；又轉之為科斗之活東，離南之活莌，倚商之活脫，螺屬之蛸蠌。

又轉之為今俗鑑古物曰骨董，轉之為古董，蓋物雜陳之名，故羹碎雜芼之謂之骨董羹；又轉之為花孤毒，或曰花骨朵；《集韻》：“胍肝，大腹貌，一曰椎之大者，故俗謂仗頭大為胍肝。”余案：“胍肝”音同“孤都”，今《集韻》曰椎曰仗頭，則花之初作苞也，彷彿似之，後人依聲作字，遂屢易其文歟？《莊周書》：

难道不就是舞槊吗?《说文》:“槊(shuò),矛。”也许如同《乐记》中所说的“红色的盾与玉饰的斧,用它们做舞具跳《大武》”,所攀爬的都是矛或戟的柄,那么“侏儒扶卢”,难道说的就是这个吗?

又转为“杔栌”(zhé lú),为压酒器(滤酒器);又转为“頊颅”(duó lú),又叫作“髑髅”(dú lóu,骷髅)。頊读作铎(duó),髑读作独(dú)。又转为“舳舻”(zhú lú,船头和船尾的合称);又转为“妯娌”(zhóu li),兄弟的妻子之间的称谓;又转为《左传》里的“不疾瘯蠡”(cù luǒ,皮肤病,指六畜疥癣之疾),《说文》写作“瘯瘰”(cù luǒ),意为皮厚(一种皮肤病);又转为“蒺藜”(jí lí,一年生草本植物),就是茨(cí);又转为“兜罗”(dōu luó)绵(草木花絮的总称),也叫“堵罗”绵,柳絮类的东西;又转为匈奴“言兜离”的“兜离”(dōu lí,形容言语难懂);又转为指饮马橐(tuó,大袋子)的“𢅥篼”(lóu dōu,给马喝水的器具);又转为“蘱蔐董”(lèi dǐng dǒng),又叫“鼎董”,就是藕的根。

又转为“䗖蝀”(dì dōng),就是虹;又转指科斗的“活东”(huó dōng,蝌蚪的异名),还可指离南的“活克”(huó tuō,通脱木,常绿灌木或小乔木),指倚商的“活脱”(huó tuō,一种草),指螺屬(luó shǔ,海边寄居虫)的“蛞蠌”(huá zé,海边的寄居虫)。

又转为今天鉴赏古物叫作“骨董”,转为“古董”。大概是混杂多种事物的名称,因此用菜和肉做成的碎杂羹就叫“骨董羹”(gǔ dǒng gēng)。又转为“花孤毒”,或叫“花骨朵”(duǒ,“朵”的异体字);《集韵》:“胍肚(gū dū),大腹便便的样子,另一说是椎头很大的一端,因而俗语称大的杖头为胍肚。”我想:“胍肚”读音和“孤都”相同,现在《集韵》中解释为棰或杖头,那么花儿刚长出的花苞有点像它,后来人们根据声音来造字,于是就多次变换文字吧?《庄周书》:

“技經肯綮之未嘗，而況大軱乎！”大軱，其骨之胍�者歟？匈奴謂天為撐犂，謂子為孤塗，故其國稱單于、撐犂、孤塗也。又有左右骨都侯，又有左右谷蠡王，谷蠡音蓋與鹿盧同。山西人以米粉雜麪入水和之，散碎成塊蒸食之，謂之穀畾。吾徽諺語，切魚肉成厚塊，不藿葉切者，謂之穀侖塊，余謂卽囫圇也。車有轂有輪，合言之曰轂輪。輪又轉為轆，今皆謂之車轂轆。自有轂轆之名，凡塊然者皆得謂之矣。西北人呼拳曰轂轆，呼人侏儒者亦曰轂轆。吾徽呼物終葵首者，通曰轂轆渠孤都。

又轉之為果隋，卽果蓏也。《史記·貨殖傳》：“楚越之地，地廣人希，飯稻羹魚，或火耕而水耨，果隋蠃蛤不待賈而足。”《漢書·地理志》作“果蓏蠃蛤，食物常足”。余謂此果蓏謂草木實，卽高誘所謂“穗，果蠃”之意，蓏轉為隋，《索隱》“隋音徒火反”，是收聲轉為送聲，以視都朵，則發聲轉為收聲。

“技经肯綮（qìng，筋骨结合处）之未尝，而况大軱（gū，大骨）乎！”（此句意为：脉络相连和筋骨结合的地方，尚且不曾拿刀碰到过，更何况大骨呢？）“大軱”，就是它的骨有“胍肫”的样子吗？匈奴把“天”叫作“撑犂”（chēng lí），把“孩子”叫作“孤涂”（gū tú），因此这个国家把单于叫“撑犁孤涂（天之子）”。又有左右“骨都侯”（gǔ dōu hóu，匈奴官名），又有左右“谷蠡（lù lí，匈奴藩王的封号）王”，读音与“鹿卢”相同。山西人把米粉杂面放入水中搅拌，散碎成块然后蒸着吃，这种食物叫作“谷畾”（gǔ léi）。我们安徽的俗语，把鱼肉切成厚块，不切成片的称作“穀侖（gǔ lún）块”，我认为就是“囫圇”（hú lún，完整、整个儿）。车有轂（gǔ，车轮中心，有洞可以插轴的部分）有轮，合起来叫“轂輪”，“輪”又转作“辘”，今天都叫它为“车轂辘”（gū lù，车轮子）。自从有了“轂辘”的说法，只要是块状物都可以这么叫。西北人把拳头叫作“轂辘”，把矮小之人“侏儒”也叫作“轂辘”。我们安徽称呼像锤头一样的物体，都叫“轂轆（gū lù）渠”或“孤都”。

又转成“果隋”（duò，瓜类植物的果实），就是“果蓏”（guǒ luǒ，蔬菜、瓜果的总称）。《史记·货殖传》：“楚越一带，地广人稀，以稻为饭，以鱼作羹，烧去杂草，灌水种稻，果隋、蠃蛤（luǒ gé）之类不需商贾就已丰足。”《汉书·地理志》作“果蓏、蠃蛤，食物常足”。我认为这种果蓏是草木之实，也就是高诱所说“穗，果蠃”的意思，“蓏”转为“隋”，在《索隐》[1]中“隋的读音注的反切是徒火切”，这是收声转成送声；再看“都”“朵”的音转，是发声转为收声。

① 《史记索隐》。

蓋口中界限，一位有發、送、收三聲：都朵發，隋送，蓏盧收也，故蜃蠃可謂之蒲盧。而《貨殖傳》蠃蛤不謂果隋者，屬文有義，當於上下文求之，亦可知果蠃、蒲盧肖物形而命之，非一物之專名矣。

《史記·正義》："隋，今為搖，上古字少也。果搖猶搖疊包裹也，今楚越之俗尚有裹搖之語。楚越水鄉，足螺魚鱉，民多採捕積聚，搖疊包裹，煮而食之。班固不曉裹搖之方言，修《太史公書》，乃云'果蓏'，非太史公之意，班氏失之也。"余謂班氏是，然隋搖亦自可通。東方朔曰："著樹為寄生盆下為窶數。"楊惲曰："鼠不容穴，銜窶數也。"注者謂："芝菌物形周圜，以盆盛物，戴于頭，則以窶數薦之，今賣白團餅人所用者。有飲食氣，故鼠銜之。"《釋名》云："窶數猶局縮，皆小意也。"余讀《莊周書》："卷婁者，舜也。蟻慕羊肉，羊肉羶也。舜有羶行，百姓悅之，所謂卷婁者也。""卷婁"二字郭象、司馬彪諸人皆無說，陸德明以"拘攣"釋之，近世方密之云："當是盛羊肉器，以為羊者误。"依稀近之而未知其物。余謂卽東方生所謂"寄生之在盆下"者。彼注言"有飲食氣"，此言"有羶行"，義足互明。窶數、卷婁，蓋聲語之轉。以《漢書》證《莊周書》而"卷婁"之義可定矣。《釋文》之"拘攣"，卽《釋名》"局縮"之意，皆言其形與其聲，因为是口腔发音的限制，一个音位有“发、送、收”三种发音方法：都朵是发声，隋是送声，蓏卢（luǒ lú）则是收声，因此“蜃蠃”（shèn luǒ）可以叫作“蒲卢”（pú lú）。而《货殖传》中的蠃蛤不叫果隋，是因为文字在文章中才有意义，当在上下文中求得确切意义，这样就可以知道“果蠃、蒲卢”都是描摹物体的形状来命名的，而不是一个物体的专名。

《史记正义》中说：“隋，今为摇，上古文字少。‘果摇’就是摇迭包裹，今天楚越民间还有‘裹摇’这个词语。楚越是水乡，有很多螺、鱼、鳖，百姓常采捕并积聚，摇迭包裹，煮熟来吃。班固不知道‘裹摇’的方言，在写《太史公书》时称之为‘果蓏’，这并不是太史公的意思，班固弄错了。”我认为班固是对的，“隋”“摇”也可以相通。东方朔说：“附着在树上的叫作寄生，垫在盆子下面的叫窭数（jù shǔ）。”杨恽（yùn）说：“老鼠不能在洞穴中容身，是因为叼大于己身的窭数。”作注的人说：“芝菌形体呈周圜（huán）状，用盆盛放顶在头上，就用窭数来垫着。今天为卖白团饼的人所用，有食物的气味，因此老鼠要叼走。”《释名》中解释道：“窭数，如同局缩，都有‘小’的意义。”我读《庄周书》，书中说：“卷娄（juàn lóu，拘挛，衰老背驼）的人，是舜。蚂蚁喜欢羊肉，因为羊肉有膻味。舜有膻行（令人仰慕的德行），百姓爱戴仰慕他。这就是叫作‘卷娄者’的原因。”“卷娄”二字，郭象、司马彪等人都没有解释，陆德明用“拘挛”来解释，当代方密之说：“当是盛羊肉的器皿，将其视为羊肉，这是错误的。”意思有点接近但还是不知道这到底是什么东西。我认为那就是东方朔所说的一种寄生在盆下的东西。那里作注时说“有饮食气”，这里说“有膻行”，意义足够互相证明。“窭数”“卷娄”是声音的转变。用《汉书》证《庄周书》，“卷娄”的意义就可以确定下来。《释文》中的“拘挛”，也就是《释名》中的“局缩”之义，都是就“形”和“声”而言的，而未言其實也。然則窶數、卷婁，蓋塊然物，語亦痀僂之轉。夫痀僂，形也，又轉之為傳語之臚句，形聲相轉，殆有莫知其然而然者乎？匈奴山名盧朐，則又言其形矣。《廣韻》曰：“窶籔，四足几也。”由薦盆之物卽可假借之以名載物之盆，又未始不可假借之以名載物之几，此所謂不可為典要者乎？

窶數又轉之為“蔌，蔜蔜”。為搜牢，剽虜資物也。《方言》曰：“搜，略，求也。”“就室曰搜，於道曰略。略，強取也。”《西京賦》之“摎蓼浶浪”，亦謂澤虞之官所求遍也。又轉之為牢落，猶遼落也。《東觀漢記》曰：“第五倫自度仕宦牢落鞢䩬。”襆䪁之所轉也。《釋名》云：“鞾之缺前壅者。”鞢䩬猶速獨，足直前之言也；又轉之為金絡索、玉絡索，或為落索；又轉為流蘇騷殺，以五采毛雜之，為馬飾曰流蘇，凡下垂者皆曰蘇，騷殺，垂貌。《吴都賦》云“張組幃，構流蘇則施于舟船”者。《鄴中記》：“石虎冬月施熟錦流蘇斗帳，四角安純金龍頭，銜五色流蘇。”

而没说它是什么物件。那么“寠数”“卷娄”，都是块状物，都是从“痀偻”（gōu lóu，驼背、弯曲）转过来的。“痀偻”，描述的是形状，又转为傅语中的“胪句[1]”（lú jù），事物、读音发生了变化，恐怕就没有人知道这种情况是怎么来的了。匈奴有座山叫“卢朐”（lú qú），则又是描述其形状的。《广韵》说：“窭籔（jù sǒu），四足的案几。”假借荐（jiàn）盆这个物体的名称来指装事物的盆子，未尝不可以假借这个名字来命名载物的几案，这就是所谓的“不可为典要”吗?

寠数（jù shǔ）又转为“蔜”（áo），即“蔜蕯”（sǎo lǚ，一种野草，又叫鸡肠草）。又转为“搜牢”（sōu láo），意为剽劫财产物资。《方言》说：“搜、略，都是求的意思。”“在房间里抢东西就是‘搜’，在道路上抢东西就是‘略’，略就是强取的意思。”《西京赋》中的“摎蓼浶浪”（jiǎo liǎo láo làng，摎蓼：搜索；浶浪：惊扰不安），也是说掌管水泽山林的官员全面搜求。又转为“牢落”，如同“辽落”。《东观汉记》中说：“第五伦（字伯鱼，京兆长陵人）自忖自己的仕宦生涯牢落（不得意）鞣韈。”鞣韈（suǒ duó）即为“襆搙”（pò tuò）的转语。《释名》中说，“靴子没有靴尖竖起部分的……就是“鞣韈”，如同“速独”，指脚平直向前。又转为“金络索”（金链子）、“玉络索”（玉链子），或叫“落索”（链子）。又转为“流苏骚杀”（指下垂的样子），用五种颜色的毛掺杂在一起编织成马的装饰品，叫流苏，凡是下垂的都叫“苏”；“骚杀”，指下垂的样子。《吴都赋》中说：“撑起帷帐，挂好流苏，用于装饰舟船。”《邺中记》说：“石虎在冬月挂起精美的流苏斗帐，在四角都装置了纯金的龙头，龙嘴里衔着五色的流苏。”

---

① 胪句，犹“胪传”，出自《汉书·叔孙通传》。上传语告下为“胪”，下传语告上为“句”。

《倦游錄》述云："流蘇之制：五綵同心而下垂者。"然則流蘇用處甚多，凡綵綢及綵線所結，垂之為飾者皆是。

又轉之為疏索，不茂密意；又轉而為駁娑，漢殿名；又轉而為颯纚，長紳貌，或曰長袖貌；又轉而為"被毛羽之纖襹"；又轉而為摩田器，繫碌碡後耰之，余聞之北方農人言呼為撲索者也。《曲禮》："以策彗卹勿驅。"注以為"搔摩"，音近之矣。彗卽策末垂者，注以"竹帚"釋之，蓋误。搔摩互而轉之為摩娑，《釋名》："摩娑，猶末殺，手上下之言也。"《谷永傳》"末殺災異"，謂掃滅之。又轉而為鞢鞈；為傛傄，健也；為顢頇，大面貌。

凡上所記，以形求之，蓋有物焉而不方；以意逆之，則變動而不居。抑或恆居其所也，見似而名隨聲義在，愚夫、愚婦之所與知，雖聖人莫或易焉者也。銘曰：

轉語胡始？姑妄言之。迺釋果贏，遂以先之。

《倦游录》描述说:“流苏的制作,用五种色彩,同心编织在一起而下垂。”然而流苏的用处很多,凡是彩色丝绸和彩色丝线所编结而成的且下垂的,作为装饰品的都可叫流苏。

又转为“疏索”,意为稀疏不茂密;又转为“馺娑”(sà suō),是汉代的宫殿名;又转为“飒纚”(sà xǐ),是腰带很长的样子,或者说是袖子很长的样子;又转为“襳褷”(shān shī),指披上的毛衣羽毛丰盛的样子;又转为摩田器“碌碡”[1](liù zhóu),先用碌碡碾压,后用耰(yōu)平整。我听说北方的农民称它为“撲索”(pū suǒ)。《曲礼》上说:“用策慧(马鞭)或叫卹勿(sū wù)来驱赶。”注认为“卹勿”就是“搔摩”(sāo mó,爬搔抚摩,用手指抓挠,来回触碰,犹如挠痒),它们的发音相近。“慧”就是马鞭末端下垂的地方,注释中用“竹帚”来解释它,这是错误的。“搔摩”后又转为“摩娑”(mó suō),《释名》说:“摩娑,犹如‘末殺’,指手上下抚摸。”《谷永传》有“末殺災異”一语,是指消灭灾疫。又转为“靺鞈”[mò gé,指赤色蔽膝(bì xī)];又转为“傛偕”(mà xiā),强健的样子;又转为“颟顸”(mān hān),脸很大的样子。

凡是以上所记录的,都是根据物体形状探求而得,所有事物各不相同,根据意义反向探索的话,则无疑是有变化的,或者有的没变。看见相似的事物,就根据声音和意义来命名(相似的事物就给个相似的名称),而声音和意义是可以考察的,普通人也是知道的,即使是圣人也不能轻易改变这种规则。我写了如下的铭文:

转语从什么时候开始的?我姑且谈论一下,先用“果蠃”来解释。

---

① 碌碡,一种农具,由木框架和圆柱形的石磙构成,用来碾压场地或轧谷物等;耰,古代的一种农具,用来弄碎土块、平整土地。

何先何後，厥終厥初，如攜如取，信筆而書。來今往古，四方上下，大夫學士，老嫗稚子，典册高文，鄙諺里語。胡不佽焉，茲為遺矩。

哪一个词在前，哪一个词在后，哪一个是最初的，哪一个是最后的，我且信笔随意地记下这些词。古往今来，不同地域，或是有学问的大夫学士讲的，或是老太婆和小孩子口里说的，或是典籍里记载的，或是下里巴人所说的，何不编录在一起，作为一个准则。

果赢轉語記跋

（清）王念孙（1744—1832）

昔余應考入都，始得交於程易疇先生。先生長於余十九歲，而為忘年交。同在京師，則晨夕過從；南北索居，則尺牘時通，相與商榷古義者四十餘年。先生立物之醇，為學之勤，持論之精，所見之卓，一時罕有其匹。其所著《喪服文足徵記》《考工創物小記》《溝洫疆理小記》及《磬折古義》《九穀考》《樂器三事能言》，皆足正漢以來相承之误。其他說經諸條，載在《通藝錄》者，皆熟讀古書而得之。一字一句，不肯漏略，故每立一說，輒與原文若合符節，不爽毫釐。說之精，皆出於心之細也。惟所作《果贏轉語》，未及付梓而歿。歲在庚寅，先生同族姪問源中丞擕以屬余校而序之。蓋雙聲疊韻，出於天籟，不學而能。由經典以及謠俗，如出一軌。而先生獨能觀其會通，窮其變化，使學者讀之而知絕代異語、別國方言，無非一聲之轉，則觸類旁通，而天下之能事畢矣。故《果贏轉語》實為訓詁家未嘗有之書，亦不可無之書也。余奉教於先生之日久，服膺於先生之學者深，其能已於言乎！

道光十年五月庚辰，高郵王念孫跋，時年八十有七。

【译文】

昔日我去京都参加考试，才和程易畴先生相交。程先生比我年长19岁，我们成了忘年之交，一起在京师时朝夕相互往来，二人南北独居时则书信来往。我们共同商榷古文意义有40多年。程先生处理事物的立场清醇，做学问勤奋，精通所持的论点，见识卓越，一时很难找到与他可匹敌的人。他的著作《丧服文足征记》《考工创物小记》《沟恤疆理小记》和《磬折古义》《九谷考》《乐器三事能言》，能够纠正自汉朝以来相继出现的错误。其他讲解儒家经书的若干条例，记载在《通艺录》里，都是程先生熟读古书而得来的，一字一句不允许有任何遗漏疏忽。因而每次创立一个观点，都与原文完全符合，不差丝毫。解释的精确，都出自他的细心。只有他所作的《果蠃转语》还未来得及雕版印行他就去世了。在庚寅年（1830）时，程先生的同族侄子寻访源中[①]丞相，带来先生遗稿，嘱托我校正并写序。这双声叠韵，来自自然界，不用学就能领会。从经典之作到风俗习惯，如出一辙，唯独先生能够看到其融会贯通之处，穷尽其变化，让学习的人读到之后就能够知道当代独一无二的异国语言或别国的方言，没有不是一种声调转变的，可触类旁通，便能穷尽天下之能事。因此《果蠃转语》实在是训诂学界未曾有过的书籍，也是不能不读的书。我承蒙先生教诲的时间已久，佩服先生的高深学问，我怎么能够用言语穷尽呢?

道光十年五月庚辰，高邮王念孙跋，时年87岁。

---

① “源中”意为“丞相源”中。“丞相源”指黄山九龙瀑梅林书院。这里曾培育出三位丞相，分别是南宋的丞相程元凤（1199—1268）、清朝乾隆、嘉庆年间的曹文埴（1735—1798）和曹振镛（1755—1835）父子，此地遂得名“丞相源”。王念孙所指“源中丞”当指曹振镛。

附录七

国外主要人名汉译对照表

英文名	中文名	英文名	中文名
Andersen	安德森	Green	格林
Barthes	巴尔特	Haiman	海曼
Berkeley	贝克莱	Halliday	韩礼德
Bernstein	伯恩斯坦	Herde	赫尔德
Bloomfield	布卢姆菲尔德	Hockett	霍凯特
Bolinger	博林格	Householder	霍斯豪德
Brown	布朗	Humboldt	洪堡特
Bybee	拜比	Hume	休谟
Chaine	钱恩	Kant	康德
Chomsky	乔姆斯基	Kirsner	凯斯呐
Croft	克罗夫特	Jakobson	雅可布逊
Hagege	海然热	Jesperson	叶斯珀森
Claude	克劳德	Johnson	约翰逊
Delancy	德兰思	Lakoff	雷科夫
Descartes	笛卡尔	Leech	里奇
Dixon	迪克森	Leibniz	莱布尼茨

（续表）

英文名	中文名	英文名	中文名
Dubois	杜布瓦	Locke	洛克
Eco	艾科	Lyons	莱昂斯
Fevrier	费乌利尔	MacWhinney	麦克惠尼
Fillmore	菲尔墨	Martin	马丁
Frege	弗雷格	Mauthner	茅特纳
Gertsman	格茨曼	Morris	莫里斯
Givón	吉旺	Sapir	萨丕尔
Greenberg	格林伯格	Saussure	索绪尔
Newmeyer	纽梅尔	Sebeok	西贝尔克
Ogden	奥格登	Steinhal	斯坦塔尔
Peirce	柏斯	Trudgill	特拉吉尔
Piaget	皮亚杰	Ullmann	乌尔曼
Pinker	平克	Wierzbicka	威尔兹别希卡
Richards	理查兹	Wittgenstein	维特根斯坦
Robins	罗宾斯	Zipf	哲普夫